应用技能型院校“十四五”规划教材

沟通实务

张莉 王海燕 / 主编

立信会计出版社
LIXIN ACCOUNTING PUBLISHING HOUSE

图书在版编目(CIP)数据

沟通实务 / 张莉，王海燕主编. —上海：立信会计出版社，2021.1(2024.7 重印)

ISBN 978-7-5429-6682-7

Ⅰ. ①沟… Ⅱ. ①张… ②王… Ⅲ. ①人际关系学 Ⅳ. ①C912.11

中国版本图书馆 CIP 数据核字(2021)第 008737 号

策划编辑　王斯龙　谢晨云
责任编辑　王斯龙
封面设计　南房间

沟通实务

Goutong Shiwu

出版发行	立信会计出版社		
地　　址	上海市中山西路 2230 号	邮政编码	200235
电　　话	(021)64411389	传　　真	(021)64411325
网　　址	www.lixinaph.com	电子邮箱	lixinaph2019@126.com
网上书店	http://lixin.jd.com		http://lxkjcbs.tmall.com
经　　销	各地新华书店		

印　　刷	浙江天地海印刷有限公司	
开　　本	787 毫米×1092 毫米	1/16
印　　张	13	
字　　数	314 千字	
版　　次	2021 年 1 月第 1 版	
印　　次	2024 年 7 月第 2 次	
书　　号	ISBN 978-7-5429-6682-7/C	
定　　价	38.00 元	

前言

preface

无论从事什么职业、生活在哪里，我们都无法避免与人沟通。沟通已然成为大家处事立业的基石。良好的沟通能力能有效化解人与人之间的矛盾，消弭交际中的隔阂，能帮助团队高效率地完成合作项目，能帮助人们获得更多的工作机遇。西方人曾经把"口才、美元和电脑"作为三大战略武器；中国也有以下说法，"一人之辩重于九鼎之宝，三寸之舌强于百万之师"。较强的口语交际能力是职业发展所需，也有利提高学生的社会竞争力。基于此，我们在多年教学经验的基础上探索尝试，编写了本教材——《沟通实务》，以供广大职业院校学生的学习使用。

本书的主要特点如下。

一、突破传统的"重知识，轻练习""重表达，轻聆听"的教材模式，构建体现职业岗位能力的项目任务式的教材体系。本教材内容凸显开放性、实用性、职业性三大特点，从聆听与表达两方面训练学生的语言交际能力，分为基础入门篇、校园提高篇、社会职场篇三类。三个模块之间是梯度式的递进关系，可借此对不同层次、有不同需要的学生进行精细化训练。

二、体例新颖、实战演练，建立以"培养学生聆听能力，训练口语应用能力"为主线的教材体系。教材依据教育对象的认知规律和语言训练规律，采用了"情境导入—任务要求—知识准备—案例赏析—任务实施"的结构，用案例启发学生，教材内容先理论后实践，从宏观到微观，从思路到方法，从模仿到实践，概念明确，知识点、能力点和训练点的布局合理，有助于强化学生的口语交际能力，最终实现从模仿交流到自由沟通的跨越。

三、紧密对接学生在校的专业课程，确保本书的新颖性和科学性。本书以听带说、以说带听，有层次地选择材料，利用学生的生活经验进行内容编排，注重激发学生的求知欲和主动性，注重学生基础能力的培养与强化，让他们能够学以致用，从而确保了教材的时代性、唯一性。

本书建议教学课时为68学时(17周×4课时/周)，课时分配见下表。实际教学时可视教学时间和教学对象进行调整。

教学内容	讲授	实践	合计
绪论	2	2	4
模块一　知已知彼	3	2	5
模块二　闻风听雨	3	2	5
模块三　黄鹂婉转	3	2	5
模块四　彬彬有礼	4	5	9
模块五　如沐春风	4	5	9
模块六　求职方略	6	6	12
模块七　职场经纬	6	6	12
模块八　5G时代	3	4	7
合计	34	34	68

本书由张莉老师、王海燕老师担任主编，胡懿老师、殷静老师担任副主编，杨晓燕老师、李贞琤老师参编，张莉老师、王海燕老师修改定稿。本书在编写过程中得到了无锡城市职业技术学院应可福、张志祥、吴雪纯、梅亚萍、王建、唐德淼、李继明、林云刚、陶红、蔡小玲、王蕾、陈霞等老师的大力支持和热情帮助，在此一并表示感谢。

本书在编写过程中参考了一些相关资料和研究成果，在此表示感谢。由于编写时间仓促，编著者水平有限，不足之处在所难免，敬请广大教师和读者提出宝贵意见，以期日臻完善。

编　者

2021年1月

contents

目录

社会职场篇

绪论　沟通实务基础知识

项目引领

人际交往的信息交流主要通过语言沟通来完成。语言也是人类最重要的交际工具，“一言可以兴邦，一言可以丧国”。随着社会的发展，沟通中的聆听能力和表达能力与一个人的事业有着密切的关系。个人能力若要得到发展，最先需突破的正是语言。我们唯有掌握正确的沟通技巧，才能在学习和工作中充分展现自己的个人魅力。

项目目标

1. 了解人际交往中沟通的性质、作用和意义。
2. 掌握沟通的层次和分类。
3. 能够分析语言沟通的基本结构。
4. 能够正确运用聆听与表达的基本技巧。

任务一　沟通的基本概念

任务要求

了解沟通的性质、要素、功能。

掌握沟通中听与说的特点。

知识准备

一、沟通的性质

沟通一词源于拉丁文 communis，意为共同化，在《美国传统英汉双解学习词典》中的解释为“经由说话、信号、书写或行为，交流、交换思想、消息或信息”。《现代汉语词典》认为沟通就是“双方能够通连”。本书综合古今中外学者的论述，将沟通定义为：沟通(communication)是信息、思想和情感表达的必要载体，其所涉及的信息等在个人或群体之间、从发送者到接收者进行传递，且是为获得理解达成共同协议的过程。沟通实际就是信息传递和接收的行为，这个过程包含三大要素：一个明确的目标；达成共同的协议；沟通信息、思想和情感。

◎资料卡

沟通的本质

人与人的沟通。

信息媒介包括信息符号和信息通道。

信息包括事实信息、观念信息和情感信息。

沟通的目的在于信息被对方接收并且相互理解。

沟通既涉及人际间的交流，也涉及组织间的交流。

二、沟通的要素

沟通是一个信息双向传递的过程，沟通行为在人类活动中扮演着不可或缺的角色。一个完整的沟通过程包含信息发送者、信息内容、沟通渠道或载体、沟通信息的反馈、噪声或干扰因素以及信息接收者等构成要素，其结构模型如图 1-1 所示。

(1) 编码：发送者通过某种形式传递信息，如将其信息内容表现为肢体语言、计算机语言等。

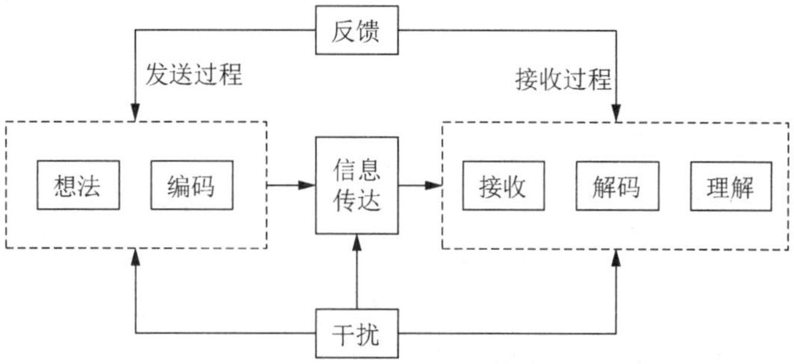

图 1-1 信息双向传递图

(2) 沟通渠道：信息传输的媒介，用于将信息从一个主体传输到另一个主体。典型的沟通渠道有面谈、电话沟通等，选择的渠道不同，传递效果也不同。

(3) 译码：接收者对接收到的信息进行解释。其包含两个层次：一是还原为信息发出者的信息表达方式，二是正确理解信息的真实含义。只有当接收者对信息的理解与信息发送者传递信息的含义相同或相近时，才能实现有效沟通。

(4) 噪声或干扰因素：任何阻碍信息沟通的因素，如外部环境的影响、编码或译码的错误、符号的错误、人为的干扰和成见等。

(5) 反馈：接收者传递给发送者的反馈信息内容。它不仅能检验沟通的成果，还能通过校正接收者和发送者的理解偏差，改善信息沟通的效果。

三、沟通的功能

沟通是自然而然、必需的、无所不在的活动。人们可以通过沟通交流信息、获得感情与思想。人们在工作、娱乐、居家、买卖时，或者希望和一些人的关系更加稳固和持久时，都要通过交流、合作、协商来达到目的。其具体的功能有如下几点。

(1) 传递和获得信息：通过沟通，交换有意义、有价值的各种信息，生活中的大小事务都可以开展。掌握低成本的沟通技巧、了解如何有效地传递信息能提高人们的办事效率，而积极地获得信息更会提高人们的竞争优势。

(2) 改善人际关系：社会是由人们互相沟通所维持的关系组成的网络。沟通和人际关系相互促进、相互影响。有效的沟通可以赢得和谐的人际关系，而和谐的人际关系可以让沟通更加顺畅。

(3) 形成和发展社会心理：人的社会性心理是在同他人的相互交流中逐步形成和发展起来的，没有交往中的信息交流，就没有社会心理的产生。所以，安全的需要、情感交流的需要以及个体社会性发展的需要是交往动机中最基本的因素。

(4) 实现自我的认知：人际交流可以帮助人们确定自我身份，自我概念是一个社会概念，正是通过不断与他人的相互交流、沟通，人们才能把自己和他人区分，从而确认自我。确认自我的过程从发生学的角度看，恰好与交流过程同步。

(5) 促使人身心健康：人与人的交往是重要的心理需要，正常的人际交流是心理保健所不可缺少的，亲密的个人关系对身心的健康十分重要。人类的适应心理，主要是对人际关系的适应,在一个和谐的生活工作环境中,与人之间的友好,会让人心情愉快,提高心理稳定性,从而有利于身心健康。

四、沟通中的听和说

沟通对人与人之间的交往无比重要,但是并不是每个人都能掌握沟通技巧。在实际交往中,通常采用的沟通方式是语言沟通和非语言沟通。非语言沟通一般包括动态语、静态语、辅助语言和类语言,它能使有声语言表达得更生动、更形象,也更能真实地体现心理活动状态(在本书模块三中有详细阐述)。语言沟通则指口头语言、书面语言、图片或图形等。狭义的语言沟通能力一般指具有较高的口语表达能力,即人们运用口语传递信息、表达感情、交流沟通的能力。良好的语言沟通能力体现在口头表达时是否简洁、准确、生动,也体现在能够听清、听懂、听明白对方的话语并做出正确的反应。我们可以说高超的语言沟通能力是一个人的说话能力和智慧、知识、修养相结合的语言艺术。

言语的目的是为了输出必要的信息,表达一定的思想和情感。必要信息的输出是为了让交际对象"听","说"是表达的手段,"听"才是表达的目的。"说"的质量好坏直接决定了"听"的效果,"听"的能力会影响接收信息的准确性,如此循环往复构成了一个完整的信息传递过程。语言沟通能力的培养不是只培养"说话",而是要对"听"和"说"进行同等程度的训练。那么,在语言沟通中的"听"与"说"到底有何特点呢?

(一) 语言沟通的情境性

1. 交际语言的口语化

由于人际交往中口头语言是常用的,因此,口语化特征是交际中的一个显著特点。具体表现在:

(1) 词汇使用。①词义的扩大、缩小,如"蛋糕"原来指一种食品,现在可以指"财富";②外来词语的增多,如"打的""考托福"等;③网络语言的流行,如"高大上""微博"等。

(2) 句法层面。①讲话时总有一定的"不言而喻"的情境和语境,无需细说也能够明白;②口头表达可采用多种"词不达,意已到"的手段,如语调、语速、衣着、手势和面部表情;③说话中句子的长短受人呼吸节奏的制约,因此,演讲、作报告等正规的交流,句子稍长些;而洽谈、介绍等社交口才,句子可以短些。

2. 交际语言的场合性

(1) 把握时机。有一次,著名钢琴家波奇到美国密歇根州的福林特城演出,发现座位多半空着,不免尴尬。他灵机一动,向观众说道:"朋友们,我发现福林特这个城市的人都很有钱,因为你们每个人都买了两三个座位的票。"话音刚落,大厅里顿时充满了笑声,音乐会就在和谐的气氛中开始了。

说话要把握时机,怎么说,什么时候说,要适时得体。如钢琴家的话只有在特定的时机才合适,否则就会变成讽刺性的语言。

(2) 把握场合。一般情况,正式场合的用语郑重、规范,非正式场合用语可以轻松、随便;大庭广众下说话要清晰、规范,私下可以缓慢自然。同时,也要看对象使用相应的语言。比如,有家人喜得贵子,你作为客人对着人家说"生老病死是个自然的过程",尽管这句话没有错误,但场合却很尴尬;又如面对少儿讲话尽量故事化、口语化,我们可以对大人说"亲人的离去是死亡",但面对孩子则可以用"远走高飞"等词语。这些语言斟酌的目的是让对方理解和听懂。

(二) 语言沟通的节奏性

口语的节奏主要表现在声音的高低起伏,抑扬顿挫。语调是口语变化的主要形式,虽然汉语声调只有四种,但语调不同于声调,高亢的语调催人进发,低沉的声调让人沉思神伤。我国著名的表演艺术家赵丹在新中国成立前,在重庆的一次宴会上仅凭吟咏菜谱,便让宾客拍案叫绝。

语音包含物理属性、生理属性和社会属性。物理属性就是音高、音强、音长和音色四种;生理属性指的是发音的器官;社会属性是指语言的各种意义都是靠语音在表达,语音和语意之间是约定俗成的社会公认关系。

(三) 语言沟通的准确性

口语交际目的在于双方正确地交流信息,给出正确的反应。因而,准确性是交际语言的特点,其主要表现为:

(1) 语音的标准,清晰,流畅。

(2) 能够听懂对方的话语并及时地反馈。

(3) 思维敏捷而有条理,能够迅速准确地组织语言来表达思想和情感,语言运用恰当,符合说话者的身份,并能够尊重听者的感受。

(4) 口语的表达与表情、动作是一致协调地,态势语的恰当运用,可以表现出良好的个人素养。

(四) 语言沟通的要求

1. 准

口语表达无论是听还是说都要做到准确。首先用词应当符合多数人的理解和认知;其次用词应当恰当,说话者要语意明白,不能含糊其辞或是词不达意;再次要防止说错或是破坏语境,比如有人把"造诣"说成"造指",把"第三"说成"小三"等。

2. 简

复杂的内容简明化,抽象的东西具体化。比如,有的导游在向日本游客介绍黄河时,会说"黄河全长 5464 公里,相当于东京到博多的新干线长度的 5 倍",将已知的要素和未知的事物作比较,客人立刻就明白了黄河的具体长度。

3. 趣

有趣味是口语交际的很重要特点及要求,生动的语言能够激活听者的思维,让其头脑中产生的形象变得活泼,形象。这就要求在表达时既要运用大量的词汇,也需要句式的灵活多变,还要注意抑扬顿挫;同时还要兼顾表达方式,时而抒情,时而描绘,时而陈述,时而议论。

4. 智

一个有智慧的交往主体在交际中应当呈现出高尚的情操、良好的修养、稳定的品质、积极的心理、周到的举止。因为语言是一个人综合素质的呈现,在表达时,需要口、耳、目、舌和知、情、意、行相协调。比如,老师批评学生的作业不用心,如果说"你是个笨蛋",这既忘记了自己的身份，也忘记了说话的对象；如果能够说"是我上课的方式让你无法做出满意的作业吗"，这既点到了学生的错误，也可以间接了解学生的学习状况，这样的沟通既符合自己的身份，也达到顺利交流的目的。

"与人善言，胜于布帛"。语言是思维的外衣，思维是人的第一智力因素。如何培养沟通能力，如何训练听说能力，是我们共同努力的方向。

任务实施

拾趣

1. 想一想

什么是沟通？请从性质和要素两个方面加以分析。

2. 谈一谈

结合你的某段经历，谈谈人际交往中听与说的重要性。

入境

3. 找症结

阅读下面的故事，思考朱元璋的两个儿时伙伴为什么得到了两种不同的待遇。

朱元璋和他的儿时伙伴

朱元璋做了皇帝以后，一天，他儿时的一个伙伴来京求见。朱元璋很想见见他的老朋友，可又怕他讲出一些以前不大光彩的事情，犹豫再三，还是让传了进来。那人一进大殿就大礼下拜，高呼万岁，说："我主万岁，当年微臣随驾扫荡庐州府，打破罐州城。汤元帅在逃，拿住豆将军，红孩子当兵，多亏蔡将军。"朱元璋听完他的这番话，心里非常高兴，重重地封赏了这位老朋友。

消息传出，另一个当年一块放牛的伙伴也找上门来了，见到朱元璋，激动万分，指手画脚地在金殿上说道："万岁，你不记得吗？那时候咱俩都给人放牛，有一次，我们在芦苇荡里，把偷来的豆子放在瓦罐里煮着吃，还没等煮熟，大家就抢着吃，把罐子都打破了，撒下一地的豆子，汤也泼在泥地里，你只顾从地下抓豆子吃，结果把红草根卡在喉咙里，还是我的主意，叫你用一把青菜吞下，才把那红草根带进肚子里。"当着文武百官的面，这番描述让朱元璋又气又恼，哭笑不得，只好喝令左右把他拉出去斩了。

下水

4. 找信息

阅读下面这则故事，你解读出关于沟通的什么信息？

半途而废的通天塔

在很久以前，人们在底格里斯河和幼发拉底河发现了一块异常肥沃的土地。于是，就在那里定居生活。随着人们聚集得越来越多，他们就开始修建城池，因为那时候人们的语言是相通的，工作效率十分高，配合得很默契，建造起了繁华的巴比伦城。

随着人们的勤恳劳动，日子过得越来越好。他们为自己的成绩感到骄傲，大伙商讨后决定在巴比伦城修一座通天的高塔，来传颂他们的赫赫威名，并且以此作为集合全天下人的标记。

同样因为语言相通，大家齐心协力，阶梯式的通天塔修建得非常顺利，很快就耸入云霄了。

浩大的工程惊动了上帝，他立即下来视察。上帝一看，觉得凡人不该达到如此高的高度，他看到人们这样统一，于是上帝决定让人世间的语言发生混乱，使人们互相之间语言不通。人们各自讲起了不同的语言，发现听不懂对方的意思了，大吼大叫不停地表达自己的意思，可是还是于事无补。最后，感情无法得到交流，思想也无法统一，甚至出现互相猜疑，各执己见，大吵大闹，斗殴闹事。（故事来源于《圣经·旧约》）

任务二　沟通的层次与分类

任务导入

林静同学认为沟通能力对日常的生活、学习和工作都大有裨益，但应该怎样提高自己的语言沟通能力呢？又应该从哪些方面来提高呢？

任务要求

了解沟通的分类和层次。

理解沟通中聆听、表达的概念。

掌握语言沟通的结构要点和基本形式。

知识准备

一、沟通的层次

沟通包括逐渐递进的三个层次：其一自我沟通，是人类与生俱来的本能，和衣食住行一样是基本需求；其二，人际沟通，是本能的、经验型的、以个性为基础的沟通；其三，组织沟通，是具有科学性、有效性与理性的沟通。

人际沟通是指个体之间信息、思想和情感相互传递的过程。人际沟通是组织沟通的基础;组织沟通是人际沟通的一种表现和应用,任何有效的组织沟通都是以人际沟通为保障的。

管理沟通即组织沟通,是一种动态的、多渠道过程。它包括特定组织内部和外部的沟通。管理沟通的目的是为了顺利地经营并取得经营成功,为求长期的生存发展,营造良好的经营环境。其通过活动,凭借一定的渠道,将信息发送给接收者,并寻求反馈,以求得组织内外的相互理解、支持与合作的过程。

◎资料卡

美国普林斯顿大学对1万份人事档案进行分析,结果显示:智慧、专业、经验只占成功因素的25,其余75%决定于良好的人际沟通。

美国哈佛大学调查结果显示:在被解雇的500名男女中,因人际沟通不良而导致工作不称职的占82%。

二、沟通的分类

(一) 语言沟通和非语言沟通

根据沟通符号的种类,沟通分为语言沟通和非语言沟通,最为有效的沟通是两者的结合。语言本身就是力量,语言技巧是人们最强有力的工具。语言可以帮助人们获得他人的理解,并使与他人的沟通成为可能。人们对语言的驾驭使他人对自己产生印象,即你所处的状态和接受的教育。管理大师德鲁克所认为,人绝不是靠一句话沟通,而是依托整个人进行沟通。人们除了要控制自己说的话以外,还需要控制身体语言,身体语言也会暴露人的思想状态。

(二) 口语沟通和书面沟通

根据语言载体的不同,沟通可分为口语沟通与书面沟通。最常用的信息传递方式是口语沟通。生活中,人们通过面谈、交流、辩论等方式与别人沟通。书面沟通包含信件、广告、网页、短信等任何书面文字或符号手段。口语沟通和书面沟通各具特点,不同情况有不同的侧重。例如,在ISO内审员资格培训中有很重要的一句话:没有记录就等于没有发生。绝大部分有企业管理经验的人都知道这句话的分量。

(三) 正式沟通和非正式沟通

根据是否具有结构性和系统性的特点,沟通分为正式沟通和非正式沟通。正式沟通指按照组织结构规定的程序进行信息交流,如组织间的信函往来,组织内部的文件传达、汇报制度等。非正式沟通是运用组织结构外的渠道进行信息传递,如朋友聚会的议论以及打听的小道消息。

(四) 向上沟通、向下沟通和平行沟通

根据群体或组织沟通传递的方向，沟通可以分为向上沟通、向下沟通和平行沟通。向上沟通指居下者向居上者陈述实情、表达意见，即通常说的下情上达。积极的向上沟通可以提供给员工参与管理的机会，减少因不能理解下达信息而造成的失误。向下沟通是居上者向居下者传达意见、发号施令。要想沟通顺畅，上司要降低姿态，不要高高在上，使下属畏惧。平行沟通指横向联系，其目的是交换意见，以求心意相通。在此情况下，要想顺利沟通就要尊重对方，先做好自己的事情。

(五) 单向沟通和双向沟通

根据是否进行反馈，沟通分为单向沟通和双向沟通。单向沟通是沟通过程中，信息发送者负责发送信息，信息接收者负责接收信息，信息仅仅单向传递；如命令、指示等。双向沟通指信息发出者和接收者之间进行双向信息传递与交流。在沟通过程中，双方位置不断更迭，沟通双方往往既是发送者也是接收者，经过多次信息传递与交流后达到双方共同要求。

◎资料卡

双向沟通和单向沟通的比较

时间：双向沟通比单向沟通耗费时间。

信息准确性：双向沟通中信息的准确性更高。

自信度：双向沟通的发送者和接收者都相信自己对信息的理解。

满意度：双向沟通中双方满意度更高。

干扰：双向沟通受到的干扰高于单向沟通。

(六) 自我沟通和人际沟通

从发送者和接收者的角度，沟通又分为自我沟通和人际沟通。自我沟通是人的思想、情感以及看待自己的方式。在自我沟通中，不用直接与他人接触，自己的经验会让自己和自己"交流"。人际沟通是人和人之间进行的信息交流与情感传递。人们为了分享资讯、寻求帮助、获得认可等而与他人交流。

在通常定义沟通中，我们一般所说的即为第一种分类方式：语言沟通和非语言沟通。在交际中，沟通实则包含了听、说、读、写四大活动。听清对方的话语或给出的材料，在大脑对信息加工、解读后，设计腹稿，最后将考虑好的内容通过嘴巴流畅地表达出来。因此，交际并非仅限"说"，它是一个连续动态的过程。从接收器和发射器的角度考虑，我们可以将这个动态过程分解成聆听与表达，即包含听、说、读、写四大隐含活动。

三、沟通中的聆听与表达

聆听一词最早出自汉杨雄《法言・五百》"聆听前世，清视在下，鉴莫近于斯矣"，指能够集中精力、认真地听。它属于有效沟通的必要部分，以求思想达成一致和感情的通畅。它不

是指简单地用耳朵听，而是指听话主体能够感受对方谈话过程中的言语信息和非言语信息。

表达指将思维所得的成果用语言、语音、语调、表情、行为等方式反映出来的一种行为。它以传播为目的，以物、事、情、理为内容，以语言为工具，以听者和读者为接受对象。在口语交际中听者是主要的接收对象，而运用的语言也以口头语言为主。

聆听与表达是口语交际活动的不同侧面，且互为因果。即聆听的内容会直接影响表达的效果；反之，表达的内容也会决定对方聆听的效果。根据在交际过程中对信息的需要程度，聆听与表达可以分成如下层级。

(一) 听清——说清

在母语习得的过程中，"听"是火车头。对语言的快速理解首先应当是"打通耳朵"，听清就是能够正确辨认音节、声音和速度，是对材料的一个基础认知的过程。

说清就是在听清的基础上，将听到的语言材料诉诸口语表达，能够完整准确地表达出信息，或重复，或回答。这是口语交际的第一层级。如，听到"我今天下班不回来吃饭"，我们一般回答说"知道了"。

(二) 听明——说明

在对材料有一个基础认知后，听明白是聆听的第二层级。它要求听话者能够辨识语言材料的隐含信息，是对材料的加工过程，这就要求听者能够在接受语言材料后有一个选择和理解的能力。与之对应的是说明白，即根据表达需要选择语言材料并组成话语形式的能力，它是建立听清、听明白后的选择。如果听到"我今天下班不回来吃饭了"，说话者可以根据自己表达的需要反问"今天有什么事吗"。

(三) 听懂——说好

语言表述的真正意义除了与内容相关，还与表述者的语境、身份、态度相关。同样一句话，其实质的意义可能因说话者所处的语境、所代表的身份、所投入的态度而有天壤之别。听懂是指除了能够听清基本要素、听明潜在信息，还能够听出对方的情感态度、褒贬与否及延伸语意。而说好就是在听懂语言信息后，根据表达目的进行自我调控，及时地调整语言材料和话语形式。无论是听或是说，都侧重对语言材料的选择和话语形式的组合。我们继续刚才那个例子，"我今天下班不回家吃饭，不用等我"，在这句话中，言说者告知了自己下班后的安排，且并没有解释自己不回家吃饭的原因。因此，听话者在接受这个信息后，便不应再追问原因，只需要回答"好的"，就可以顺利完成沟通间的信息传递。

四、语言沟通的结构要点

聆听的目的是明白对方想告诉我们什么，表达的目的是我们想告诉对方什么，"什么"囊括的信息可以分成事、物、情、理。

(一) 事

这是聆听与表达中最普及的信息交流，指主客体对人物的经历和事件的发展变化、场景、空间转换的了解。在事的交流中，侧重掌握的是时间、地点、人物、事件的起因、经过、结果。无论是说话者还是听话者，为了听清和说清，都需要从这六个方面去选择语言材料。

(二) 物

这是在沟通过程中将诉说对象的情态描绘出来的信息交流，描绘的逼真传神程度能影响到对方对事件、事物的感受，侧重掌握的是物的形状、色彩、情态。除客观介绍的材料，其余的物都伴随事件而发生。

(三) 情

情是说话者抒发和表达自己的情感态度，可以直接抒情，也可以间接抒情。情的背后就是诉说者的态度、价值观，说话者需侧重掌握的是情的深浅、真假、好恶。

(四) 理

理指的是在交往过程中，言说者对某个现象、某件事、某个物发表见解，表明自己的观点和态度。听话者通过对理的把握而明晓对方的思考深度和思考方向，需要侧重掌握褒贬的态度和褒贬的理由。

一段语言材料通常会涉及以上四个要点，事、物、情、理同时存在于材料中。说话者可以根据交流需要整合材料，听话者也可根据材料整合出正确的语言信息。

聆听与表达要点实录

在一次公司举办的全国性渠道商会议上，有渠道商向阿光的老板提出希望公司追加市场推广费用，加大电视广告宣传的投放，这样才能协助渠道商推进市场销售。老板听完此话静默了几秒钟，说"你的意见我赞同。加大市场投放是好事，但我们内部可能要再探讨探讨。"接着，老板转头问阿光的意见。阿光是做市场推广工作的，当然清楚市场推广对销售的促进作用，当时就顺着经销商的意思将加大广告投放的好处介绍了一番。

范例：该实录是阿光和老板之间的一次沟通，根据聆听与表达的要素点，我们来看看阿光的回答是否是老板希望的回答呢？先来看看老板的表达。

事：经销商要求老板加大电视广告宣传的投放。

物：这段对话中没有涉及。

情：静默几秒钟，加大市场投放是好事，但是。

理：但是我们内部还要再探讨探讨。

在这段材料中，阿光听到的是老板就加大广告宣传一事的态度、情感。从我们罗列的要点可以看出，老板没有正面给予经销商回答，并希望阿光能够配合自己，但是阿光由于没有听懂老板的语言信息，而做出了如下的表达。

事：经销商要求老板加大电视广告宣传的投放。

物：这段对话中没有涉及。

情：加大广告投放大有好处，顺着经销商的意思。

理：市场推广对销售的促进作用。

阿光的表达与老板给出的语言信息并不一致。显然。阿光在回答中顺应了经销商而没有弄明白老板的真实意图，听清却未听懂，说清却未说好。我们一起来看阿光所面临的困境。

经销商会议后，老板黑着脸将阿光训斥了半个多小时，说阿光没有听懂他的意思，反而逆他的意。这时阿光才明白，刚才在大会上，老板刚才所谓的“赞同”是虚话，他的真实意思却是反对。他是希望阿光听懂他的“暗语”，替他出面回绝经销商这种不切实际的要求。

在一段材料中，无论是聆听者还是言说者，都需要面对事、物、情、理四个方面的语言信息，对这四个要点的把握往往就决定了你能否在交际沟通中顺利地同他人交往。常见的表达方式是叙述、抒情、描写、说明和议论。据此，我们对聆听与表达的完成度作如下要求。

◎资料卡

聆听要求

1. 听懂叙述性质的话语，掌握事情发展的脉络
2. 听清楚字词的读音，理清话语内容
3. 培养良好的聆听态度
4. 听懂描述性质的话语，掌握描述对象的特点
5. 听出关键词和中心句，掌握话语内容大意
6. 听懂抒情性质的话语，根据语气、语调分析语意
7. 分析及归纳说话者的立场和观点
8. 比较、分析、综合来自不同媒体的资料
9. 理解说话人的立场、意图和观点
10. 比较、分析、综合不同说话者的观点和论点
11. 听懂说明性质的话语，抓住事物的特征
12. 理清话语的脉络
13. 听懂议论性质的话语，掌握说话者的观点和理据
14. 根据说话者的言论作合理的推断
15. 根据话语主题，分清内容层次
16. 联系生活经验及已有知识理解话语
17. 理解不同渠道的资讯，识别事实与意见
18. 评价话语内容的适切性
19. 联系生活经验及已有知识，提出新的见解
20. 听出话语隐义，掌握言外之意

◎资料卡

表达要求

1. 吐字清晰、归音到位
2. 掌握情、声、气的统一
3. 学会清晰地表述事情的发展进路
4. 学会用合理的语言描述事物
5. 掌握小组讨论的特点
6. 培养良好的说话态度
7. 筛选、撷取和整理相关资料，以组织好话语
8. 选定立场，确立个人观点
9. 适当地开展论题
10. 掌握说话的条理
11. 掌握引导讨论的技巧：组织讨论、归纳意见、提问
12. 多角度论述，观点明晰，见解精辟
13. 论证有力，言之有据
14. 回应别人发言：针对问题作具体的表达
15. 适当地陈述观点，说服别人
16. 回应别人发言：反驳别人的观点
17. 妥善承接话题
18. 适当地提出不同意见及修正他人错误
19. 仪态得体，表现自信，适当运用态势语
20. 正确地传递自己对某个问题或某件事情的情感态度

五、语言沟通的基本形式

既然沟通是个包含听、说、读、写的活动，而读和写隐含在听与说之中。那么，语文素养高的同学是否就能出口成章，与人进行有效沟通呢？

（一）聆听与表达能力的影响因素

一个人言语表达能力的产生，不单依靠对语言文字的熟练掌握，还与智能的高低密切相关。要提高言语表达能力，就必须提升智力水平，同时还需要拓宽语言以外的社会文化知识。因此，训练聆听和表达能力需要掌握以下几点。

1. 积累相关知识、经验

单纯地学习聆听与说话的技巧只是“能说会道”，并不能成为出色的口语交际家。出色的口头表达能力、敏捷的反应能力是由多种内在素质综合决定，它需要渊博的知识和一定的

文化修养。

2. 相应的技能和技巧

表达准确、吐字清楚、节奏分明，注意概括信息材料、条理清楚地分析都是后天可以练习的技巧。只要对相应的技巧加以练习和巩固，聆听能力和表达能力就可以得到提高。

3. 各种增强能力的活动

学校的演讲、班会、讨论会，社会上的街头宣传、信息咨询、课堂上能用自己的话概括老师讲授的内容，都有助于提高口语交际能力。大胆实践，善于总结，及时改进，我们的口语交际能力就会不断提升。

(二) 常见的语言沟通的样式

听与说是成对出现的伙伴，它们出现在同一个场景内。根据结构要点，我们可以将语言沟通的基本样式分成如下几种。

1. 完全式

在一段信息材料里，事、物、情、理兼备，听话者和说话者都可以准确地明白交流的目的。这样的形式常用于陌生人之间或是普通朋友之间。例如，“我想借你的 ipad 用一下，正好我的没有电了，你方便借给我吗”，这句话的言说者将自己的请求、请求的原因、请求的内容都具体地表达了出来，听者只需要回答“可以”或是“不可以”，交流即为结束。

2. 简易式

在一段材料里，出于说话的习惯或是彼此的关系，说话人往往省去一些不必要的信息，听话者也可以明白对方的用意，这样的形式多用于亲昵的关系或是熟人。例如，“借你的 ipad 用一下，晚上还你”，这句话省去了事、情、理，只是交待了“物”的去向，而听者也只需回答“同意”或是“不同意”。

3. 省略式

根据某些目的，说话人故意抹去要点，省略信息，往往会具有潜在的含义，听话者和说话者要对省略的信息进行思索才能明白对方的意图。例如：

“我想借你的 ipad 用一下，可以吗？”

“我正在发送文件呢！”

“哦，好的，谢谢。”

这段交流中，听话者显然听懂了对方的请求，但是他没有回答好或是不好，也没有表露自己的意愿情感态度，只是告知对方自己正在干的事情。即，当下无法借给对方用，因此，说话者礼貌地谢谢对方，以结束沟通。

又如：

“今天晚饭我一个人吃，你呢？”

“要不我陪你吧，我们一起吃啊。”

“太好了，走吧。”

这段材料中，说话者隐去了自己的情感、理据，仅仅讲了自己独自晚饭的事情，而听话者却听懂了对方隐去的信息，立刻回答希望能够和对方一起晚餐，两人做了积极有效的沟通并达成了一致。

很长一段时间,“说”成为我们选择的沟通方式。吵架的时候,我们放开心情表达愤怒;别人不理解自己的时候,我们绞尽脑汁为自己辩说;想对父母尽孝的时候,我们总是把自己的心意说给父母听,因为它够快、够直接,而听比说更需要毅力和耐心,只有听懂别人的意思才能沟通得更好。关上耳朵、张开嘴巴的谈话,不是沟通;张开耳朵、关闭嘴巴的沟通也是消极的。多听,是一种积累,听完后的表达才能实现有效的、积极的信息交流和情感传递。

任务实施

拾趣

1. 做游戏

请按照下列两种方式折纸,看看会出现怎样的不同?并简要分析原因。

(1) 每位同学拿到一张纸,根据老师的指令开始折纸,每次命令后同学们可以任意提问。

(2) 大家闭上眼睛,全过程不可以提问。进行对折,对折,再对折,把右角撕下,转180度,把左上角撕下来。

2. 帮帮他

(1) 德国诗人海涅因为是犹太人,经常受到各种非议。在一次晚会上,一个旅行家对海涅讲述了自己在环球旅行中发现的一个小岛,他说“那个海岛最让我吃惊的是岛上没有犹太人和驴子。”很明显,这个旅行家是含有恶意的,海涅白了他一眼,做了回答,你猜猜他会怎么回答?

(2) 有一次,大作家安徒生由于没有办成女友托他办的事,非常自责,他对女友说“你不会恨我吧?”女友说“我只有对自己亲近的人才会产生恨的情愫。”安徒生很难过,为什么。

入境

3. 找线索

看下面一则材料,分析这则材料中上司和下属的语言属于语言沟通的哪种样式?并分析下属的表达与上司传递的信息相吻合吗?

> 蒙蒙,毕业一年多,在一家广告公司做广告文案策划。漂亮,聪慧,干活利落,深得男上司赏识。一次,上司交给她一项重要的任务:“蒙蒙,我手里有个大型房地产公司的项目,这个客户对公司相当重要,我已经做了一个思路规划,你看一下,尽快给我一份详细的方案。”
>
> 蒙蒙很不解:以前都是上司提个要求,策划方案完全由自己完成,而且每次都能得到上司称赞。“难道是上司对自己不够放心?不相信自己的能力?”她发现上司的思路有一个致命性的错误,如果按照那个思路做策划方案,肯定会遭到客户的拒绝。
>
> 于是,蒙蒙又找到上司,蒙蒙说:“老板,你的思路根本不对,应该这样……。”

下水

4. 支妙招

阅读下列材料，列出小刘说话的要点，并帮梁静设计回答。

梁静，一家知名房地产公司的媒介主管，最主要的工作就是同报社、电视台打交道，宣传公司形象。性格有些内向的她平时很少跟同事交流。

去年下半年，一次重流感让她离开职位两周多，而此时正是公司新楼盘包装宣传的重要时期，上司把工作临时交给了男同事小刘。梁静觉得自己已请病假，就没有必要在休假期间再想工作的事，专心养病就是了。她把手机也关掉了，期间也不再跟单位和同事打电话了解情况。可是同媒体打交道，小刘毕竟是新手，很多报社、电视台的记者们他都不熟悉。梁静休病假前，也没有跟小刘进行有关工作交接。现在小刘又联系不上梁静，这让他非常着急，大大影响了工作效率和质量，为此遭到了上司的批评。

小刘不敢向上司抱怨，见到梁静后说："梁大小姐终于康复了，恭喜呀！只是这两周你可害苦了我，每天加班到10点，还备受上司责难……"

(1) 分析：小刘的语言有何深意？

(2) 梁静该如何作答？

基础入门篇

每一朵花开都在诉说着淡淡的花语，每一声鸟鸣都在婉转低回中倾诉对世界的品读。游子对故乡的深情表白，老马回望月光的满足，流水激荡石头的申诉，这些都告诉我们，没有聆听，大自然将陷入死寂；没有聆听，我们终将精神枯萎。唯有善意的聆听，我们的青春才不会老去；唯有聆听，我们才得以思维敏捷地与人交往。聆听每一次灵魂的呐喊，才能用自己的声音告诉彼岸你内心的春夏秋冬；聆听每一段故事，才能让你的生命更加从容。同学们，良好的交往从聆听开始。如果你希望充分运用自己的嘴巴，那么请先腾出你的耳朵来吧，耳朵敲石头，让我们一起耳聪目明！

模块一　知 己 知 彼

项目引领

在生活中进行沟通时，我们往往要注意沟通时周围的环境和条件。总体而言，无论从事怎样的工作，进行怎样的活动，都是与个人或组织进行信息交换。怎样才能顺利进行信息交换，如何能保证双方信息交换的有效性，让我们一起来了解沟通的必要条件。

项目目标

1. 能够快速掌握沟通环境、沟通原则和沟通方式。
2. 能在各种沟通环境下运用恰当的沟通方式。

任务一 沟通环境

情境导入

在办公室这个外在环境中，你可能还沉浸在之前工作的氛围中，你内心里对刚才工作的烦恼、客户的纠缠、同事的议论都没有完全忘记，你一直带着原来工作的情绪在听领导的讲话、指导。而作为成年人，此时往往很难以空杯心态接收到很好的建议。

遇到这类情况该怎么办呢？

任务要求

了解沟通环境的性质和特点。

能够辨识沟通环境并采取相应的策略。

知识准备

一、沟通环境

沟通环境实际上可以看作沟通的干扰因素、周围的环境和条件、沟通主客体对沟通的效果产生直接或间接的影响。我们需要分别从沟通的外部条件、内部条件、沟通的主客体来全面分析沟通的环境。

二、沟通环境的要素

（一）沟通的外部条件

外部条件主要指政治法律、经济政策、社会文化、技术进步、技术政策、自然环境以及行业环境等。在全球化、现代化、信息化的时代，人际沟通更为频繁，也更为复杂。相应地，重视对外部条件的分析有利于制定相应的沟通策略。

1. 政府因素与沟通策略

政府是政策的制定者和监督者，也是企业资源的分配者，其在外部条件中占有不可或缺的地位。一方面，政府是企业赖以生存的重要条件；另一方面，政府也是维护企业品牌的重要参与者。与政府建立良好的关系，获得相应的支持，才能合情、合理、合法地进行沟通。唯有正确认识政府的地位和功能，企业或个人对公沟通时，才能采取适当的策略。通常，企业在与政府沟通时都较为谨慎。

2. 商业群体与沟通策略

商业群体包括客户、供应商、经销商、竞争对手以及金融机构等。商业群体直接左右企业的生存、发展和利益，与它们的沟通是持续性的，这其中与客户的沟通尤为重要。客户是企业最重要的外部条件。因此，分析客户条件时必须：

(1) 充分认识客户的价值。认识客户的价值能够帮助企业制定有效的传播策略。通过分析客户的长期潜在价值，可以确定传播的优先顺序，如高端客户、中端客户和低端客户。

(2) 掌握客户的需求特点和心理特点。掌握客户的需求特点和心理特点是沟通的关键，即"想他人之所想，急他人之所急"。沟通过程中需要与他人多接触，仔细聆听，了解需求，通过合适的渠道传递信息。

(3) 建立信息反馈机制。信息反馈机制可以说是企业的必备条件和要求，便于企业和客户更好地实现交流，也是企业了解客户实际需求、改善意见及未来期望的途径。

3. 社会团体与沟通策略

任何一个企业或组织除了与客户打交道，还要与相关社会团体进行沟通交流，如消费者协会、环保组织、行业协会等。这些社会公众群体的意见和态度会影响企业或组织的形象。例如，在经营管理的过程中如果出现噪声、水污染、气体污染等环保问题，可以第一时间联系媒体，向公众传递企业信息，报道企业相关问题的改善处理或贡献等；也可以邀请社会公众团体进行实地考察、参观，了解企业的情况。通过这些途径积极地与社会公众团体建立良好的关系，向公众树立良好的企业品牌形象。

(二) 沟通的内部条件

对于现代组织机构而言，内部结构越复杂，员工间的利益越呈现多元化的特征。要在瞬息万变的市场中生存和发展，内部沟通具有重要意义。可以从以下三方面对内部条件进行考察。

1. 组织结构对内部沟通的影响

组织结构反映了组织的权力关系、信息沟通渠道和业务流程，权力关系的平衡直接影响信息沟通的顺畅和业务流程的优化，这就需要组织内部形成有效的沟通氛围。如果一个组织的结构过于繁杂，上级的决策信息需要层层传递，就容易信息失真。

2. 企业文化对内部沟通的影响

组织文化至少有两个层面的内容，一是组织的制度文化，包括组织的工艺操作流程、工作流程、规章制度、考核奖励制度等；二是组织的精神文化，包括组织的价值观、组织信念、经营管理理念等。组织文化在沟通中会潜移默化地影响人们的思想和行为。因此，在组织内部人员沟通时，会因为不同的企业文化环境，采用不同的沟通方式。比如，一个企业强调"快、狠、准"，那么沟通的语言一定是简洁高效的。

3. 技术环境对内部沟通的影响

技术环境从沟通渠道影响组织内部的沟通效果。例如，组织内部在没有网络的情况下，内部人员的沟通主要是电话或面对面。相反，在互联网的基础上，沟通便发展为即时沟通。

(三) 沟通主客体

1. 沟通主体的自我认知和策略

沟通主体是有目的对沟通客体施加影响的个人和团体。沟通主体可以选择和决定沟通客体、沟通条件和沟通渠道，在沟通过程中处于主动地位。

沟通主体在自我认知和自我定位的过程中，主要分析沟通者的可信度。所谓可信度就是让大家感到自己是值得信任的。可信度包含了初始可信度和后天可信度，沟通者的可信度一般受身份、意愿、专业、外表、价值观的影响，如表 1-1 所示。

表 1-1 沟通可信度因素表

因素	建立基础	初始可信度	后天可信度
身份	等级权力	头衔和地位	与地位高的人等同
意愿	长期记录	涉及的关系	指出受众利益建立良好意愿
专业	知识和能力	经历和简历	将自己与专家联系
外表	吸引力	强调某种特质	建立形象，采取恰当的语言方式
价值观	道德准则	沟通开始时的共同点，将信息与价值观结合	

在沟通过程中，沟通主体根据对内容信息的参与度，采取以下几种策略：

(1) 告知策略，即向对方叙述或解释信息要求，其特点是不要对方发表意见。例如，上级领导告知下属。

(2) 说服策略，即向对方建议做或不做的利弊，以供对方参考。例如，说服客户购买产品。

(3) 征询策略，即通过商议以达到共同目的，使执行方案得到认同。例如，同事共同商议某个方案。

(4) 参与策略，即具有最大程度的合作性。例如，沟通者最初没有形成有效建议，需要共同讨论去发现解决问题的办法。

2. 沟通客体的特点和策略

沟通客体的特点实际是解决“他们是谁”“他们了解什么”“他们感受如何”的问题。

(1) 明确客体——他们是谁？明确受众需要解决“以谁为中心进行沟通”的问题，一般可分为初始受众、守门人、主要受众、次要受众、意见领袖、关键决策者六类，如表 1-2 所示。

表 1-2 沟通受众特点表

沟通的六类受众	接收和处理信息的特点
初始受众	最先获得信息
守门人	决定信息的传递走向
主要受众	是否接收信息和是否执行
次要受众	间接获得信息或负责实施
意见领袖	强大的影响力
关键决策者	影响整个沟通结果的个人或团体

(2) 分析受众——他们了解什么？①受众对背景资料的了解：分析受众对背景资料的了解，包括能够理解多少专业术语，了解多少沟通的主题。当受众对背景资料需求较低，就不需要花时间在资料介绍和专业术语上；当受众对背景资料需求较高，就应当准确地将信息

和受众已经掌握的信息结合，给出清晰的结构。②受众对信息的需求：分析受众需要了解什么，以及可能需要的细节。当受众对信息的需求很低，不要一味地提供信息，而是给出关键信息；对信息要求高的受众，则应当提供例证、统计资料、数据等。③受众的期望和偏好：受众的期望和偏好主要在于分析沟通风格和渠道。要分析受众在文化、组织和个人风格上的偏好，如正式或非正式、直接或婉转；还要分析受众在渠道上的选择，如口头还是书面、纸面还是网络等。

(3) 受众反应——他们感受如何？①受众对信息的感兴趣程度：分析受众对信息的感兴趣程度时，对兴趣高的受众可直奔主题，不必花时间；相反，则需要唤起受众的兴趣，运用征询性策略，要求他们参与讨论，得到他们的支持，并对他们的意见做出反应。当受众者表示赞成或中立，只需要强调利益点；如果受众表示反对，沟通者需要列出受众可能同意的观点，逐步解决。②需要的行动对受众而言是否容易做到。分析沟通者要求的行动对受众而言是否容易做到，如果受众难以做到，可以强化希望行动时受众的利益和信念；当受众表示行动无法做到，可以将行动细化为更具体的要求，尽可能简化步骤。

三、沟通环境中需要重视的其他问题

在信息交流和传递时，由于信息意图受到干扰，会导致沟通失败，而这些干扰存在于沟通环境中，因此也应引起重视：

(1) 语言障碍：语言是最重要也是最难掌握的沟通工具。即使是同样的语言，不同的教养、职业、身份的人对语言的使用也有相当的差别。因此，沟通需要用双方都能听懂的语言。

(2) 文化障碍：文化障碍是由于不同人有着不同的生活习惯、文化习俗和心理需求，如果不能适应对方的习惯、文化，就会影响沟通效果。

(3) 情绪障碍：情绪会导致大家对信息处理的态度不同或理解偏差。

(4) 时空障碍：时间距离或空间距离都能影响沟通的有效性。

因此，在考虑沟通环境时，以上因素也要根据沟通的实际情况进行斟酌，以便沟通环境达到最佳的状态。

沟通环境训练实录(一)

> 小武是一家广告公司的财务经理助理，他的老板让他起草一份关于客户新推出的产品市场营销策划书。那么，小武如果要做好这项工作，他应主要考虑沟通环境的哪部分内容呢？

解析：为了成功起草这份报告，首先，应当明确该报告的主要受众是客户公司的执行机构，因为是由他们决定是否采用他的营销计划书的；其次，次要受众是客户公司的营销人员，他们会提出建议。其他客体包含广告策划艺术人员，文案写作者和发布广告的媒体，会在方案获得批准后负责落实工作；而在他将计划书交给客户前，他的老板必须批准，因此他的上司又是初始受众和守门人的角色。

沟通环境训练实录(二)

范蠡带着家人泛舟五湖，飘然远引，逃到有山有海、有林有田的齐国海畔。为避免身份暴露，他隐姓埋名，自称“鸱夷子皮”(古代用牛皮做的酒器，即“酒囊皮子”)。范蠡在当地购买了一些土地，还亲自饲养、贩卖五畜。等有了一定的积蓄之后，就利用天时、地利之便雇人开盐田，搞渔业捕捞，还兼营杂粮等生意。范蠡开始经营当地核桃、木耳、山珍野味、肉类皮毛、粮食药材等土特产。范蠡对收购来的山货进行分门别类地放置，每种货物还分有等次。根据各地商贾的需求，他先将各类上等货用牲口运往各个要货的地点进行出售，收款后，他再购买食盐、葛麻布衣等各类日用杂货运回到镇上。这样，不仅解决了当地人日用品缺乏的问题，自己也赚到了钱。范蠡善于捕捉市场信息，他经常跟雇工及当地的百姓、镇上的商贾在一起高谈养畜经，阔论市场行情。他对人温和友善，为人也慷慨大方，遇到天灾人祸时，他总是乐善好施，常开粥场赈济灾民。灾民听说有这么一个大善人，千里之外都赶来投奔他，不久，“鸱夷子皮”就名扬四海了。

范蠡买卖公平，决不会倒卖腐烂变质的货物，不坑害消费者。所以，他的生意能细水长流，他的名声能传遍四方。他就是以这样的行事风格，在齐地种养经商，勤勤恳恳，在与家人的齐心合力之下，很快就积累了高达数十万的财产。

请问，范蠡是如何利用沟通环境的？

解析：首先，范蠡根据各地商贾的特点、需求、心理，将各类上等货用牲口运送；其次，他为人温和友善，慷慨大方，乐善好施。这既树立了自己的人格魅力，运用了自身的特点，又注意与社会公众保持密切良好的关系。

◎资料卡

沟通环境

外部条件　　内部条件　　主客体　　其他因素

任务实施

拾趣

1. 看天下

(1) 一个商人开着普通的轿车去谈业务，往往遭到拒绝或是不太顺利；而开着豪华轿车与同一个人谈业务，却能成功，为什么？

(2) 美国著名未来科学家奈斯比特指出："未来竞争是管理的竞争，竞争的焦点在与每个社会组织内部成员及其外部组织的有效沟通上。"你如何理解这句话呢？

入境

2. 找症结

王波是中国驻美国的销售代表，他与别人约定见面后，对方总是准时赴约，他却经常迟到。见面后，他也总是聊着自己的事情。更糟糕的是，他还常常在约会时接听其他电话。客户为了节约时间，屡次提醒他，但他却我行我素。一个季度后，王波的销售业绩为零，你能帮他进行分析吗？

下水

3. 用策略

请根据下列提供的信息思考，作为电器销售人员与客户进行沟通时需要注意的沟通环境及应对策略：

(1) 你是销售电器人员。

(2) 客户是年长的阿姨，她的儿子在昨天拿到了清华大学录取通知书。

(3) 阿姨准备今天来购买之前看中的一款电器。

(4) 今天正好一场你最爱的篮球赛正在直播。

(5) 你的同伴想让你今天一起观看篮球赛。

任务二　沟通原则

情境导入

小李在大学里学的是平面设计，毕业后一直供职于某知名广告公司。小李是个恃才傲物的人，有次和客户探讨一个平面广告的设计时，客户对小李的方案提出修改意见，小李立刻说："我在学校里一直都是获奖的，你要相信我的专业，但凡有审美能力的人都会认可我的。"客户一气之下取消了与该公司的所有合约……

任务要求

了解沟通原则的性质和类别。

能够通过恰当的原则进行有效的沟通。

知识准备

一、沟通原则的性质

每个人都希望自己拥有良好的人际关系。尽管每个人的动机不同，对朋友的要求与期望也不尽相同。但是无论怎样，人们渴望赢得朋友、保持友谊、避免人际关系破裂的心理需求是一致的。所谓沟通原则，就是双方在交流时需要遵守的基本准则或规范。

二、沟通的原则

（一）诚信原则

人无信则不立。诚信原则，是指在人与人的交往中要真诚相待，要说真话而不说假话，以诚待人，讲究信义。诚信是人与人交往最基本的需求，所有人际交往的手段、技巧都是建立在真诚交往的基础上。

在人际交往中，好的人际关系需要双方抱着心诚意善的动机和态度，以诚相待。只有这样，彼此才可以减少自我防卫，从而相互理解、接纳、产生信任感，建立起良好的关系。“逢人只说三分话，未可全抛一片心”的交往信条和假意逢迎、吹牛撒谎的行为，都会损害健康的人际关系。

（二）交互原则

爱人者，人恒爱之；敬人者，人恒敬之。人际关系的基础是人与人之间的相互重视、相互支持。人际交往中的喜欢与厌恶、接近与疏远都是相互的。任何人都不会无缘无故地接纳、喜欢他人。人们只有在承认对方价值观的前提下，才会喜欢对方，真心与之交往；反之，对疏远自己的人，人们也会疏远他，这就是沟通中的交互原则。

（三）尊重原则

每个人都有自尊心，都希望别人的言行不伤自己的自尊心。自尊心的高低是以自我价值感来衡量的。人的自我价值感主要来自沟通中他人对自己的反馈，因此，他人在人们的自我价值感确立方面具有特殊的意义。他人的肯定会提高人的自我价值感，而他人的否定会降低自我价值的认同感。因此，人们对来自人际关系世界的否定性的信息特别敏感。他人的否定会激起强烈的自我价值保护的倾向，表现为逃避别人或者逃避否定自己的人，以维护自己的自尊心。所以，我们在同他人交往时，必须对他人的自我价值感起到积极的作用，维护他人的自尊心。

（四）互惠原则

我为人人，人人为我。人们之所以要在交往中互惠，是因为这与人们的交往动机和交往目的有关。人际交往其实就是人与人之间物质和精神的交换传递过程，人们交往所追求的是互惠互利。交往双方在满足对方需要的同时，也得到对方的报答，好的关系就可以循环下去，如果交往只想获得而不想给予，人际关系就会中断。互惠互利性越高，交往双方的关系就越能稳定和发展；反之，交往双方就会疏远。所以，交往双方需要遵循此项原则。

（五）宽容原则

海纳百川，有容乃大。宽容原则就是指在人际交往中对非原则性问题的处理态度。对于遇到的冲突、矛盾，要有耐心，持宽容忍让态度，不要用“放大镜”来照对方的不足，而应当用豁达宽容和开阔的胸怀来接受别人的缺点。社会越是发达，社会中的价值体系越是多元，这必然会引起人的个性发展的丰富性，增加个体间的冲突。但要想求同，必先存异。只有兼收并蓄，存异求同，把分歧和不同点最小化，从大局着眼，努力寻求共同利益，着眼自身利益和长远利益，双方才能维持良好的人际关系。

（六）客观标准的原则

所谓客观标准是独立于各方面意志之外的、合乎情理的和切实可用的标准。它既可能是一些惯例通则，也可能是职业标准、道德标准、科学标准等。

坚持客观标准的原则，就是坚持协议中不受任何一方左右的公正的客观标准。对客观标准的讨论而不是固执地坚持自己的立场，可以避免任何一方向另一方屈服的问题，从而使双方都服从于公正的解决办法。可供双方做沟通基础的客观标准是多种多样的，可以是市场价格、专业标准、道德准则、价格指数等。选择的客观标准要独立于双方的意志力，并且为双方认可和接受。如果双方认为每个问题都需要双方共同努力去寻求客观标准，那么每一方都应在对待最能反映客观性标准的问题上理智从事。

（七）人事有别的原则

由于双方的沟通有时涉及的是有关双方利益的事物，参与沟通的人只是事物的载体。因此，对事应当强硬，当仁不让、坚持原则，而对人则要友好、和善，这就是人事分离的理念，（也即在沟通时应当就事论事，不能因人误事。）

（八）立场服从于利益的原则

沟通者所在的立场与他追求的利益是密切相关的。立场反映了沟通者追求利益的态度和要求。

所谓立场服从于利益，是在沟通中，人的立场随着利益的变化而调整。在多数情况下，利益根据沟通时的情况去调整，如果利益在沟通初期就得以实现，那么沟通者就没必要去坚持自己的立场；如果沟通者的立场无益于他的利益追求，他就会重新审视自己的立场并适当调整，甚至放弃。这一原则主要应用于商务沟通。

◎资料卡

良好的人际关系的发展，一般经过四个阶段：定向阶段、情感探索阶段、情感交流阶段、稳定交往阶段。

1. 定向阶段。在人际交往中，人们对交往的对象具有很高的选择性。进入一个交往场合时，人们往往会选择性地注意某些人，而对另外一些人视而不见，或者只是礼貌性地打个招呼。对于注意到的对象，人们会进行初步的沟通，谈谈无关紧要的话题，这些活动，就是定向阶段的任务。在这个阶段，人们只是表层的自我表露，例如，谈谈自己的职业、工作、对最近发生的新闻事件的看法等。

2. 情感探索阶段。如果在定向阶段双方有好感，产生了继续交往的兴趣，那么就可能有进一步的自我表露。例如，工作中的体验、感受等，并开始探索在哪些方面双方可以进行更深的交往。这时，双方有一定程度的情感卷入，但是还不会涉及私密性的领域。双方的交往还会受到角色规范、社会礼仪等方面的制约，比较正式。

3. 情感交流阶段。如果在情感探索阶段双方能够谈得来，建立了基本的信任感，就可能发展到情感交流的阶段，彼此有比较深的情感卷入，谈论一些相对私人性的问题。例如，相互诉说工作、生活中的烦恼，讨论家庭中的情况等。这时，双方的关系已经超越了正式规范的限制，比较放松，比较自由自在，如果有不同意见，也能够坦率相告，没有多少拘束。

4. 稳定交往阶段。情感交流如果能够在一段时间内顺利进行，人们就有可能进入更加密切的阶段。双方成为亲密朋友，可以分享各自的生活空间、情感、财物等，自我表露更深更广，相互关心也更多。一般来说，能够达到这种境界的关系相当少，这也就是人们常说的"人生得一知己，千古知音最难觅"。

训练实录(一)

电影制片人休斯与演员拉塞尔签订了一个一年付给她 100 万美元的合同。12 个月后，拉塞尔合理合法地说："我想要合同上规定的钱。"休斯声明，他现在没现金，但有许多不动产。女明星不听他的辩解，坚持只要她的钱。结果原先亲密的合作关系变成了互相敌对的对立关系，双方都通过律师进行交涉，一时间谣言纷纷。最后，两个人都意识到这样争下去没有益处。拉塞尔对休斯说，你我是不同的人，有不同的奋斗目标，如果我们这样争斗下去，恐怕获胜的只是律师；让我们看看，能不能在相互信任的气氛下分享信息和需要呢？于是，他们以合作者的姿态出现，纠纷得到了创造性的解决。合同改为休斯每年付给拉塞尔 5 万美元，20 年付清，结果休斯解决了资金周转的困难，并获得了本金的利息，而拉塞尔的所得税逐年分散缴纳，有了 20 年的可靠收入，也不用担心自己的收入问题了。

请问这个案例符合沟通原则中的哪一种？试简要分析。

解析：案例中休斯与拉塞尔可谓实现了"互利互惠"。当就某个问题或事件产生分歧时，相持不下的双方应当遵循互惠互利的原则以很好地解决问题，使双方都可以从中获益。同时，拉塞尔的立场也是服从于利益的。

训练实录(二)

在某大学的一个小型会议室里,某公司正在对前来应聘的大学生进行逐一面试。以下是毕业生小李与主考官的对话实录:

主考官甲:请坐!介绍一下自己,好吗?

小李:您好,我叫李华。我对软件开发很感兴趣,同时作为班团干部也参与、组织了不少社会活动。这是我的成绩单和个人简历,请您过目。

主考官甲:你了解我们公司吗?

小李:贵公司是国内著名的电讯公司,我从上大学起就十分向往毕业后到贵公司工作。我认为到贵公司工作能最大限度地展示我的才华,我不怕吃苦,就怕无事可做。

主考官甲:你学过的课程与我们的工作有什么关系?

小李:计算机技术的广泛采用是电讯业的特点和发展趋势。我们计算机专业的课程设置几乎涵盖了硬件和软件技术的主要方面,这为我们打下了坚实的理论基础,同时也使我们有较强的适应能力,前面我已说过对软件开发有兴趣,我想这方面的知识和能力也许是将来的工作需要的。

主考官乙:你对加班、出差怎么看?

小李:我近几年不会考虑结婚,没有家庭负担,加班没有问题。至于出差更是乐意的。

主考官们对小李提出一系列与工作相关的问题后,告诉小李一个星期内他们将公布此次招聘的毕业生名单。

请问,小李的沟通主要运用了哪些原则?

解析:这是一个成功沟通的案例,我们不难看出小李主要运用了交互原则、互惠原则、立场服从于利益的原则。面对用人单位,小李想他人所想,站在公司的角度考虑自己的问题,同时展现的优势都是用人单位需要的,因而这样的沟通势必是有效的。

任务实施

拾趣

1. 看天下

(1)"言必行,行必果""己所不欲,勿施于人""欲速则不达"……这些耳熟能详的语句都揭示了哪些原则,你能再从我国的经典著作中找到类似的语句吗?

(2)"胜者为王,败者为寇",在沟通中是否只以结果来衡量沟通的好坏?你如何看待?

入境

2. 找症结

请分析案例中泰勒为何最后笑了?

泰勒是位全职太太，丈夫体贴，孩子听话，生活过得非常美满。但是，她不善与人沟通。隔壁的苏里奥太太已经搬来一年多了，泰勒都不能与之建立良好互动关系。为此，她非常苦恼。

泰勒丈夫却是沟通达人，不管走到哪里，都非常受人欢迎。他见泰勒为此苦恼，便给她出主意："人与人交往不过是良好沟通的结果。苏里奥太太并不难相处，她就是个爱诉苦的女人。在她向你诉苦的时候，你只要不一脸漠然地打发掉她，就能增加她的好感，若能迎合她几句，则沟通效果更好。"

泰勒觉得这并不难做，不过是静下心来听听别人说什么，再表示同感而已。想想之前苏里奥向她抱怨生活太苦时，她只是耸了耸肩便回房间。为此，苏里奥太太几天都没有搭理自己。想到这里，泰勒笑了……

下水

3. 用原则

有这样一家外资企业，由于劳资纠纷，工人们向领导提出警告，他们将在下周一进行罢工。进行罢工的当天，双方经过协商达成了一致，罢工结束后，工人们主动打扫示威场地，清理烟头、咖啡杯，恢复了原来清洁的面貌。第二天，工人们还自发加班，完成了因罢工而拖欠的生产任务。英方经理非常不理解，就问其中的一位工人，工人回答："我们对投资方有意见，想让你们知道我们的态度，唯一的办法是罢工。但这也是我们的公司，我们不愿意让您认为我们对公司是不忠诚的。"

在上述案例中，请大家分析工人采取了哪些沟通原则？

任务三 人际沟通方法

情境导入

财经管理专业的林静同学周末想和同学出去郊游，但是家里父母一直都反对，理由是担心女儿的安全。林静思前想后还是要跟父母沟通，于是在周五到家时又提了这件事情，并且说："你们不管什么态度，我都要去！"这下惹恼了林静的父亲，非但不同意，还直接把林静手机没收了。

本来轻易解决的事情，为什么矛盾升级了呢？

任务要求

了解人际沟通的三个层面。

掌握个人沟通、社会沟通、网络沟通的方法。

知识准备

一、人际沟通的性质

为了实现良好的人际关系，建立起人们期望的人际关系，就必须懂得所有的人际关系都建立在交往和交流的基础上。离开交往和交流，人际网络就无从谈起。一般而言，人际沟通可以包含个体交往、社会交往、网络交往三类。

二、人际沟通的方法

人际沟通是一门学问，也是一门艺术，它的质和量决定着人际关系的程度和水平。因此，掌握良好的方法可以让工作和生活更为便捷。

（一）个体交往的方法

1. 了解人的基本心理规律

成功的沟通需要具备一定的心理常识。人的一切社会活动、行为模式、生活状态、思考方式都离不开心理规律。无论是与人合作，还是与客户谈判、结交朋友、经营婚姻，只有掌握心理规律，才能倾听别人的言语，看到内心真实的想法。这就要求在沟通前充分了解你的沟通对象，做到事先预判，将一些不利的条件变为有利的资源。

2. 建立良好的第一印象

初次印象在人际吸引中具有重要作用。人们会在初次交往中形成对对方的总体印象，如果这个印象是好的，那么吸引的强度就大；反之就很小。而既然人们需要他人接纳，需要他人注意，那么我们就要努力完善自己，使自己初次见面就可以打动对方。

首先，学会接受，认真聆听他人的意见，肯定他人，像接受自己一样接受别人；其次，学会赞赏，赞赏他人的优点，吸收他人的长处；再次，要重视他人，不怠慢、不伤害他人的自尊心；最后，学会感激，无论大小都要对对方表示友好的善意，当然，这不是意味着要完全委屈自己去迎合别人，而是多看别人的长处后真诚地流露自己的情感。

3. 合理把握交往的频率

人际交往频率越高，就越容易形成密切的人际关系。在现实情况中，两个原本亲密的人因为交往少了，关系也许就会淡薄；而不熟悉的两个人因为经常一起交流，关系可能会密切。当然，交往的高频率只是意味着有更多彼此了解的机会，它并不一定意味着必然形成密切的关系，这当中还要看交流内容的深度。

（二）社会交往的方法

1. 树立自信

对于个体而言，信心表现为一种自信，就是对自我有正确的价值判断，相信自我、认同自我；对他人而言是对别人的信任。自信和信任是交往双方相互感知、相互影响的情感过程。所以在交往中，人们要足够相信自己掌握的知识，相信自己的能力、相信自己的信仰和信念，才能得到他人的信任。

2. 尊重他人

要赢得他人的信任，必须要尊重他人。尊重应当做到以下方面：了解他人、理解他人、关心他人。当了解一个人的时候，就能用包容的态度去看待他的行为，同时能够理解；而理解后才能够从对方的角度出发，能够真正关心他人。有了这些基础后，才能真正尊重对方。

3. 善于反思

所谓反思就是去思考过去的事，从中总结经验教训。在社会交往中，要善于发现自己在社会交往中的优势和不足，从中探寻规律，同时也要善于观察发现他人社会交往中的经验和技巧，为自己良好的人际关系创造条件。

（三）网络交往的方法

1. 自我防备

网络环境具有开放性、虚拟性和多元性等特点，因此，在进行网络交往和沟通时需要具备自我保护意识。无论在哪种渠道的网络沟通，都不应该透露过多的个人信息，更不要轻易相信陌生人，要有防范意识。

2. 拨开云雾

由于网络自身的开放性、虚拟性和非现实性，很多信息无法辨别真假。这就对沟通者提出了较高的要求：广阔的视野、渊博的知识和敏锐的观察力。网络的虚拟性和随意性会让人肆无忌惮地利用，沟通者需要拨开云雾，辨识信息的可识度。

3. 自律意识

由于网络沟通不同于现实意义的方式，因此在法律、法规和监管无法跟进的情况下，沟通者需要自我约束，作为当事人应当真诚待人、彼此尊重、平等相处、杜绝欺诈，唯有如此，网络沟通才能通畅并持续进行。

◎资料卡

影响人际关系的几种主要因素

（1）文化因素障碍：①语言障碍，如语言、文字、有意义的符号等，在交往过程中的误解、曲解、偏见、歧视的障碍，民族或群体在情感和意识上的倾向问题；②教育程度差别上的障碍。

（2）社会因素障碍：①地位角色障碍，如所处社会地位、角色、职务、年龄、经济、政治等方面的条件差距；②空间距离障碍，双方空间距离太大，中间媒体环节过多，必然阻碍人际关系的建立；③沟通网络障碍，群体结构中人们交往形成的不同沟通网络，因各种因素会造成对人际交往的影响。

（3）个体因素障碍：①个性结构障碍，人们的需求、动机、习惯、态度、价值观、人生观等方面的差异；②个性品质特征的障碍，如虚伪、冷漠、孤僻、猜疑心大等。

人际沟通训练实录(一)

王女士是一家广告公司的总经理。年初,公司与电视台签订了合同,承办了电视台半个小时的汽车栏目。为了更好地办好这个栏目,公司引进了一个新的合伙人。新的合伙人非常有能力,但优点明显的人,缺点往往也同样明显。王女士与新合伙人在工作中产生一些摩擦,有时会因为一些小事情产生争执。一天,因为林小姐修改了合伙人的方案,他与王女士产生了争执。王女士随口说出:不行就散伙吧。合伙人听了后没有再说什么,但是,从那天起,两个人的矛盾逐渐加深。后来,合伙人对林小姐讲述了自己的看法,觉得王女士说出散伙二字他听起来特别刺耳。王女士才知道,这个合伙人几年前离了婚,所以对散伙特别敏感。

请问:你觉得王女士在人际沟通时犯了什么错误呢?

解析:在这个案例中,非常明显的是王女士与人沟通前没有做好充足的准备,甚至有点盲目。她并没有思考对方能接受怎样的语言、怎样的方式。可见,选择合适的语言、语气是沟通成功的第一步,在此之前就应当了解对方的情况。

人际沟通训练实录(二)

丁羽是一个软件公司的老板,公司虽然规模很小,产品质量却非常不错。但公司人员的营销能力明显不足,订单一般都是通过网络渠道获得。这些渠道也包括各地的一些咨询公司、培训公司。每次合作中,丁羽总认为渠道只是帮助公司获得市场信息,并不能保证把项目拿下来,所以,在有关渠道的沟通中,总是毫不退让,渠道上的分歧使公司之间的利益矛盾日益加深。时间长了,这些提供渠道的公司都不会将信息给公司,公司的经营处于艰难的境地。

请问:是什么造成了丁羽的尴尬局面?

解析:尽管网络渠道沟通有时是隔着屏幕,但依然需要沟通双方真诚待人,同时要彼此尊重。丁羽认为在网络渠道沟通中无需妥协和退让,导致双方沟通的失败。其实,在很多成功的沟通案例中都蕴涵着妥协的成分,大到国家与国家之间的谈判,小到同事与同事之间处理工作问题。其中都会存在或多或少的妥协。而丁羽不会妥协,不会退让,导致最后沟通出现问题。当然,沟通中的妥协与退让,也不是无原则的妥协与退让,而是建立在底线的基础上的妥协,就像和街头小贩的讨价还价一样,当我们还的价格他无法接受,则交易无法完成的。在沟通前,需要明确自己的底线是什么,自己最低能够接受的条件是什么,否则,再好的沟通技巧都会失去效果。

任务实施

拾趣

1. 看天下

(1) 据最新数据显示，都市陌生人聚会的参与度由26.6%上升到38.8%，人们愿意和陌生人分享自己的喜怒哀乐，你怎么看待这个现象？你觉得和陌生人说话的利弊在哪里？

(2) 美国心理学家马斯洛把人的需要分为哪五个部分？请简要分析这五部分的先后顺序。

入境

2. 找症结

请分析秀才在进行沟通时主要的问题在哪里？

有一个秀才去买柴，他对卖柴的人说："荷薪者过来！"卖柴的人听不懂"荷薪者"(担柴的人)三个字，但是听得懂"过来"两个字，于是把柴担到秀才前面。

秀才问他："其价如何？"卖柴的人听不太懂这句话，但是听得懂"价"这个字，于是就告诉秀才价钱。秀才接着说："外实而内虚，烟多而焰少，请损之。(你的木材外表是干的，里头却是湿的，燃烧起来，会浓烟多而火焰小，请减些价钱吧。)"卖柴的人因为听不懂秀才的话，于是担着柴就走了。

下水

3. 用方法

Martin是一个日资企业中的日籍雇员，在制造部门担任经理。他一来中国，就对制造部门进行了改造。Martin发现现场的数据很难及时反馈上来，于是决定从生产报表上开始改造。借鉴日本母公司的生产报表，设计了一份非常完美的生产报表，从报表中可以看出生产中的任何一个细节。每天早上，所有的生产数据都会及时地放在他的桌子上。Martin很高兴，认为他拿到了生产的第一手数据。但没过几天，出现了一次大的品质事故，但报表上根本就没有反映出来。他这才知道，报表的数据都是随意填写上去的。为了这件事情，Martin多次找工人开会，强调认真填写报表的重要性，但每次开完会，在开始几天可以起到一定的效果，过不了几天又返回了原来的状态。Martin怎么也想不通。

在上述案例中，Martin采用哪些方法能够化解这样的尴尬局面？

综合自测 认知自我

本心理测试是以著名的美国兰德公司(战略研究所)拟制的一套经典心理测试题为蓝本,根据中国人心理特点加以适当改造后形成的心理测试题。目前,它已被一些著名大公司作为对员工心理测试的重要辅助试卷,效果很好。试着测试一下,认识一下也许你不知道的自己!

注意:每题只能选择一个答案,应为你第一印象的答案,把相应答案的分值加在一起即为你的得分。最后有一个分值分析,供你参考。

一、测试题目

1. 你更喜欢吃哪种水果?
A. 草莓　B. 苹果　C. 西瓜　D. 菠萝　E. 橘

2. 你平时休闲经常去的地方?
A. 郊外　B. 电影院　C. 公园　D. 商场　E. 酒吧
F. 练歌房

3. 你认为容易吸引你的人是?
A. 有才气的人　B. 依赖你的人　C. 优雅的人　D. 善良的人　E. 性情豪放的人

4. 如果你可以成为一种动物,你希望自己是哪一种?
A. 猫　B. 马　C. 大象　D. 猴子　E. 狗
F. 狮子

5. 天气很热,你更愿意选择什么方式解暑?
A. 游泳　B. 喝冷饮　C. 开空调

6. 如果必须与一个你讨厌的动物或昆虫在一起生活,你能容忍哪一个?
A. 蛇　B. 猪　C. 老鼠　D. 苍蝇

7. 你喜欢看哪类电影、电视剧?
A. 童话神话类　B. 自然科学类　C. 伦理道德类　D. 战争枪战类

8. 以下哪个是你身边必带的物品?
A. 打火机　B. 口红　C. 记事本　D. 纸巾　E. 手机

9. 你出行时喜欢做什么交通工具?
A. 火车　B. 自行车　C. 汽车　D. 飞行　E. 步行

10. 以下颜色中,你更喜欢哪种?
A. 紫色　B. 黑色　C. 蓝色　D. 白色　E. 黄色
F. 红色

11. 下列运动中挑选一个你最喜欢的(不一定擅长)?
A. 瑜伽　B. 自行车　C. 乒乓球　D. 拳击　E. 足球
F. 蹦极

12. 如果你拥有一座别墅，你认为它应当建立在哪里？

A. 湖边　　B. 草原　　C. 海边　　D. 森林　　E. 城中区

13. 你更喜欢以下哪种天气现象？

A. 雪　　B. 风　　C. 雨　　D. 雾　　E. 雷电

14. 你希望自己的窗口在一座30层大楼的第几层？

A. 7层　　B. 1层　　C. 23层　　D. 18层　　E. 30层

15. 你认为自己更喜欢在以下哪一个城市中生活？

A. 丽江　　B. 拉萨　　C. 昆明　　D. 西安　　E. 杭州

F. 北京

二、计分方法

完成答题后，在表中录入相应选项得分，将分值汇总（见表1-3），得分解析见后面的“自我认知参考意见”。

表1-3　自我认知汇总表

题目序号	各选项分值						分值
	A	B	C	D	E	F	
1	2	3	5	10	15		
2	2	3	5	10	15	20	
3	2	3	5	10	15		
4	2	3	5	10	15	20	
5	2	10	15				
6	2	5	10	15			
7	2	3	5	10	15		
8	2	2	3	8	10		
9	2	3	5	10	15		
10	2	3	5	10	12	15	
11	2	3	5	10	15	20	
12	2	3	5	10	15		
13	2	3	5	10	15		
14	2	3	5	10	15		
15	1	3	5	8	10	15	

自我认知参考意见

180分及以上：意志力强，头脑冷静，有较强的领导欲，事业心强，不达自的不罢休。外表和善，内心自傲。对有利于自己的人际关系比较看重，有时显得性格急躁，咄咄逼人，得理不饶人。在不利于自己的处境中，自己则顽强抗争，不轻易认输。思维理性，对爱情和婚姻的看法很现实，对金钱的欲望一般。

140分至179分：聪明，性格活泼，人缘好，善于交朋友，心机较深。事业心强，渴望成功。思维较理性，崇尚爱情，但当爱情与婚姻发生冲突时会选择有利于自己的婚姻。金钱欲望强烈。

100分至139分：爱幻想，思维较感性，以是否与自己投缘为标准来选择朋友。性格显得较孤傲，有时较急躁，有时优柔寡断。事业心较强，喜欢有创造性的工作，不喜欢按常规办事。性格倔强，言语犀利，不善于妥协。崇尚浪漫的爱情，但想法往往不切合实际。金钱欲望一般。

70分至99分：好奇心强，喜欢冒险，人缘较好。事业心一般，对待工作，随遇而安，善于妥协。善于发现有趣的事情，但耐心较差，敢于冒险，但有时较胆小。渴望浪漫的爱情，但对婚姻的要求比较现实。不善理财。

40分至69分：性情温良，重友谊，性格踏实稳重，但有时也比较狡黠。事业心一般，对本职工作能认真对待，但对自己专业以外事物没有太大兴趣，喜欢有规律的工作和生活，不喜欢冒险，家庭观念强，比较善于理财。

40分以下：散漫，爱玩，富于幻想。聪明机灵，待人热情，爱交朋友，但对朋友没有严格的选择标准。事业心较差，更善于享受生活，意志力和耐心都较差，我行我素。有较好的异性缘，但对爱情不够认真，容易妥协。没有财产观念。

模块二　闻 风 听 雨

项目引领

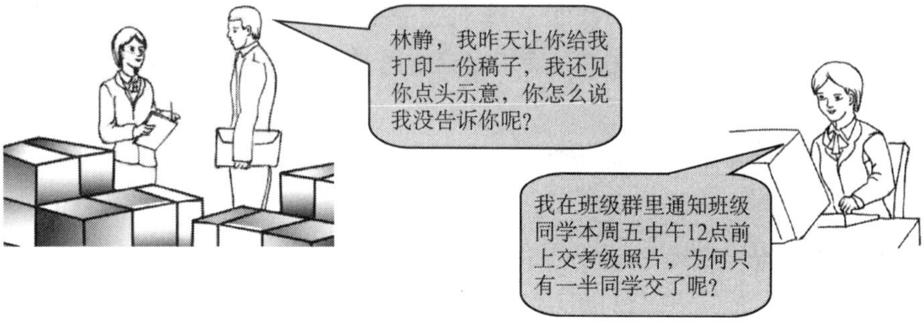

在日常学习生活中，语言表达是一个人综合素质的表现，在表达时，需要口、耳、目、舌和知、情、意、行相互协调，交际语言已经成为个人思想道德、文化知识、思维品质、心理素质等多方面的具体体现。口头语言是人际交往中最直接、最普遍的工具。学会聆听，锻炼口才，将帮助你走向未来的成功。

项目目标

1. 能够正确听取语意，并作出及时的反应。
2. 能够自然应对听取的话语，并表达正确的观点。

任务一　听 记 训 练

视频内容

情境导入

江南商学院财务管理专业要进行学生会干部竞选工作，学生会主席林静通知各班班长集合开会，布置下列工作：

林静："一年一度的学生会干部竞选工作已经拉开序幕，烦请各班长回去后，通知班级学生如有意向，请于三日内到学生会办公室进行报名，携带好不少于500字的个人介绍及2寸免冠照一张。"

各班长回去后进行工作布置，最终50名报名者仅有10人符合要求。为此，林静无奈地说："很多同学错过了报名时间，还有很多同学没有携带个人介绍或者照片，我也不知道怎么回事。"

同学们，你们能帮林静分析原因吗？

任务要求

了解聆听的性质和特点。

通过听记训练掌握听话的要素。

能够听懂叙述、描述、说明性质的话语。

知识准备

一、聆听的性质

聆听指集中精力认真地听取。平时我们所说的"听"仅指用耳朵感受声音，而在人际交往中的聆听是虔诚认真地听取相关信息。良好的聆听能力是人们获取知识的主要途径之一，同时也是人际交往的能力体现，更是个人心理健康的表现。学会听取他人的意见是重要的学习技能。聆听是对别人最好的尊重。真正的聆听不但要学会用耳朵去听取，更要学会用心去听取。

二、聆听的要求

一般需要掌握的聆听技巧：

(1) 充沛的精神：要让对方对你感兴趣，那么先要对别人感兴趣，良好的精神状态是聆听的首要条件。

(2) 给予对方相应的动作和表情：动作和表情能够帮助对方明白你是否在接受他传递的信息。

(3) 必要的沉默:聆听重在听,不要急于作出判断或者是回答,沉默能够传递给对方你在思考对方给予的信息。

(4) 适时地重复或者提问:在不了解对方含义或是不能作出判断时,可以重复对方的话语或者对此提问,以帮助自己正确听取话语信息。

(5) 切勿打断他人的讲话:聆听代表一种心理,随意打断是没有涵养的表现,也是聆听失败的表现。

三、听记的技巧

(一) 听记的话语片段种类

1. 叙述类话语

叙述类话语一般是介绍某个事件的态势发展,话语里会出现事件的缘由、事件的经过、事件的后果,有时会穿插人物的描写或是心理活动。在对方用自己的视角向你讲述某件事情或者某个人的时候,听话者应当掌握事件发生的起因、经过、结果及事件的核心人物。

2. 描述类话语

描述类话语一般会用生动形象的语言,把人物或者景物的状态具体地描绘出来。它一般能够再现自然景色、事物情状、人物的形貌和内心世界,让事物的环境具体化。由于它能够活灵活现地展现彼时彼景的样貌,因此听话者可以通过描摹的词语判别说话人的语气和情绪。

3. 说明类话语

说明类话语是为了让对方认识、了解某事物的本质,在实事求是地说明事物后也清楚地说明事物或事件的优点和缺点。这类话语不会夸大对原有事物的描述,也不会减少它原有的特点,而是重在阐明每一个环节。听话者能够从中掌握相应的知识或者了解事物的本质。

(二) 听记的技巧

在生活学习中,人们日常交谈时往往会将上述三类片段糅杂在一起,叙述者会根据自己的需要向听话人传递相关信息,在信息片段中有时会融合三类话语。因此,听话者一般从以下内容来完成对整段话语的听取。

1. 事件的核心人物

在一段话语中,核心人物或是关键人物往往会多次出现,而其他人物大多是陪衬。那么,能够识记整段话语的关键人物就相当于了解了事件。

2. 事件的起因和结果

在听取他人讲述时,起因和结果要仔细聆听。起因的掌握能够让我们明白事件的性质,而结果的掌握则能让我们了解事件的当下情况及说话者的目的。

3. 话语中使用的关联词或是序数词

一段话我们不可能一字不落地全部听取,那么抓住关键部分就能让我们明白说话者的用意、事件的重要部分,而能够在语段中充当这样作用的非关联词莫属。“不但……而且……”“宁可……也不……”“与其……不如……”,这些关联词侧重后面的要素;“只要……就……”“倘使……还……”这些关联词侧重前面的要素。“首先,然后,最后”强调了第一要素;“第一,第二,更重要的是”则强调了最后一个要素。

4. 话语中使用的修饰语

“蠢笨的企鹅”同“欢乐的海鸥”虽都是描写动物,但从前面的修饰语看来,叙述者对两种动物的情感是截然不同的。为了能让人听明白、听清楚,听话人对说话人的一些修饰语要格外注意。因为说话者的语气情感全然包含在这些字眼之下,如果将爱憎的情感混淆,那么聆听的过程就意味着无效。

听记训练实录(一)

课堂片段

老师上课时看到同学们的状态突然说:“一场战役打得很紧张,深夜开军事会议,毛泽东在讲话,一个将军却在打鼾。在座的将军不禁为他捏了一把汗。没想到毛泽东却说,大家讲话小点声,那边有人在睡觉。结果睡着的将军突然醒了,看到毛泽东看着自己非常惭愧。”老师又问:“同学们,你们觉得将军的做法对吗?”

解析:该实录是老师在课堂上与学生的一次对话,在听完这段话语后,我们可以完成以下内容。

事件的核心人物:老师(反复出现)。

事件的起因结果:老师上课看到同学们的状态突然说了故事(突然说起了故事)。

关联词:“却……”表示不认可这种行为。

修饰词:非常惭愧(表示当事人觉得军事会议睡觉的行为是不恰当的)。

因此听话者在听完这段话后能够听明白老师其实是借着故事提醒那些上课睡觉的同学。

听记训练实录(二)

你以为我会无足轻重地留在这里吗?你以为我是一架没有感情的机器人吗?你以为我贫穷、低微、不美、渺小,我就没有灵魂,没有心吗?你想错了,我和你有一样多的灵魂,一样充实的心。如果上帝赐予我一点美,许多钱,我就要你难以离开我,就像我现在难以离开你一样。我现在不是以社会生活和习俗的准则和你说话,而是我的心灵在同你的心灵讲话。

解析:该文段是摘自《简·爱》中的片段,按照听记的技巧,我们一起完成以下内容。

语段的核心人物:我(文段中我跟你出现的频率等齐,通过最后一句话可以确定)。

语段的起因,结果:起因无法判断,结果是我没有任何地方不如你。

关键词:“如果……就”“不是……而是”可以推知“我”受到了不公的待遇。

修饰词:无足轻重、充实等词语判定说话者有着坚强独立的人格。

听话者在听完叙述者说完这段内容后能够听懂:说话人要求平等独立的人格,不愿做附属品。

◎资料卡

听记的技巧

事件的核心人物
事件的起因或结果
关联词或序数词
修饰语

任务实施

拾趣

1. 游戏你我他

(1) 同学们分排坐定，将事先写的纸条给排头看，然后第一位同学轻声告诉第二位(不得给第三人听见)，依次传下去，最后一位同学将听到的话写在黑板上。比一比：哪一排同学听后转述的话最为正确。

(2) 两位不是很熟悉的学员，一位扮演"记者"，一位扮演"被采访者"，采访时间为 3 分钟，然后角色互换；活动结束后，每个人准备发言提纲，然后上台介绍同学中的一个他或她；记录实训报告(内容包含采访提纲、问题、记录)，最后请大家谈谈记者和采访者的不同。

入境

2. 找症结

试分析，公司给小伙子的留言传递了几层含义。

一个中国小伙子来到德国求学，他发现当地的车站几乎都是开放式的，没有检票口，也没有检票员，只是偶尔有随机性的抽查。这个年轻人凭自己的"智慧"，计算出即使逃票，被发现的概率也就是万分之三左右；即使被抽查到，罚款也不多。于是他在坐车的时候，就不再买票了。

虽然一开始时非常幸运，没有人发现他逃票，然而"幸运之神"并没有一直伴随着他，有一次他还真中了那万分之三的"彩"：因乘车时没有买票，还是被随机抽查的人发现了，并被处罚了。在顺利的逃票之中，他的大学生活也顺利地结束了。可是，接下来找工作却并不顺利。

眼看着成绩不如自己、能力不如自己的同学都陆续找到了工作，这个年轻人非常着急，于是他就给一家应聘过的公司的人力资源部门写了一封邮件，以恳切的语言请求对方把拒绝雇用自己的原因告诉自己。第二天，他就收到了那家公司的电话回复：

"亲爱的先生,我们非常欣赏您的才华,但是调阅了您的信用记录之后,非常遗憾地发现,您有过逃票受罚的记录。根据逃票受罚的概率计算,您可能有上百次逃票却没被发现。这件事至少证明了两点:一是您不遵守规则;二是您不值得信任。鉴于此,我们觉得您不适合在我们公司工作,请见谅。"

下水

3. 用耳朵

(1) 转眼这个学期已经接近尾声,财经系学生会大会暨优秀部员颁奖仪式于2019年1月9日中午12点准时在3号楼201展开。财经系丁云老师,系学生会全体部员参加了本次大会。活动一开始,由主席杨婉宣布了本学期经考察合格正式进入学生会的新部员名单,并由各个部长为新进部员颁发学生会标志的工作牌。随后,由劳卫部部长陆彦云同学代表主席团对本学期学生会工作做了总结,并结合自己的切身体会与大家进行交流,对新进部员提出了鼓励与期望。大会最后,丁老师对整个学期的学生会工作做了简短的总结,对各位学生会成员一直以来的辛勤付出表示了肯定和感谢,并希望每个学生会成员能积极参与活动,不断提高工作效率,一起为财经系学生会更好的明天而努力!

根据以上材料请完成如下要素:

事件的核心人物:____________________

事件的起因结果:____________________

语段的关联词或序数词:________________

语段的修饰语:______________________

请用一句话概括本语段的内容:

(2) 请扫描右侧二维码听录音材料1,听完后用一段话陈述你所听到的内容,并与同学交流。

音频内容

任务二 听话概括

情境导入

请同学们扫描右侧二维码观赏视频《朗读者》片段中主持人董卿对柳传志的采访,并用自己的语言概括出联想集团传奇人物柳传志对待家庭教育的态度是怎样的。

视频内容

任务要求

了解听话概括力的性质和特点。

能够听懂叙述、描述、说明、议论性质的话语。

知识准备

一、听话概括的性质

概括是指把事物的共同特点归结在一起加以简明地叙述，让对方在很短的时间内就能明白表达的主要内容。概括是形成普遍性认识的一种思维方法。听话概括力即是在聆听完相关内容后迅速、全面、准确地归纳要点的能力，它既建立在对话语的正确听记之上，也依赖于对话语的理解能力。

二、听话概括力的分类

由于普遍性认识可以是关于事物的表面特征，也可以是关于事物的本质特征。因此，听话概括力分为对表面特征的概括和对本质特征的概括。

（一）对表面特征的概括

对材料表面特征的概括属于初级概括，一般只需要全面地掌握占有材料，利用听记的方法，对材料提供的信息能做到如数家珍，从中提炼出自己需要的信息。一般的时间、地点、人物、起因、经过、结果等都属于对表面特征的概括。

（二）对本质特征的概括

对本质特征的概括则属于高级概括，它要求听话者能够在分析、综合、比较的基础上，将事物的本质特征、事物本身，及事物的其他属性分离开来，并把话语中的核心要素提到首要的认识地位。例如，“中国女排经过顽强拼搏，终于又一次获得世界冠军”这句话，经过理解提炼后，它的核心意义是“中国女排二度夺冠”，“顽强拼搏”是原因，结果是夺冠，而最重要的信息就是“二次夺冠”。高级概括必须在分析理解的基础上形成，只有这样，才能对材料有完整的把握。

三、听话概括力的养成

聆听的过程包含了对当事人话语信息的储存、加工和输出，听话概括力也涵盖了这样一个过程。根据听话概括力的特征和分类，我们可以从四个维度来养成良好的听话概括力。

聆听的过程，如图 2-1 所示。

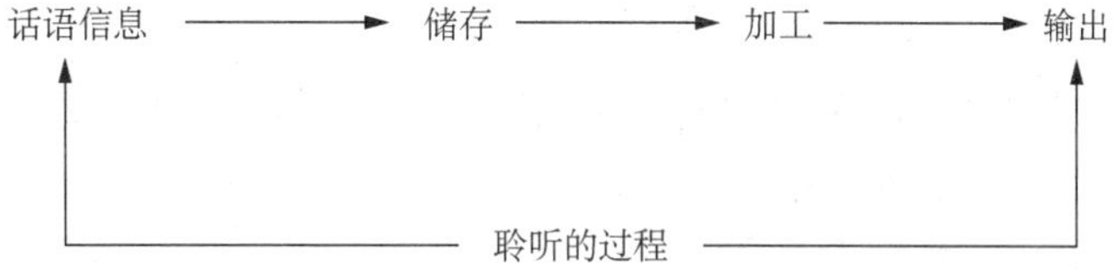

图 2-1　聆听的过程

（一）听记力

无论是叙述类话语、描述类话语或是说明类话语，我们都可以凭借良好的聆听态度，运用基本的听记技巧去完整地听取材料，并作出基本的概括。这属于听话概括力的第一维度，听记力是掌握材料的首要能力，因此，对材料的整体把握就依赖于听记力的高低。

（二）听辨力

人们对自然界各种音响的识别，都是听觉器官作用于大脑而形成的。人际交往中，良好的听觉不仅仅是有一副“健康”的耳朵，还要有能够感知语言，能够辨别声音包含的语气、态度的能力。例如，言说者在愤怒或是兴奋时，他的声音高低、情感语气都是不同的，那么作为听者就应当细听、分辨其中的情感，从而区分对话语境。没有正确的判断就不会有针对对方话语的回答，提高听辨力可以让交往双方事半功倍。

（三）听解力

听解力是听懂别人说话的能力，要求听者在听完材料后完整地记住材料的主要内容，并且准确地抓住要点。这是听话概括力的核心部分，如果不能理解材料，那么后续的概括就会失之千里。倾听是口语交际中最基本也是最重要的策略，而听解力是倾听能力的主干内容。一般而言，语言能力强的人其理解能力也非常强。因此，听解力是需要伴随语言交流同步发展的。同时，听解力也与自身的知识储备相关，在大量占有材料之后，就能理解相应的语境。例如，在股市中，“割肉”意味着疼痛，即以比买入低的价格将手中的股票卖掉。而对屠夫而言，割肉即是买卖。那么不同的语境就决定了对词语不同的理解。

（四）听测力

听测力是对话语的推断能力，一般是指能够初步地了解说话人的意图和言外之意，并作出基本准确的判断的能力。听测力属于听话概括力的高级阶段，它必须建立在前面三个维度的基础上，它也是一种全面的心理活动，是在接受、储存信息后对信息进行加工并输出的过程。听测力是听话者对说话者输出的语言信号加工整理的能力，由表及里、由此及彼，集中筛选并分析、研究主要有用的信息，判别事物的是非，明晰、吃透说话者的真实心理的能力。如果听话者在接受信息代码和分解合成时出现了问题，无法进行语言反馈，那么交谈就无法进行。如“度日如年”这个词语如果接收信息的人认为“年”即指过年，那么交谈双方就会陷入滑稽的氛围。

四、听话概括力的训练

根据听话概括力包含的四个维度，我们可以从以下方面入手提升听话概括力。

（一）听记材料的时间、地点、人物等显性信息

话语材料中的时间、地点、人物、事情的起因、经过、结果等都属于显性信息，这部分信息的听记有助于概括材料的表面特征。诸如，会议时间、具体安排、项目合作单位等，明确可告知对方的话语材料都应当把握住。

（二）听辨言说者表示主观态度的情感信息

一段话语经当事人说出口，会带有当事人的情感印记，而一般这样的印记必须还原为当事人的口吻。在“我认为”“我觉得”之后的话语便是当事人表达直接态度的材料，这一部分应当积极聆听，如果在这一部分能听到当事人“很满意”“有点遗憾”“非常不幸”等修饰词，就能辨识此段内容传递的情感态度。

（三）听解话语的动词及能听解动词表达的核心信息

当言说者洋洋洒洒讲了一段话之后，出于对核心信息的确认需要，言说者会不由自主地对自己认为重要的信息进行强调，或是表露自己的意愿，有时也会用一些关联词来有梯度地表达自己的主张。而接受者对信息的理解程度就取决于其在聆听时能否把握住“我希望”“我渴望”“我要求”等后面的核心信息，或是把握住“不但……而且……”“只有……才……”“只要……就……”等关联词后的主张。因为这些动词或是关联词后跟随的往往是整段内容的中心意思，只有对这些动词、关联词后的话语积极地听记，听话者才能听懂材料并进行概括。

（四）听测话语中修辞手法后的隐藏信息

说话者在表达隐含意义时，常常会使用委婉、比喻、双关、引用等修辞手法，听话者只有关注说话者的表达技巧和手段，才能推断正确的隐含意义。例如，当说话者夸赞对方当天的穿着“宛如一棵圣诞树”，圣诞树是五彩缤纷的，但如果形容人穿着像圣诞树，这样的比喻显然就隐藏了说话者并非在夸赞的信息。因此，抓住修辞或是省略句，是推测言外之意的方法。

听话概括实录（一）

最近看到一条新闻很吓人，说“赛百味承认食物中有鞋底成分”。我不禁感到疑惑，之前有“老皮鞋酸奶”的传说，怎么这回连鞋底也上场了？仔细一瞧，原来是一群国人闲得无聊，搞了一个投票，要求禁用一种叫偶氮甲酰胺的食品添加剂。话说编辑这标题起得还真有水平，脸上的老皮鞋成分（胶原蛋白）显然比较厚实。那我就来说说这到底是怎么一回事吧！

解析：该实录媒体评论人对知名品牌“赛百味”事件的陈述，根据听话概括力的训练要素，我们不妨先来完成如下信息：

显性信息：赛百味承认食物中含有鞋底成分。

情感信息：很吓人、我感到疑惑。

核心信息：我来说说到底怎么一回事。

隐藏信息：起标题的编辑脸上的老皮鞋成分比较厚实。

在这段材料中，显性信息是一则沸沸扬扬的新闻；情感信息是评论员对此觉得疑惑，即他并不赞同这样的说法；核心信息是他想来谈谈“赛百味事件”的真实情况；隐藏信息为用了借代的修辞讽刺了新闻标题的编辑。那么我们可以概括出这段话的主要内容：评论员小金并不赞同新闻媒体对“赛百味事件”的报道，并提出了自己的看法。

听话概括实录（二）

罗斯福在就任总统之前，曾在海军担任要职。有一次他的一位好朋友向他打听海军在一个小岛上建立潜艇基地的计划，罗斯福神秘地向四周看看，压低声音问道：“你能保密吗？”“当然能！”朋友十分肯定，“那么”，罗斯福微笑着说，“我也能”。

解析：该文段是美国罗斯福总统的一个小故事，那么，按照听话概括力的训练我们一起完成以下内容。

显性信息：打听海军在小岛上建立潜艇基地的计划。

情感信息：神秘，保密，微笑。

核心信息：你能保密吗？

隐藏信息：你能保密吗？我也能。

在这段材料中，材料的显性信息是朋友向罗斯福打听海军的计划；情感信息是罗斯福非常神秘，但是用微笑的口吻回答朋友；核心信息是罗斯福希望好朋友能够保密，不要声张这件事情；隐藏信息就是本材料最具奥秘之处，用了类比的修辞表示罗斯福本人同朋友一样都是守住秘密的人，即言下之意不会将此事告诉朋友。该材料的结果便隐藏在隐藏信息中，如果仅凭表面文字的聆听是无法理解文段的。那么，我们同样可以概括本段的内容：罗斯福的好朋友想打听军事计划，却被罗斯福巧妙拒绝。

◎资料卡

听话概括力的要件

听记显性信息：时间、地点、人物、起因、经过、结果。

听辨情感信息：满意、兴奋、激动等修饰词。

听解核心信息：我觉得、我希望、我认为等主观意愿的词语或是相关的关联词。

听测隐藏信息：夸张、比喻、拟人、引用等修辞手法。

任务实施

拾趣

1. 看天下

(1) 同学们分排坐定，将事先写的纸条给排头看，然后第一位同学轻声告诉第二位(不得给第三人听见)，依次传下去，每位同学都必须在前位同学的基础上进行概括传话，最后一位同学将听到的话概括性地写在黑板上。比一比：哪一排同学听后概括的话最接近原意。

(2) 请选择今日要闻中的一则，找5位同学进行接力游戏，看看最后一个同学概括出来的内容是否和选择的新闻内容概要一致。

入境

2. 找信息

听读下列一段话，立即将对话语内涵的理解填入表2-1内。

随着庆丰包子铺连锁规模的进一步扩大，为了更好地对连锁化经营进行管理，庆丰包子铺于2008年底，斥资500余万元在顺义区投资建设了“北京庆丰食品科技研发中心”一期工程，对所有连锁店的食材进行统一采购，统一加工，统一储存，统一配送。

这不仅保证了品质，也有效地解决了在单店加工中，由于不可控因素造成的口味上的差异，还节约了单店加工所消耗的能源，同时也减小了连锁店的管理难度，让店铺的管理者有更多的时间和精力加强对服务卫生环节的管控。庆丰包子铺的严格管理、优良品质和快速发展，在社会上产生了广泛影响，企业品牌知名度和美誉度不断提升。

表 2-1　话语内涵理解汇总表

显性信息	
情感信息	
核心信息	
隐藏信息	

下水

3. 用耳朵

(1) 欣赏视频“见字如面”中萧红的书信《有你们，中国是不会亡的》。

(2) 阅读如下材料并完成表格：

“见字如面”袒露的正是流淌至今的那条中国人的精神脉络。这些纸上的声音、书信里的文字，汇集起来就是电视人的文化情怀。“见字如面”已经完全与一线娱乐节目比肩，人人都在谈论了。“见字如面”的制作和传播实践让大家看到互联网的世界同样是宽广而多元的，观众不都是喧嚣浮躁的。好的传播内容可以满足受众永不餍足的对社会、对他人、对自己的认知愿望。这档节目通过“书信情怀”传递出一种“文化现象”，其巧妙之处在于“以小见大”。把普世情怀升级为文化，从书信入手去打开历史，用细节动人。网台融合相辅相成，极大促进了节目传播渠道的多元化，实现了传播效果的最大化，可以说是媒体融合发展的生动实践和探索。

完成下列问题：

该则材料涉及的内容(显性信息)：________________

评论人的情感态度：________________________

核心信息：______________________________

隐藏信息：______________________________

任务三　听 话 应 对

视频内容

情境导入

江南商学院财经管理专业林静同学由于各方面成绩优异，在学期末获得了一次出国游学的机会，班内同学都十分羡慕，有的同学对她说“你真了不起”，有的同学说“我们可没你这么能干”，还有的同学对她说“这么好的事情怎么会落到你的身上呢”。林静告诉妈妈她很苦恼，妈妈问她原因，林静说不确定同学们对她的恭维是什么意思，更不知道面对这些恭维该如何作答。

任务要求

了解听话应对的性质和特点。

通过听说训练掌握听话应对的能力。

能够听懂叙述、描述、说明、议论性质的话语并作出相应的回答。

知识准备

一、听话应对的性质

听话应对是根据接收的信息进行大脑思维后再输出信息的过程，它包含了听和说两部分。听话与说话是一个包括生理、心理和物理等活动在内的复杂的运动过程。说话的起点是人脑的言语运动区，言语运动的中枢部分产生运动思维，按照一定的规则排列，然后发出信号；听话的起点在听觉器官，当声波振动的信号引起大脑思维后，大脑储存的语言信息就会找出相应的词语排列来理解其含义。因此，人类大脑的言语运动区和言语听觉区存在着联系，两者相互影响。人们会根据听到的内容来调整自己说话的内容和速度，也可以根据说话的情况来调整听话的方向和重点。

二、听话应对的特点

（一）专注性

在讲求效率的社会里，耐心地聆听别人说话是一件困难的事情。因此，许多人都认为聆听是一门“消失的艺术”。由于时间的压力，大家都降低了生活中聆听的质量，真正有效的应对是建立在高质量的聆听之上的。聆听者应当全身心关注眼前谈话者，避免各种干扰，平静从容地培养“专注力”。无论是聆听者内部自身还是外部环境都不能妨碍聆听的质量，这样聆听者可以根据自己的言语或者非言语行为来跟随说话者，反映出专注度，及时给予反馈。

(二) 有效性

良好的专注并不等于有效的聆听。尽管听话者能够做出善意的目光接触,真诚地点头示意,但有时听话者是自动地在做这些训练有素的技能反应。正如上课时同学们一贯地凝视老师,被班主任批评时始终坚持点头认错是一样的道理,看似专注的表情其实并没有进行有效的倾听。除了偶尔或极端的进入自动反应的注意状态外,在交流过程中,我们倡导通过恰当的语调说话,间或重复关键词语等来进行言语追踪,听到或是记住对方说的内容才是应对的前提。如果在交流过程中,能够选择自己想听的内容,听到预先没有考虑的问题,并作出思考和应对,这就是有效的聆听。

(三) 反应性

聆听不是一种被动消极的运动,而是积极地对说话者传达的全部信息作出反应的过程。听话应对要求,听话者在听的过程中要给予适当的反应。恰当的反应能够传达自己良好的态度,鼓励说话者的勇气,促进双方关系融洽;积极的反应更能够了解问题,促进双方的相互了解和理解。由于听话应对是发生在两人之间的活动,因此合理的反应能够达成双方的互动。

(四) 目的性

在人们谈话的时候,说话者希望对方能够了解自己的主旨和意图,而自己表述的每一个事实常常是为其中心意思服务的。对于聆听者而言,抓住语段的中心思想是要义,优秀的聆听者对信息的记忆就是理解说话者的思想。比起有些注意细枝末节的听话者,能够抓住中心思想的听话者可以更好地传递自己的信息。因此,抓住对方表述的核心信息能够为快速有效的听话应对打下基础。

三、听话应对的语言内容

无论是故友相逢的寒暄,佳节亲戚的闲聊,或是职场上的谈话,同事间的交流,大家都认为“谈”是双方沟通的重点,感情的深浅与谈话的长短形成正比,似乎觉得彼此有说不完的话才是人际交往高手的绝招。其实“无声胜有声”的心灵契合,“君子之交淡如水”的点头示意都在告诉我们“听”比“说”更重要,从谈话者的表达中我们可以听到很多意味深长的信息,这些是“三寸不烂之舌”不能达到的境地。一般而言,双方交流的语言内容可以分如下类型。

(一) 说人道事

说人道事无非就是张家长李家短,人和事是普通百姓之间交流最多的信息。人是生活在社会中的个体,为了不让自己在社会中孤立,社会个体常常不经思考地做出与大多数人相同的选择,这被称为“乐队花车效应”。其意思是在花车大游行中搭载乐队的花车,参加者只要跳上这台花车就能够轻松地享受音乐而不用走路。因而在日常交流中,大家会不自觉地选择一些认同感高或是人们都感兴趣的事情进行交流,以期能迅速地寻找“同体”,这就好比大家都明白吸烟有害健康,但是看到很多人都在吸烟,大家还是会觉得吸烟是沟通的制胜法宝。

由于任何一个事件都会有气氛的问题,可以是轻松愉快的,也可以是沉重不幸的;可以是富有哲理的,也可以是幽默风趣的。不同的气氛,谈话者一定会用不同的嗓音、语调来表达，而事件的主人公或是谈话者关心的人物一定会高频率地出现。那么，这类语言内容，听话者只要注意聆听的态度，跟随谈话者语调的跌宕起伏，做出适宜的非言语或言语应答，就能够进行有效地沟通。

（二）讲解说明

“请听我解释”，这句话会高频率地出现在情侣对白中，但同事、同学、师生、上下级之间其实都在演绎这句话的真谛——解释说明。其目的是解释、说明事物的性质、特点，有时为了传授必要的知识，有时为了解说清楚某个问题，有时仅仅为了有条理地原原本本地还原一个真相。这类语言内容多条理清楚，序列分明。为了阐明事物本身，说话者会通过停顿、节奏的变化来显示其内容的内在顺序。我们有时形容一个人胡言乱语、思维混乱，正是他在表述这类内容时没有按照一定的逻辑结构，而无法还原“真相”，这时谈话便会终止。那么，聆听者在听这类语言内容时，应当关注说话者的语音重点、停顿落脚处、节奏转换处，以此来确定聆听的重点。比如，老师宣布期末考试的时间、复习范围这些内容；领导宣布新的任务决策这些时，都会有语气的顿挫、节奏的延缓等，这些便是材料内容的中心信息。

（三）谈天说地

明代罗洪先写过这样一句话“静坐常思己过，闲谈莫论人非”，当今许多人都以此自勉。但品评人事，抒发所感却是人际交往中最常态的语言内容。人们有时会以评价他人的功过来显示自己的高尚，会以天地万物的感慨来化解自己内心的思虑，会以生平的深浅阅历来结交一个知己。因而，对某件事或某个人表示自己的意见、观点、看法而形成的语言内容成为人们交谈时的主要内容。比如，马大嫂关心的菜价、农民工关心的工资、老年人关心的养老等，任何生活中的事件都能成为大家议论的话题，而这也就构成了大家交流时的常态内容。

这类内容往往是说话者要表明自己的观点，因此他们会选用坚决、明亮的音色，发音时会肌肉紧绷，声音不拖泥带水，语句充满重音，而整个观点的高潮常常通过音量的大小、速度的快慢来显示。聆听者应当着重听出语言内容的脉络主干来辨别谈话者的意图。

（四）情动于衷

这类语言内容与前面三项常常是共同出现的，但它经常是作为隐匿的语言内容出现在谈话材料中。人的感情在外界的影响下，具有多度性和两极性的特点，每一种情感具有不同的等级，还有着与之对应的情感状态，如爱与恨、欢乐与忧愁。但有时的“心理摆规律”会让人们向相反的情绪状态转化，如有的人希望生活永远激情、浪漫，当平凡生活出现时，他们会心存排斥；有的人会因为生活场景的逆转而产生巨大的情绪落差。因为每个人表达情感的习惯不同，大家会将内心的情感体验放置于事前或事后，强烈感情外露的内容往往会充满想象，通过音量的大小、速度的快慢、声音的强弱、音调的高低传达正面或是负面的情感；而对于隐藏的情感信息，言说者往往是通过“褒贬毁誉”语调来不经意地传递，此时需要聆听者关注说话者的眼神、动作，在对方“引出本意”的关键处，言说者会放慢速度、吐字沉稳。

四、听话应对的方式

（一）非言语应对

非言语交际是指人在传达讯息时，会使用语言文字外的媒介，例如脸部表情、肢体语言或音调等，来辅助说明自己的意旨。这种交际也同样适用于聆听过程，说话者有时会通过非言语表达来理解听话者的情绪、态度甚至内心的想法。因为大多数行为是人们无意识状态下的表现，因此我们可以通过非言语应对来表示自己的听话效率。

脸部途径：人们对愤怒、快乐、惊讶、恐惧和悲伤等主要情绪都有既定的脸部表情。例如，愤怒时会脸部潮红，压低眉毛，瞪视某处；恐慌时会眉头呼吸急促，神色慌张等。我们可以通过自己的脸部表情来表达聆听材料后的感受。

眼神或肢体途径：例如，一个人说话却不敢直视对方，会被认为是在撒谎。同样地，肢体动作也会传递出人们的情绪、性格特质和态度。内向的人和外向的人在肢体动作上的差异尤其明显。外向的人动作大，音调和语气洪亮；内向的人音低，动作幅度也较小。某些肢体动作也会成为文化标记，如拇指和食指完成圆圈在大多数情况下表示"没有问题"，剪刀手一般表示"胜利"，耸肩表示不置可否的意思。

语气和音调途径：语气和音调也是应对的方式之一，积极的语气和消极的语气能够传递你的应对态度。"哦"这个字根据语气音调的不同，阳平可以表示疑惑并确认，去声可以表示答应赞同，低声则表示有些不情愿。

这类应对方式是贯穿于所有的语言内容中，体现了聆听者根据说话者的材料在思考、回味、确认。善于运用非语言应对可以巧妙化解尴尬；也可以为自己的无话可说找到表达的媒介。

（二）言语应对

1. 听记型应对

听记型应对一般是针对"说人道事"及"解释说明"的语言内容，由于这类语言内容表达清晰完整，通常只是告知类或传递类的信息。因此，对于这类材料，应声性地回"知道了""好的"或是重复性地回"真的是这样""也就是说……"等，就能和对方进行直接的沟通交流。

2. 听辨型应对

听辨型应对，往往针对的是"谈天说地""情动于衷"的语言内容，这类内容中往往会渗透说话者的情感，而听辨的目的就是能够听出对方的语气、态度、评价以及判断。在听辨型应对时，语气、声调等非言语的信息和言语信息紧密结合，在听懂对方的情感态度后，聆听者可以根据话语内容选择与之相应或是相反的情感态度进行表达。例如，当对方悲痛万分地告诉你家中的变故时，此时应当以哀伤的语气和宽慰的话语应对；而当对方告知你他不正当的做法并为之得意时，此时应当以严正相告、娓娓道来的话语应对；而如果对方告诉你他金榜题名的好消息时，你的应对就应当是高兴和积极的话语，而不能闷闷不乐地恭喜。

3. 听解型应对

听解型应对，是对话语中心意思了解后的回答，即在不明确对方意图下，不能做出正确的应对。因而如果在不明了对方的意图，或是觉得疑惑时，可以采取"我能不能这样说""你是这个意思吗"等语句将中心意思阐述一下，以检测自己的理解有否偏差。如果完全听明白对方的意思，聆听者就可以根据话语信息选择直面式回答、迂回式绕弯、高声赞同、笑而不答、应声知道等方式。

4. 听测型应对

听测型应对，针对的是"情动于衷"类语言内容，由于这类内容的隐藏信息不在字面信息上，因此需要聆听者根据语气、声调的变化、非言语信息的传递或是修辞手法的含义，界定说话人的情感态度，并做出正确的应对。例如，林静就可以根据对方恭喜她时的表情、声调来判定对方的真实用意。

尤其对省略号后的延迟信息要格外关注，例如，“王晓建很自负，写了一篇文章，言语不通，却感觉极好。他去访问名人，假意请求指点，实则自我炫耀。名人看了之后，说‘你的文章已经通了六窍’，王晓建很高兴，奔走相告”。在这个故事中，王晓建的应对完全是错误的，因为他没有听出名人的隐藏信息：人有七窍，六窍已通即指一窍不通。名人虽未明说，却已把隐藏信息传递。王晓建非但没有自省还洋洋得意，这属于典型的聆听失败的个案。

听话概括实录(一)

《杨澜访谈录—李彦宏：上市那天的故事》文字版(节选)

(第一部分)杨：大家好！随着盛大、百度和分众在美国纳斯达克的上市，人们普遍认为中国网络股的第二个浪潮又出现了。其中，百度是在2005年8月5日登陆纳斯达克的，它的股份从最初的27美元，曾经一度飚升到154美元，最近也回落到80美元左右，市盈率高达1 000倍以上，从而成为在纳斯达克上市值最高的中国公司。它的董事长兼CEO李彦宏可以称得上是一位帅哥，不过他没有成为娱乐圈的偶像，反而成为网络界炙手可热的明星。那么，李总，你好！

李：你好！

(第二部分)杨：非常感谢你接受我们的访问。在纳斯达克上市以后，你的账面的财富暴增，但是你觉得你的幸福指数是上升了还是下降了呢？

李：应该讲我的幸福指数还是上升了，但是就是说，我自己，说实话从上市那一天到现在，我没有算过我的这个身价是多少，因为我觉得这个东西……

杨：因为有太多人已经在帮你算了。

李：哈哈哈哈。

(第三部分)杨：八亿美金吧，说是最高的时候？

李：啊，我不知道具体是多少，我觉得，我最看重的不是这些东西，其实一个人，无论你多有钱，无论你是什么样的一个地位，一天也就只吃三顿饭，也就睡八个小时的觉。

(第四部分)杨：可是，我觉得每个有钱人都这么说，但是当你真的是第一天上市，取得这样高的一个增长的时候，你的内心真实的感受是什么？有没有一种狂喜在里边？

李：啊，很兴奋，很激动，但是不能用狂喜来形容。因为对我来说，可能在外界尤其是媒体的这种报道，就称之为一夜暴富。在我看来根本就不是这个样子，这是百度经过了五年半的这种痛苦的成长过程，才走到这一天的。如果要打个比喻的话，也许就像当年女排夺冠军时的那种感觉，就是自己真的是在台下经历了很多年很多年的磨炼，现在终于走到台上来了，那样一种感觉。

杨：嗯，你还记得那一天你是怎么度过的吗？上市那天。

……

解析：该实录是杨澜对百度CEO李彦宏的专访节选，我们把它肢解为四个部分。

第一部分：听记型应对。杨澜的开场白属于公开信息，因此李彦宏直接回应了杨澜的礼貌性问候，说了句“你好”，交流直入主题，不拖泥带水。

第二部分：听解型应对和听测型应对。杨澜的问题是关于幸福指数上升还是下降，李彦宏听懂并正面回答了问题。但在说到身家问题时，当事人给出模棱两可的回答，杨澜聪明地听出了当事人不太愿意涉及这个话题，因此说“大家在帮你算”。

第三部分：听解型应对。李彦宏避开身家问题提到了自己认同的“三顿饭，八小时睡眠”的价值观，杨澜的核心信息是在证实8亿身家，而李说自己不清楚。

第四部分：听测型应对。李彦宏谈到了幸福的价值观，但杨澜采访的目的是让观众了解李彦宏，不是讨论幸福，因此很快掌握了话语主动权，询问李在公司上市时的心情。

听话概括实录(二)

李医生，我要好的同学告诉我，她全家将移民到美国。我听到她这么说，虽然有些难过，不过想天下无不散之筵席，心情也就愉快多了。(当事人双手用力互搓)

解析：这是一则心理咨询的案例。当事人向咨询师说明情况，但是根据当事人的非言语行为暗示，她的话语背后隐藏了重要信息。因此，话语表面的“愉快”就不是核心信息，那么此时可以追问当事人“我感觉你只是在自我安慰”来试探对方是否隐藏了信息，而不能就根据话语材料做简单地应声。

◎**资料卡**

听话应对的方式

非言语应对：脸部途径、眼神和肢体、语气和声调。

言语应对：听记型——应声
听辨型——同理心
听解型——直接回答
听测型——重复，追问

任务实施

拾趣

1. 看天下

(1) 马克·吐温说：“美国国会有些议员是狗婊子养的”。美国国会议员大人们勃然大怒，勒令马克·吐温收回这句话并道歉，否则司法伺候。马克·吐温随后公开“道歉”曰：“我说错了，说‘美国国会有些议员是狗婊子养的’不对，所以我现在郑重收回。我宣布：‘美国国会有些议员不是狗婊子养的’”。于是雨过天晴。

这则材料的结局是雨过天晴，那么请问，马克·吐温到底在表达什么？你如何得出结论？

(2) 听读材料，思考周恩来的回答属于什么型应对。

1971 年，基辛格博士为恢复中美外交关系秘密访华。在一次正式谈判尚未开始之前，基辛格突然向周恩来总理提出一个要求：“尊敬的总理阁下，贵国马王堆一号汉墓的发掘成果震惊世界，那具女尸确是世界上少有的珍宝啊！本人受我国科学界知名人士的委托，想用一种地球上没有的物质来换取一些女尸周围的木炭，不知贵国愿意否？”

周恩来总理听后，随口问道：“国务卿阁下，不知贵国政府将用什么来交换？”基辛格说：“月土，就是我国宇宙飞船从月球上带回的泥土，这应算是地球上没有的东西吧！”

周总理哈哈一笑：“我道是什么，原来是我们祖宗脚下的东西。”基辛格一惊，疑惑地问道：“怎么？你们早有人上了月球，什么时候？为什么不公布？”

周恩来总理笑了笑，用手指着茶几上的一尊嫦娥奔月的牙雕，认真地对基辛格说：“我们怎么没公布？早在 5 000 多年前，我们就有一位嫦娥飞上了月亮，在月亮上建起了广寒宫住下了，不信，我们还要派人去看她呢！怎么，这些我国妇孺皆知的事情，你这个中国通还不知道？”周恩来总理机智而又幽默的回答，让博学多识的基辛格博士笑了。

入境

2. 练应对

听读下列两段话，请将省略号补充完整。

(1) 德国诗人海涅是一个犹太人，常常遭到无礼的攻击。在一次晚会上一个旅行家对他说：“我发现一个岛屿，这个岛上居然没有犹太人和驴子。”海涅白了他一眼，不动声色地说：“……”

(2) 德国诗人歌德在公园里散步，在一条仅能让一个人同行的小路上和两位批评家相遇。“我从来不给蠢货让路”批评家说，歌德笑着说“……”

下水

3. 耳朵磨嘴皮

(1) 听读该材料完成下列细节。

霸气“金句”不断

作为外交部部长，王毅自然会受到外国记者的质疑与“刁难”，但他总能将难题化解，并且霸气“金句”不断。

针对加拿大记者质疑中国人权问题时，王毅曾怒斥她的“偏见与傲慢”：你的提问，充满了对中国的偏见和不知道从什么地方来的傲慢，我是完全不能接受的。

针对南海仲裁事件，王毅曾强硬地表示：现在又有人兴风作浪，还有人炫耀武力。但是就像潮水来了又退去一样，这些图谋最终都不会有结果。历史终将证明，谁只是匆匆过客，谁才是真正的主人。

面对日本记者抛出的棘手问题，王毅手到擒来：70 年前，日本输掉了战争；70 年后，日本不应再输掉良知。是继续背着历史包袱不放，还是与过去一刀两断，最终要由日本自己来选择。

听读完一遍，完成下列问题：

材料的标题：________________

材料中围绕的词语：________________

王毅的应对方式：________________

王毅如何化解：________________

(2) 请扫描右侧二维码，听录音材料《我们做得非常好》，听完后完成表 2-2。

表 2-2 录音材料信息汇总表

材料名称	
涉及事件	
记者的态度	
材料隐含的信息	

音频内容

综合自测 这是真的吗？

活动导入

江南商学院财经管理专业三年级 5 班准备召开一个主题班会，本次班会的目的是锻炼班级同学的听话能力和应对能力，为此班干部们设计了一个活动方案：这是真的吗？活动要求结合每个同学的兴趣爱好，对提供内容进行真伪鉴定。下面，让我们玩起来吧！

活动要求

1. 通过聆听当事人的叙述，识别当事人兴趣爱好的真伪。
2. 通过提问或是回答，分析信息的真伪。

活动描述

一、活动目标

1. 聆听目标：听懂叙述、描述、抒情、说明、议论性质的话语；了解说话者的意图和观点；

根据说话者的言论作出合理的推断；根据话语内容提出个人的观点。

2. 表达目标：能够选定角度，确立个人信息，筛选整理相关资料，组织话语。表现自信，恰当运用态势语。

二、活动进行

1. 确立个人兴趣爱好。

兴趣爱好：________________________________

它的基本特点：______________________________

喜欢的理由：_______________________________

这一部分内容由学生自己确定，可以是真命题，也可以是假命题，但要将横线内容填充完整。

2. 陈述自己的兴趣爱好。

我的爱好：________________________________

我喜欢它的原因：_____________________________

我对它的了解：______________________________

这一部分为学生组织整合信息的过程，每个同学将自己的第一项内容进行相应的整合。由于兴趣爱好是个人性格的反映，因此在陈述时可以将性格特点与兴趣爱好结合。同时为了让对方相信自己的陈述，自己应当在陈述时有理有据。

范例：

我喜欢足球

足球本身集合了人类各项运动的特点，运动员之间的突然起动，竞跑争球，就像是短跑；守门员上纵下跳，横扑侧扑，就像跳跃项目；那些柔韧性好的运动员一个倒挂金钩，鱼跃冲顶，像体操；两个运动员之间的合理冲撞，又有点像橄榄球的展现力与美。

足球运动本身对参与者的体形要求不高是个重要原因。踢足球的运动员，高矮肥瘦问题都不大，不像其他运动。比如橄榄球，块头小的肯定吃大亏；篮球运动更是“长人”们的天下。而足球则不同，这就给全世界的所有孩子提供了做“巨星梦”的机会。

足球运动比赛结果的偶然性是造成全世界球迷狂热的重要原因。因为在足球世界里，没有绝对的强队。曼联队有可能被一支名不见经传的乙级队甚至是业余队“扳倒”。球星堆起来的巴西队曾经在奥运会足球比赛里就被当时还稚嫩的日本队击败。1996 年，足球“第三世界”的朝鲜队击败了意大利队闯进世界杯八强。所以，在足球比赛里，不到最后一刻，你永远不知道事情的结果。

“足球最大的魅力在于它具有争议性”。一位有远见的老人说了一句有远见的话。这个老人是前国际足联主席阿维兰热。没错，如果足球比赛都是判罚得很“死”，很机械的话，那足球就失去了它巨大的魅力。正因为裁判是人，可能错判，可能受贿操纵比赛等，足球比赛才有了声势浩大的争议和更多人的关注。

3. 聆听他人的爱好。

他的爱好：________________________________

他喜欢的理由：______________________________

你的问题：________________________________

这是真的吗：______

范例：

聆听"我喜欢足球"语段后填写下栏：

他的爱好：足球。

他喜欢的理由：集合人类运动的特点、对参与者要求不高、比赛结果的偶然性、争议性。

你的问题：你能告诉大家10个以上的球星名字及他们的球队吗？

这是真的吗：______

4. 集体活动。

每8个同学组成一组进行游戏，其他同学根据评分表判断本轮游戏中双方的聆听能力和表达能力。

三、活动评价估量表

活动评价估量表(一)如表2-3所示。

表2-3 活动评价估量表(一)

项目分类	测评项目	得分
感知与记忆	1. 词汇感知：能迅速听出材料的词语，并了解其用法	10分
	2. 细节感知：注意谈话的细节	8分
	3. 要点记忆：能辨别讲述的主要观点，重要内容	8分
	4. 内容记忆：能听清对方的内容	8分
理解与组织	1. 理解词义：辨别词义，利用线索理解词义	10分
	2. 听出句子结构变化、声调和语气变化	10分
	3. 听清对方讲话内容的先后顺序	10分
	4. 明白对方说话的核心信息	10分
	5. 概括中心思想	10分
	6. 猜测隐藏信息	10分
	7. 推断结论，根据话语的提示进行简单的推论	10分
反应与评价	1. 听后答问：能听懂问题，进行简单答问	12分
	2. 听后应对：能听懂话语的公开信息、核心信息、情感信息和隐藏信息，并作出相应的应对	10分
	3. 分辨正误：能够听出他人讲话中的错误或不妥之处(包括句子结构、自相矛盾、概念模糊、语音延误、根据不足等)	10分
得分		
评语		

使用要则：该测验表适用范围为小学四年级到大学四年级。其中分四个等级水平：第一级水平为4～6年级；第二级水平为初中水平；第三级为高中水平；第四级为大学水平。该评价表用百分等级来解释测验得分。第一级水平得分大于等于40分，第二级水平得分大于等于60分，第三级水平得分大于等于80分，第四级水平得分大于等于90分。小组可以根据分值区间，给出相应的评价。

模块三　黄 鹂 婉 转

项目引领

语言是人类最重要的交际工具。在日常生活中，我们都要借助语言表达来传情达意、交流思想、协调关系。但是，由于吐字不清造成误会，语焉不详造成隔阂，语义不明造成歧义，语构不当造成费解的情况却时常发生。学会说正确的话，说漂亮的话，才能帮助我们在人生的旅途中挥洒自如。

项目目标

1. 掌握科学发声的技能。
2. 恰当运用非语言沟通的技能。
3. 学会清晰、合理的陈述事情或描述事物。

任务一　声声入耳

视频内容

情境导入

江南商学院财务管理专业的新生李乐同学即将参加下周的学生会成员选拔赛，他的竞选词已经修改完毕，可是，对着镜子练习了很久，总觉得少了点什么。于是，就去请教自己的语文老师秦老师。

秦老师："李乐，你把我当成是评选人员，来演练一次吧！"

李乐有点紧张，但还是站得笔直，流利地完成了演讲。

秦老师："李乐，如果我是评选老师，我不会选你做学生会的新鲜血液的。因为，我看不到你的自信，看不到你的激情，也看不到你的坚持。没有这三点，要进学生会有点难。"

李乐沮丧地低下了头。

如果你是秦老师，你要怎样指导李乐，让他顺利加入学生会呢？

任务要求

能够了解发声的种类及性质。

能够通过发声训练掌握正确的发声方法。

能够掌握声音色彩的技巧。

知识准备

一、发声的种类

"发声"指的就是声音的问题。完整的发声过程是先从声带获得音调，再从共鸣器（喉腔、咽腔、口腔、鼻腔、胸腔）得到音质并放大许多倍，经过唇部的一系列动作在瞬间完成发音。科学地掌握这个发音过程就能使自己的声音清晰、集中、响亮、圆润。在日常生活中，有的人声音饱满清脆、魅力无限，有的人却嘶哑低落、人未老声先衰，这些都与发声方法有关。科学的发声种类分为三类。

（一）气息控制

气流在向上的通道中变为声音，所以，呼吸是发声的动力。自然状态下的呼吸也只能满足自然状态下的发音使用，在人多的场合中，我们就要改进呼吸的方法以提供足够的原动力，用气息的控制和良好的呼吸方法来提高声音的亮度、力度、清晰度。

（二）共鸣控制

共鸣，也叫"共振"，是指一个发音体引起另一个发音体发出频率相同的音响的现象。发声过程中，声带本身发出的声音是很微弱的，必须要借助共鸣，才能加大音量、变化音色。每个人的声音都可以分为中、低、高三种:中音共鸣区在口腔,低音共鸣区主要是指胸腔共鸣腔体,高音共鸣区主要是鼻腔共鸣。

(三) 吐字归音

吐字归音是传统的说唱艺术中所运用的一种咬字法。它根据汉语音节的特点,把一个字分为字头、字腹和字尾三部分,发声时对应分为出字、立字、归音三个阶段。

二、发声训练的方法

(一) 气息控制训练

想要嗓音富于弹性、耐久,不仅要给声带提供气息,更需要的是提供源源不断的气息,学会控制好气息,掌握吸气、呼气和换气的技巧。

1. 吸气训练方法

吸气时双肩放松,胸稍内含,腰腿挺直,慢慢吸足气,当气吸到七八成饱时,利用小腹收缩的力量控制气息,使之不外流。具体训练方法如下:

(1) 站立式。全身放松,做深呼吸,一、二吸气,三、四呼气,五、六吸气,七、八呼气……如此循环往复,体会两肋扩展、横膈下降和小腹内收的感觉。

(2) 坐式。端坐椅上,上半身略前倾,小腹稍收缩,体会两肋展开的过程。

(3) 闻花香。假装面前有一盆鲜花,深吸一口气,将气吸到肺底,注意一定要将气吸的深入。

(4) 抬重物。抬重物时,先深吸一口气,然后憋足一股劲,气息自然下沉,腹肌收缩,腰带周围有胀满的感觉。

2. 呼气训练方法

呼气时要保持吸气时的状态,两肋不要马上塌下,要尽量控制气息不至于很快泄掉。只有稳住气息才能托住声音,只有控制好气息才能在发声过程中均匀、持续、平稳、柔和地呼出。

(1) 齿缝放气。慢慢吸足一口气,保持气息片刻,嘴微张开,上下开一点小缝,发出"呲——"声。气息呼出时要细要匀,看谁的延续时间长。

(2) 吹蜡烛。想象自己面前有很多蜡烛,要一口气把它们吹灭。吸足一口气,然后慢慢让气息均匀流出,呼气时间要逐渐延长,达到 20～30 秒视为合格。

(3) 数羊。深吸一口气,边呼气边数"一只羊,两只羊,三只羊……"看谁用一口气数的羊多。

(4) 报菜名练习。慢慢吸足一口气,控制好气息,连续平稳地报出菜名,看谁报的菜名多。

红丸子、白丸子、熘丸子、炸丸子、南煎丸子、苜蓿丸子、三鲜丸子、四喜丸子、鲜虾丸子、鱼脯丸子、饹炸丸子、豆腐丸子、氽丸子！一品肉、樱桃肉、马牙肉、红焖肉、黄焖肉、坛子肉、烀肉、扣肉、松肉、罐儿肉、烧肉、烤肉、大肉、白肉、酱豆腐肉！红肘子、白肘子、水晶肘子、蜜蜡肘子、酱豆腐肘子、扒肘子！炖羊肉、烧羊肉、烤羊肉、煨羊肉、涮羊肉、五香羊肉、爆羊肉,氽三样儿、爆三样儿、烩银丝、烩散丹、熘白杂碎、三鲜鱼翅、栗子鸡、煎氽活鲤鱼、板鸭、桶子鸡！

3. 换气训练方法

换气有大气口和小气口两种方法。

（1）大气口。大气口是在朗读或演讲中允许停顿的地方，先吐出一口气，马上再深吸一口气，为下面的语言准备充足的气息。这种少呼多吸的大气口呼吸一般都比较容易掌握。

（2）小气口。小气口是指朗读一段较长的句子时，气息用得差不多了，但意思未完而及时补进的气息。补气时，可以在气息停顿的地方急吸一口气，也可以在吐字时不着痕迹地带一点气。要领是：小腹一吸，两肋一张，口鼻同吸，迅速补充，同时要做到轻松自如、巧妙无声，字断气连。

发声训练

呼吸的方法

胸式呼吸法：主要靠胸部上端支持，气流量不多，气息浅，发高音时显得“中气不足”。

腹式呼吸法：主要靠横膈膜完成，气流量稍多，平时说话时很占优势，男性用的较多。

胸腹式联合呼吸法：运用胸腔、横膈膜和腹部肌肉共同控制气息，是最为理想的呼吸方法。

（二）共鸣控制训练

一个好的声者，用在声带上的能量只占总能量的 1/5，而 4/5 的力量都用在控制发音器官的形状和运动上面。科学地调节共鸣器官可以丰富或改变声音色彩，同时起到保护声带的作用，延长声带的寿命。一般口语表达应该采用“口腔为主，三腔共鸣”的方法，运用这种方式发出的声音，既丰满圆润、洪亮浑厚，又朴实自然、清晰真切。

1. 口腔共鸣训练

双唇自然打开，笑肌提起，下腭自然放下，上腭抬起，呈微笑状，使整个口腔保持一定的张力，口腔壁、咽腔壁的肌肉处于积极状态。这样，声带发出的声音随气流的推动流畅向前，在口腔的前上部引起振动，形成共鸣效果。

口腔共鸣发声最主要的是，发声的时候鼻咽要关闭，不产生鼻泄露。

（1）模仿汽笛长鸣：体会声束集中冲击硬腭前部的感觉和声音的力度。

（2）短促音练习：发较短促的音，如 ba、bi、bu、pa、pi、pu、ma、mi、mu 等。

（3）开口元音练习：调节颈部姿势，使后咽壁竖起来，发单韵母，体会上下贯通的共鸣感觉。

进行上述练习时，应注意颈部的角度要适中，不直不僵，不松不软。这样才能使声音“站得住”。

2. 胸腔共鸣训练

胸腔共鸣属于“下部共鸣”，是指声门以下的共鸣腔体。运用胸腔共鸣时，声带振动，声音反着气流的方向通过骨骼和肌肉组织壁传到胸腔。这时，胸部明显感到振动，从而产生共鸣。它可以使声音结实浑厚、音量大，更具有深度和宽度。

（1）音高练习：选一句话，先低后高说，再先高后低说；选一段话，一句高，一句低，高低交替说。这种方法可以有效地让人体会胸腔共鸣的强弱变化。

(2) 低音读韵母练习：用低音来读韵母，体会声音从胸腔透出的感觉。

(3) 胸部响点练习：用较低的声音弹发音节 ha，感觉声音从胸部发出，体会胸部的响点。然后由低到高，一声一声弹发，体会胸部响点的上移。还可以由高到低弹发，体会胸部响点的下移。

3. 鼻腔共鸣训练

鼻腔共鸣是由“鼻窦”实现的。鼻窦中各部分小小的孔口与鼻腔相连，发音时这些小孔窦起共鸣作用，使声音响亮传得远。运用鼻腔时，软腭放松，打开口腔与鼻腔的通道使声音沿硬腭向上走，使鼻腔的小窦穴处都充满气，头部要有振动感，这样出来的声音会震荡、有弹力。

(1) 半打“哈欠”练习：闭口打一个“哈欠”，喉咙呈打开状态，软腭提起，发出“a”音，体会软腭升起和下垂的不同状态。

(2) 口音鼻音交替练习：交替发口音“a”和鼻音“ma”。发口音时软腭上挺，堵住鼻腔通路，体会口腔共鸣；发鼻音时软腭下垂，打开鼻腔通路，体会鼻腔共鸣。

◎资料卡

发声声带解剖图

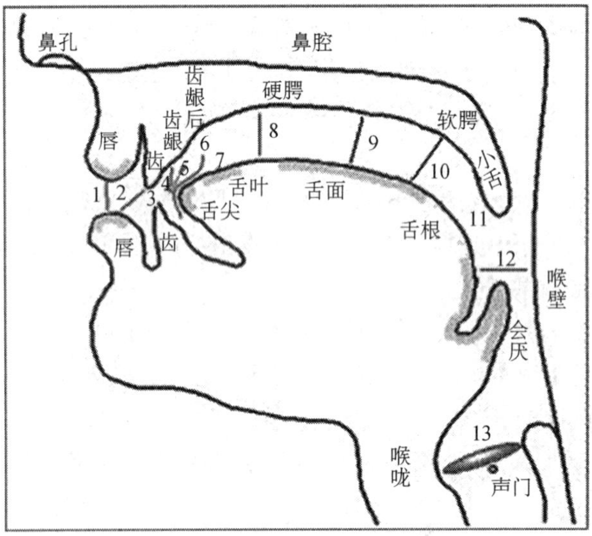

1 双唇音
2 唇齿音
3 齿尖音
4 舌尖前音
5 舌尖中音
6 舌尖后音
7 舌叶音
8 舌面前音
9 舌面中音
10 舌面后音
11 小舌音
12 喉壁音
13 声门音

(三) 吐字归音训练

吐字归音是汉语的发声法则，即出字、立字、归音的技巧。

出字，要求咬紧字头，做到准确有力，咬住弹出。它是对音节中的声母或者声母与介音(韵母中主要元音前面的元音。普通话语音中有“i、u、ü”三个介音)的处理。立字，要拉开立起，圆润饱满，它是对字腹韵母中主要元音的处理。归音，要趋向鲜明，到位弱收，它是指对字尾的处理。总之,吐字归音的总要求是:咬住字头,发响字腹,收全字尾。

1. 双唇练习

撮唇练习:双唇前撮,再展开,反复练习。

增强唇力练习:噘起嘴,向上、下、左、右动;噘起嘴,转唇360度。

双唇打响练习:唇部收紧,接触有力,要控制小腹,气流集中,力量集中在双唇部,发出b、p、m音。

例1,八百标兵奔北坡,炮兵并排北边跑。炮兵怕把标兵碰,标兵怕碰炮兵炮。

例2,爸爸抱宝宝,跑到布铺买布做长袍。宝宝穿了长袍不会跑,跑了八步就拉破了布长袍。布长袍破了还要用布补,再跑到布铺买布补长袍。

例3,白猫黑鼻子,黑猫白鼻子。黑猫的白鼻子,碰破了白猫的黑鼻子。白猫的黑鼻子破了,剥了秕谷壳儿补鼻子。黑猫的白鼻子没破,就不必剥了秕谷壳儿补鼻子。

2. 唇齿练习

上齿与下唇相接,软腭上升,让气流从唇齿间的窄缝中泄出,摩擦成声。声带不振动,发出f音。

例1,一条裤子七道缝,斜缝竖缝和横缝,缝了斜缝缝竖缝,缝了竖缝缝斜缝。

例2,粉红女发奋缝飞凤,女粉红反缝方法繁。飞凤仿佛发放芬芳,方法非凡反复防范。反缝方法仿佛飞凤,反复翻缝飞凤奋发。

3. 舌的练习

舌面练习:舌尖抵住下齿背,舌中纵线部位用力。用上门齿刮舌面,将嘴撑开,发出j、q、x音。

例1,这是入冬以来胶东半岛上第一场雪。雪纷纷扬扬下得很大。开始还伴着一阵儿小雨,不久就只见大片大片的雪花,从彤云密布的天空中飘落下来。地面上一会儿就白了。冬天的山村到了夜里就万籁俱寂只听得雪花簌簌地不断往下落。树木的枯枝被雪压断了,偶尔咯吱一声响。大雪整整下了一夜。今天早晨,天放晴了,太阳出来了。推开门一看:嗬,好大的雪啊! 山川、河流 、树木、房屋,全都罩上了一层厚厚的雪。万里江山变成了粉妆玉砌的世界。 (《第一场雪》节选)

舌尖练习:舌的尖部靠近或顶住门齿、上齿龈、硬腭的前部并发出z、c、s、d、t、n、l、zh、ch、sh、r音。

例1,小四在刺字,四次刺"四"字,"四"字刺四次,四字都是"四"。

例2,门外有四辆大车,你爱拉哪两辆就拉哪两辆。

例3,白石塔,白石搭,白石搭白塔,白塔白石搭。搭好白石塔,白塔白又滑。

例4,三山屹四水,四水绕三山。三山四水春常在,四水三山四时春。

舌根练习:舌根用力抵住软腭,阻住气流,然后突然放开,爆发出g、k、h音。

例如,一班有个黄贺,二班有个王克,黄贺、王克二人搞创作,黄贺搞木刻,王克写诗歌。黄贺帮助王克写诗歌,王克帮助黄贺搞木刻。由于两人搞协作,黄贺完成了木刻,王克写好了诗歌。

弹舌练习:用舌尖连续轻弹上齿,使舌部放松、灵活。

三、声音色彩

声音色彩是指声音表达出来的语句感情色彩的外部体现。在声音与意义之间,意义永远占主导地位。为此,坚持以情运气、以气托声,以声传情,才能充分发挥感情在发声过程中的作用。声音色彩主要是通过语气语调体现出来的。

(一) 多彩语气

语气是用不同的声音和气息表达不同的语意和情感的技巧,它是口语表达中"神"与"形"的综合体。语气的运用要因时、因地、因人做出调整。语气的种类是丰富多彩的,大致可以分成如下几组。

1. 爱与憎

表达爱的感情时要气徐声柔,口腔松宽,气息伸长,给人以温和感;表达憎的感情时要气足声硬,口腔紧窄,气息猛塞,给人以挤压感。

2. 悲与喜

表达悲的感情时要气沉声缓,口腔如负重,气息如尽竭,给人以迟滞感;表达喜的感情时要气满声高,口腔似千里轻舟,气息似不绝清流,给人以跳跃感。

3. 惧与欲

表达惧的感情时要气提声凝,口腔似冰封,气息像倒流,给人以紧缩感;表达欲的感情时口腔积极敞开,气息力求畅达,给人以伸张感。

4. 急与冷

表达急的感情时要气短声促,口腔似弓弦,气息如穿梭,给人以紧迫感;表达冷的感情时要气少声平,口腔松软,气息微弱,给人以冷寂感。

5. 怒与疑

表达怒的感情时要气粗声重,口腔如鼓,气息如椽,给人以震动感;表达疑的感情时要口腔欲松还紧,气息欲连还断,给人以踟蹰感。

但应注意的是,这些语气表达的技巧不可生搬硬套,而应该与感情融为一体,只有合情、合理、适度的运用,才能达到传情达意的目的。

例如,请同学们尝试用多种丰富的语气来朗读这段文字。

你们杀死一个李公朴,会有千百万个李公朴站起来!你们将失去千百万的人民!你们看着我们人少,没有力量?告诉你们,我们的力量大得很,强得很!看今天来的这些人都是我们的人,都是我们的力量!此外还有广大的市民!我们有这个信心:人民的力量是要胜利的,真理是永远是要胜利的,真理是永远存在的。历史上没有一个反人民的势力不被人民毁灭的!希特勒,墨索里尼,不都在人民之前倒下去了吗?翻开历史看看,你们还站得住几天!你们完了,快了!快完了!我们的光明就要出现了。我们看,光明就在我们眼前,而现在正是黎明之前那个最黑暗的时候。我们有力量打破这个黑暗,争到光明!我们光明,恰是反动派的末日!　(闻一多《最后一次演讲》节选)

(二) 多变语调

语调是整句话和整句话中某个语言片段在语言上的抑扬顿挫,包括全句或句中某一段的声音的高低变化,语速的快慢,音调的轻重等。语调往往比语义(内容)更为重要,它具有强大的感染力。抑扬、顿挫、轻重、缓急是语调的四要素。

1. 抑扬

语调的抑扬是随着感情的变化而变化的,一般可以归纳为高升调、降抑调、平直调、曲折调。

(1) 高升调:语势由低到高,句末音节高亢,多见于疑问句和某些感叹句。其一般表示疑问、惊讶、感叹、愤怒、兴奋、号召等语气。比如,怎么?这么晚了,还没回家呀!

(2) 降抑调:语势由高到低,句末音节短而低,多见于祈使句、感叹句和某些陈述性语句。其一般表示冷静、自信、祈求、坚定、沉重、悲痛等语气。比如,你认准的路就要走到底。

(3) 平直调:语势平稳舒缓,无明显高低变化,多见于陈述说明性语句。其一般表示庄重、平静、冷淡、哀伤、厌恶等语气。比如,那飘扬的红旗是用烈士的鲜血染红的。

(4) 曲折调:语势曲折升降起伏多变,多见于双关语句中。其一般表示幽默、讽刺、夸张等比较复杂的语气或比较隐晦的感情。比如,你来得可真早啊,大家都像你这样准时,那就好啦!

2. 顿挫

语句的顿挫就是指句子中、句与句间、层次间及段落间语句上的停顿。停顿在口语表达中起着标点符号的作用。合理的停顿会使语义明了,谈吐自然;停顿得不恰当,则会使语句支离破碎,意思也会含糊,产生歧义。停顿一般可以分为语法停顿、逻辑停顿和感情停顿。

(1) 语法停顿,即根据语法结构安排的停顿。这种停顿既能满足讲话者自然换气的需要,也能使讲话内容层次分明。书面上的标点符号就是语法停顿上的重要依据,一般是句号、问号、感叹号后停顿稍长,分号、冒号、破折号后停顿稍短,逗号后停顿再短些,顿号后停顿更短。

(2) 逻辑停顿,即为了突出强调某一事物或显示某种语义的停顿。这种停顿是由上下文的内容决定的,往往与逻辑重音相伴出现。它可以在语法停顿的基础上变动停顿时间,也可以在没有语法停顿的地方做适当的停顿。

(3) 感情停顿,即根据感情和心理的需要所作的停顿。这种停顿常常以拖长音节发音似停非停,或突然沉默来表现,并且常常辅之以体态语言,使感情表达得更加自然贴切。感情停顿常用于感情强烈的地方。比如,激动、回忆、悲痛、疑虑等,它能让人感受到比有声语言更丰富、更深刻的力量,使语言更有感染力。

3. 轻重

语音的轻重是指声音的强弱。语言的表现力和说话人的感情色彩,常常是靠重音来表现的。一般来说,重要的词语、需要强调的内容说得重些,句子中的辅助成分或平淡的内容说得轻些,说话轻重适宜,声音色彩才丰富,语义才分明。

按句子语法结构、内容重点或思想感情来划分,重音可以分为语法重音、逻辑重音和感情重音。语法重音有一定的规律,位置比较固定;而逻辑重音和感情重音则要根据语义的重点和强调某些特殊感情来安排重音。

重音的具体表现是很复杂的，除了靠重音重读的方法外，还可以采用拖长音节、一字一顿、夸大调值、重音轻读等方法来表现。一般情况下，只要能根据不同的语义、思想来运用重音，表达情感就足够了。

4. 缓急

语速的缓急主要是通过速度和节奏来体现的，不同的语速和节奏体现不同的思想感情。快和慢是相对的，相辅相成的，运动变化的。一般来说，语速的缓急可以分为舒缓型、轻快型、高亢型、低沉型、凝重型、紧张型六种。

舒缓型多用于说明性、解释性的叙述、学术探讨活动等；轻快型多用于日常性的对话、一般性的辩论等；高亢型多用于鼓动性强的演说、宣读重要的决定或叙述重大事件等；低沉型多用于悲剧事件的叙述或某些怀念、慰问性的言词等；凝重型多用于论证事件、驳斥谬论及某些语重心长的劝说等；紧张型多用于重要情况的汇报，必须要立即澄清事实等。这六种类型的运用往往是互相渗透、交叉使用、有主有辅的，只有适当把握，才能更显语言魅力。

例如，请同学们用多变的语调朗读下面的文字。

秋天，无论在什么地方的秋天，总是好的；可是啊，北国的秋，却特别地来得清，来得静，来得悲凉。我的不远千里，要从杭州赶上青岛，更要从青岛赶上北平来的理由，也不过想饱尝一尝这“秋”，这故都的秋味。

江南，秋当然也是有的；但草木凋得慢，空气来得润，天的颜色显得淡，并且又时常多雨而少风；一个人夹在苏州上海杭州，或厦门香港广州的市民中间，浑浑沌沌地过去，只能感到一点点清凉，秋的味，秋的色，秋的意境与姿态，总看不饱，尝不透，赏玩不到十足。秋并不是名花，也并不是美酒，那一种半开、半醉的状态，在领略秋的过程上，是不合适的。

◎资料卡

声音色彩的四要素

语调的抑扬　　语句的顿挫　　语音的轻重　　语速的缓急

发声训练实录(一)

吹纸片

练习时，在面前挂一张稍薄的纸片，距离约1米，待深呼吸后，将气息缓缓吐出，凭借气息的力量吹动纸片，要看到纸片有明显的颤动。假如一时无法吹动纸片，可以适当地调整距离，但不可距离纸片过近。反复练习，直至轻轻一吹、纸片就抖动为止。

练习提示：这是一个呼吸训练的练习，训练时可以循序渐进，逐步增加距离，延长吹动纸片的时间，还可以训练自由控制纸片的抖动程度。

发声训练实录(二)

绕口令练习

酸枣子

山上住着三老子,山下住着三小子,山腰住着三哥三嫂子。山下三小子,找山当腰三哥三嫂子,借三斗三升酸枣子,山当腰三哥三嫂子,借给山下三小子三斗三升酸枣子。山下三小子,又找山上三老子,借三斗三升酸枣子,山上三老子,还没有三斗三升酸枣子,只好到山当腰找三哥三嫂子,给山下三小子借了三斗三升酸枣子。过年山下三小子打下酸枣子,还了山当腰三哥三嫂子,两个三斗三升酸枣子。

练习提示:这是一个发声训练的综合练习,包括气息控制训练、共鸣控制训练和吐字归音训练。训练时要尽量一口气流畅地,吐字清晰地读完。

发声训练实录(三)

《高山下的花环》节选

我的大炮就要万炮轰鸣,我的装甲车就要隆隆开进!我的千军万马就要去杀敌!就要去拼命!就要去流血!可刚才,有那么个神通广大的贵妇人,了不起啊,她竟有本事从千里之外把电话要到我这前沿指挥所。她来电话干啥?她来电话是要我给她儿子开后门,让我关照关照她儿子!奶奶娘!走后门,她竟敢走到我这流血牺牲的战场!我在电话里臭骂了她一顿!我雷某不管她是天老爷的夫人,还是地老爷的太太,走后门,谁敢把后门走到我这流血牺牲的战场上,没二话,我雷某要让她的儿子第一个扛上炸药包去炸碉堡!去炸碉堡!

练习提示:该文段是摘自《高山下的花环》中的雷军长的一段演说,请同学们按照声音色彩的语调的抑扬、语句的顿挫、语音的轻重和语速的缓急四个要素,有感情地朗读。

任务实施

拾趣

1. 练气息

(1) 请将下面一段文字一口气说下来。

出东门,过大桥,大桥底下一树枣。

拿着竿子去打枣,青的多,红的少。

一个枣,两个枣,三个枣,四个枣,

五个枣,六个枣,七个枣,八个枣,

九个枣，十个枣；十个枣，九个枣，

八个枣，七个枣，六个枣，五个枣，

四个枣，三个枣，两个枣，一个枣，

这是一个绕口令，一口气说完才算好。

(2) 数葫芦游戏。

请同学们按照"一口气数不了十个葫芦，一个葫芦，两个葫芦，三个葫芦……"比一比谁数的葫芦最多。

入境

2. 练舌头

(1) 门口吊刀，刀倒吊着……(反复练习，锻炼舌的力度)

(2) 山里有个寺，山外有个市，弟子三十三，师父四十四。三十三的弟子在寺里练写字，四十四的师父到市里去办事。三十三的弟子用了四十四小时，四十四的师父走了三十三里地。走了三十三里地就办了四十四件事，用了四十四小时才写了三十三个字。(锻炼舌的灵活度)

(3) 从南边来了个喇嘛，提拉着五斤塔嘛。从北边来个哑巴，腰里别着个喇叭，提拉塔嘛的喇嘛，要拿塔嘛换别喇叭哑巴的喇叭，别喇叭的哑巴，不愿意拿喇叭换提拉塔嘛喇嘛的塔嘛。提拉塔嘛的喇嘛拿塔嘛打了别喇叭的哑巴一塔嘛，别喇叭的哑巴，拿喇叭打了提拉塔嘛的喇嘛一喇叭。也不知提拉塔嘛的喇嘛拿塔嘛打坏了别喇叭哑巴的喇叭。也不知别喇叭的哑巴拿喇巴打坏了提拉塔嘛喇嘛的塔嘛。提拉塔嘛的喇嘛敦塔嘛，别喇叭的哑巴吹喇叭。(综合练习)

下水

3. 用声音

朗读下面的两个语段，要求声情并茂。

(1)《致橡树》

我如果爱你——

绝不像攀援的凌霄花

借你的高枝炫耀自己；

我如果爱你——

绝不学痴情的鸟儿

为绿荫重复单调的歌曲；

也不止像泉源

长年送来清凉的慰藉；

也不止像险峰

增加你的高度，衬托你的威仪，

甚至日光。

甚至春雨。

不，这些都还不够！
我必须是你近旁的一株木棉，
作为树的形象和你站在一起。
根，紧握在地下
叶，相触在云里。
每一阵风过
我们都互相致意，
但没有人
听懂我们的言语。
你有你的铜枝铁干
像刀、像剑，
也像戟；
我有我红硕的花朵
像沉重的叹息，
又像英勇的火炬。
我们分担寒潮、风雷、霹雳；
我们共享雾霭、流岚、虹霓。
仿佛永远分离，
却又终身相依。
这才是伟大的爱情，
坚贞就在这里：
爱——
不仅爱你伟岸的身躯，
也爱你坚持的位置，足下的土地。

(2) 永顺是在部队的一次实弹演习中牺牲的。当时，一颗掷出的手榴弹没有炸开，他和另外一名战士上前排除隐患。忽然发现躺在地上的那颗手榴弹在“嗤嗤”冒着白烟，惊叫了一声“不好！”，他将身旁的战友推倒在地上，自己则一个箭步冲上去。——“轰隆”一声，一切归于寂静……

儿子走后，只要一有空闲，老人家就坐在村头的老榆树下，怔怔地出神。暮色来临，她才拖着疲惫的步子，挪进那间冷冷清清的小屋。她睡得很晚，就着灯光不停地为儿子做鞋补袜、做红肚兜。按这里的风俗，未成家的孩子穿着母亲做的红肚兜才能祛病避邪，保一生平安。所以老人家就不停地做着。她还养了几只母鸡，将蛋一个个攒下来，拿到集市上换钱准备儿子娶媳妇儿时用。

老人家第一次出远门是取儿子的骨灰，在肃静的灵堂，在儿子几位战友的痛哭声中，她缓缓走到儿子遗像前。没有一个人听到她发出的哭声，却透过泪眼看到她死死抱着儿子的遗像趔趄着走出了灵堂。夜晚，营区黑黑的角落亮起了一簇火光，走近才发现，她正面向西方，烧着为儿子做的几个红肚兜和一色纸钱。老人家没有向部队提出任何要求，领导再三询问，她才要求我们班11个人陪她上一次街。她坚持用自己的钱买了唯一的物品——一块很长的红布。

清晨,我们走进房间发现她的用具以及永顺的遗像、骨灰盒不在了。等我们气喘吁吁地进了火车站,看到角落里正抱着儿子遗像暗自落泪的老人家,我们的眼泪汩汩而下。儿子是烈士,她不想给部队再添麻烦,不想给儿子丢脸。11 个小伙子扑向了这位正承受失子之痛的母亲,一起哭着长长地喊了一声“娘……”

老人家又有了 11 个儿子,她疼爱这 11 个儿子像疼爱永顺一样,只因为永顺在信里说他们对我很好。

任务二　识读体态

视频内容

情境导入

江南商学院财务管理专业的学生李乐同学已经担任学生会干事一个多月了,这段时间的学生会工作也给李乐同学带来了一定的困扰。李乐在工作时不免要和同学及老师沟通交流,但他发现,同学们总是不太情愿和他交流,也不怎么愿意听从他的一些工作安排,而老师也对他的工作不是特别支持。甚至他还听说同学们评价他太专制、不随和,而老师认为他态度不热情,颇有点倨傲。听到这些评价,李乐心里不好受,自己都是按照学校的规章制度去完成工作,不管是对同学还是老师,沟通时也都语言清晰,表达流畅,那为何大家对他的工作评价不高呢?他的沟通工作出现了什问题呢?

你们觉得沟通交流中除了语言清晰和表达流畅,还有哪些是需要大家格外注意的吗?

任务要求

能够了解非语言沟通的作用。

能够了解非语言沟通的要求。

能够通过非语言沟通的训练,掌握非语言沟通的技巧。

知识准备

人与人之间的沟通不仅仅局限于单纯语言的交流,我们经常会被对方的一个眼神打动,为对方的一个动作心生好感。可见,沟通交流时的非语言沟通也非常重要。

管理大师德鲁克所认为,人绝不是只靠一句话沟通,而是依托整个人进行沟通。人们除了要控制自己说的话以外,还需要控制身体语言,身体语言也会暴露人的思想状态。

一、非语言沟通的作用

非语言沟通就是借助面部表情、手势动作、体态站姿等表达思想感情的一种无声语言沟通方式。它是语言表达的有机组成部分，是对语言沟通的有力辅助，能提升语言沟通的表现力和感染力。美国心理学家艾帕尔说："人的感情表达由三个方面组成：55%的体态，38%的声调，以及7%的语气词。"这句话说明了非语言沟通在表达中的重要作用。我们把这种非语言沟通称为体态语。

（一）辅助作用

体态语能够紧密配合有声语言来传递信息，通过动态的直观的形象来表情达意。体态语与有声语言协调统一，作用于人的视觉和听觉，拓宽了信息传输的渠道，辅助强化了有声语言的表达。

（二）沟通作用

一个眼神、一个微笑在沟通中最动人，有时没有语言的介入，它们也能起到交流思想和传递信息的作用。体态语常常在沟通过程中临时独立地充当交际的手段，我们不仅可以利用它来传情达意，也可以通过观察沟通对象的体态语来达到理解表达内容的目的。

（三）有效把握交际过程的作用

交际者的自我形象在交际活动中是至关重要的，它常伴随着个性化的体态语，体现出交际者内在的气质、风度和人格。正确得体的体态语运用可以增强说话者的自信，使之轻松驾驭交际过程，赢得更多的听众。

但是，我们也应该清楚，体态语虽然重要，但在口语表达中始终处于辅助地位。它应受到有声语言的限制，不能喧宾夺主。

二、非语言沟通的要求

体态语在运用过程中有如下要求。

（一）贴合内容

体态语的表达要建立在口语表达内容的基础上，要符合知觉、注意、思维、情感过程的规律。它不仅包括与有声语言内容、语调、响度、节奏等的协调一致，同时还要与说话者、听话者的心态、情感相吻合。

（二）注意场合

体态语的运用要根据特定的语言环境进行及时的调整，既不能太花哨，也不能太单调。同时还要考虑到说话者的身份和年龄，选择符合自己的体态语，从而提高自己的说话质量。

（三）把握尺度

体态语的运用要根据表达的内容把握好幅度、力度、频率等。体态语不能过多，要恰如其分，适度适用，否则，只能起到反作用。

（四）使用自然

体态语的运用没有固定的模式，要有过程、有过渡，与说话者的个性、气质相吻合。不能让听话者感觉到说话者是为动作而做动作，矫揉造作，要表现得得心应手、前后连贯、过渡完整。

三、非语言沟通的训练方法

在日常的口语表达中，没有无体态的口语表达者，却有很多不会运用体态语的口语表达者。良好的非语言沟通技巧是后天培养出来的。运用非语言沟通首先是从整体宏观着眼，注重形象的总体轮廓，如站姿、坐姿、行姿等，然后才将视线逐步集中在局部微观的态势，如手势、表情、眼神等。因此，训练时也要遵循由宏观到微观的顺序。

(一) 宏观姿势训练

1. 头部姿势训练

头部姿势在表达中非常重要。我国有很多成语，如昂首阔步、点头哈腰、摇头晃脑、俯首帖耳等，都说明了头部姿势的功能。在说话过程中，我们经常可以通过点头、摇头、昂头、侧头、低头等姿势来表达思想。

点头和摇头是最基本的头部态势语，它的含义最明确。点头可以表达很多思想，如表示致意、同意、肯定、赞同、认可、满意、理解、顺从等，而摇头则可以表示不满、反对、否定、拒绝、无可奈何等。当然，我们在使用过程中也要适当地考虑到地区的差异，不同的地区相同的头部姿势表达的含义可能会有差异。

昂头，可以表示充满信心，胜利在握，踌躇满志；也可以表示目中无人，骄傲自大等；头一直往后仰，还可以表示陶醉享受。

侧头，是指将头从一侧倾斜到另一侧，就是“歪头”“歪着脖子”。它可以表示思考，有兴趣，也可以表示天真可爱。

低头，可以表示顺从听话、委屈、无可奈何、另有想法等。

头部姿势在口语表达中运用起来要注意如下几点：一是要注意民族习惯，以免闹笑话；二是动作要明显，尤其是需要它表达思想时，更是要动作稍大，让对方看清楚。这样，对方才能正确领会、正确解读，避免误解；三是要配合其他交际语言或态势语使用，这样，口语表达的意思将更加明确、生动。

2. 站姿训练

站姿是口语表达中最常用的一种身体姿势，不同的站姿往往能反映一个人对人对事所持的态度，也能体现一个人的风度，不同的站姿传达出的意义也不相同。站姿的类型大致有前进式、稍息式、立正式、丁字式。

前进式是最灵活的一种站姿。右脚在前，左脚在后，前脚脚尖指向正前方或者稍向外侧，两脚延长线的夹角成 45 度左右，脚跟距离在 15 厘米左右。这种站姿重心没有固定，可以随着上身姿势的变化来改变重心，不会因为站立时间长而身体姿态不美观。另外，前进式站姿能使手势灵活多变，表达出不同的感情。

稍息式是一种比较随性的站姿。一脚自然站立，另一只脚向前迈出半步，两脚跟之间相距约 10 厘米，两脚之间形成 75 度夹角。这种站姿一般不长时间单独使用，因为它姿势比较单一，重心落在后脚跟上，时间长了比较劳累，一般适用于长时间站着演讲中的短期更换姿势。有时这种姿势还会给人一种不严肃之感。

自然式是两脚自然分开、平行相距与肩同宽，20 厘米左右，这种姿势会显得有点拘束。

立正式顾名思义是采用立正姿势的一种站姿，一般出现在比较正规的场合中。

丁字式站姿是两脚倾斜形成一个“丁”字的形式的站姿，一般女性用的比较多。

不管是采用哪种站姿，我们都要提气收腹，抬头挺胸。在整个说话过程中，我们可以根据说话的内容，适当地调整站姿，做到稳健潇洒，自信从容。

3. 坐姿训练

坐姿要文雅、大方。落座时要轻盈、和缓，切忌急躁，避免人未站稳就重重地将臀部落在椅子上。落座后要双脚平放地面，两脚并起或前后分开，上身保持正直，头部平稳。力戒歪斜肩膀，半躺半坐，跷二郎腿，勾着脚等。

4. 行姿训练

相较于站姿和坐姿，行姿似乎显得不是很突出。但进门、出门、上台、下台都会有一个“亮相”的问题，虽然这个时间段很短，但却异常关键。在社交场合中，行走应该抬头挺胸，双眼目视前方，精神饱满，神态端正，从容稳重，步伐有力，不可跑跳。力戒自由、散漫，双手插入口袋，轻浮随便，也不能含胸、驼背，漫不经心。

（二）手势姿态训练

手势语是通过手和手指活动而表达出来的信息。法国画家德拉洛瓦曾经说过：“手应当像脸一样的富有表情。”手势是态势语言的主要形式，使用频率最高。由于双手活动幅度较大，活动最方便、最灵巧、形态变化也最多，因而，它具备的表现力、吸引力和感染力也是最强的，最能表现出丰富多彩的思想感情。

从表达的思想内容来看，手势大体有如下几种。

1. 模拟手势

模拟手势就是用来模拟事物的手势。它可以使口语表达的内容更加形象生动。它使用的特点是“求神似，而非形似”。比如，小朋友说他生日的时候收到了一份很大的礼物，同时，双手打开，比划了一下礼物的大小。而事实上，这个礼物很可能是要小于他比划的大小的，这说明这个礼物很受小朋友的喜欢。再比如寻人时，我们用语言来描述这个人的长相的同时，也会用手势来形容这个人的大致高度。

2. 指示手势

指示手势就是指出、指明、指示具体对象的手势。这种手势可以分为实指和虚指两类。实指一般是针对视线范围内的事物，如指出你、你们、他、他们等在场的人物，这边、那边、左边、右边等方位或方向。虚指一般是针对视线范围外的事物，如很远的地方、很久以前等。曾经有一个外国朋友去小摊上买东西，由于语言不通，外国朋友和小摊货主就用手势语来确认购买物品，讨价还价确定价格。这种手势语动作简单，表达专一。

3. 象征手势

象征手势就是用来表示抽象意义的手势。比如，我们经常用“V”的手势表示胜利，用“丁”的手势表示暂停，用右手向前上方有力伸出表示奋勇前进，用“OK”的手势表示可以、好。这类手势生动具体，能够和有声语言构成一种易于理解的意境。

4. 情感手势

情感手势就是用来传递情感的手势，使抽象的感情具体化、形象化，使听众易于领悟说话者的思想感情。比如,摊开双手表示无奈,挥舞拳头表示愤怒,左右挥手表示惜别等。这种手势在口语表达中运用最多,表现方式也极为丰富。

手势语不仅仅包括手势动作,还有手指动作和拳头动作。这些手势语具有多种复杂的含义,根据国别和民族的不同,它的含义也大相径庭。所以,在具体的使用过程中,应该细心辨识和掌握。

(三) 面部表情训练

在非语言沟通中,面部表情是最能传情达意的,罗曼·罗兰说过:"面部表情是多少世纪培养成功的语言,是比嘴里讲得更复杂到千百倍的语言。"可以说,面部表情是人的内在思想感情在外貌上的显示,是人的思想感情最灵敏、最复杂、最准确、最微妙的"晴雨表"。

1. 目光语

心理学研究表明,在人的各种感觉器官可获得的信息总量中,眼睛要占80%以上。人内心的隐秘总是自觉或不自觉地通过眼神流露出来。所以,泰戈尔说:"一旦学会了眼睛的语言,表情的变化将是无穷无尽的。"目光语的训练可以从时间、角度、部位和方式四个方面入手。

(1) 时间。目光注视的时间长短可以表示说话者的态度。表示友好、重视、感兴趣等,时间通常会较长;表示不在意、蔑视、不在乎等,时间通常极短。研究表明,讲课、讲演或说话时,目光与学生或听众的接触达到讲课、讲演或说话时间的70%以上的,其讲课、讲演或说话更能获得学生或听众的好感、兴趣、喜欢,激发他们的兴致,达到最佳上课效果。因为,目光接触的时间长,和听众交流感情的机会就多。

(2) 角度。目光的角度可以有视线向上、保持平视和视线向下三种。加拿大医学博士柏恩提出的人格结构的P、A、C分析理论对于理解是很有用的。P(parents)指视线向下型,表现出父母对子女,或者长者对后辈的爱护、爱怜与宽容的心理状态;A(adult)指保持平视型,表现基于理性与冷静思考等评价的成人心理状态;C(children)指视线向上型,表示尊敬、敬畏和撒娇等以自我为中心的儿童心理状态。我们在具体的表达环境中也可以这个理论为根据来判断我们应该从哪种角度与人沟通。

(3) 部位。在口语表达中,对象不同,目光注视的部位也会不同。目光注视的部位就是指说话时目光所及之处。如果口语表达者面对的是群体,那么,目光所及之处则应该是"大家"。高明的口语表达者面对群体时,总能让在场的每一个个体都感受到你是在看着他说话的。如果口语表达者面对的是个体,那么,目光注视的部位不同,不但能表明说话者的态度,也能表明双方关系的不同。目光注视对方的双眼,表示重视对方,属于关注型目光;目光注视对方的额头,表示严肃认真,属于公务型目光;目光注视对方的眼部及唇部,是口语表达中最常用的方法,属于常规社交型目光。

(4) 方式。目光语运用的方式有很多类型,每种方式的效果也各不相同。说话者要观察听众的眼神和表情,及时调整自己的目光语的方式。这样才能将表达效果提升到最佳。在口语表达过程中,特别是表达对象是群体时,运用恰当的目光语的方式尤为重要。目光语运用的方式有直视法、扫视法、虚视法、点视法、仰视法、俯视法、侧视法、闭目法等。①直视法和扫视法。直视法是说话者视线平直向前面弧形流转,扫视法是目光在全场有目的地扫一下。这两种方式都是为了较全面地了解听众的心理反应，要让所有的听众都注意到你，不觉得你是在和某个人交流，可以根据你说话时的节奏，内容、语调等的变化，进行目光的弧形流转和扫视，同时要注意顾及坐在偏僻角落的听众。这种方式还要注意过渡和衔接，否则，会有刻意的嫌疑。②虚视法和点视法。虚视法就是似视非视，做到虚与实的目光交替。点视法是目光指向听众中的某一个个体。在说话过程中，说话者可以做到“目中无人，心中有人”，“实”看某一部分人，“非”看大家，这样可以有效地缓解说话者的紧张感。同时，大胆地运用点视法，可以有效地处理说话过程的突发情况。③仰视法和俯视法。在口语表达中，不要总是注视着听众，可以根据表达的内容恰当地运用仰视法和俯视法。例如，表达爱护和宽容时目光可以下移，采用俯视法；表示尊敬、思索或回忆时目光可以上移，采用仰视法。这样，可以有效地提高表达效果。④侧视法和闭目法。侧视法是运用“Z”形或“S”形视线，这在口语表达中运用较多。闭目法是指在口语表达中讲到特殊内容，比如英雄就义时，可以用这种方式来平静心情。

总之，眼睛的力量是无穷的。德国哲学家黑格尔说过：“不但是身体的面容、姿态和姿势，就是行动和事迹、语言和声音以及它们在不同生活中的千变万化，全部可以艺术化为眼睛。人们从这眼睛里可以认识到内在的无限自由的心灵。”

2. 面容

面容，是在情感的驱动下，面部肌肉的运动和面部器官，如眉、口、鼻、耳的互动所显示的综合表情。从生理上说，人的面部表情可以有25万种之多。最常见的有以下几种：

(1) 表示心情很好，诸如兴奋、幸福、快乐、兴趣、高兴时，面容呈现为：眉毛上扬，嘴角向下，口张开，瞳孔放大。有时还可以伴有笑声或拍打身体等动作。

(2) 表示痛苦、悲伤时，面部呈现为：皱眉，皱鼻，眯眼，嘴角下拉，张开嘴，配合有声传递。

(3) 表示愤怒的表情时，面容呈现为：眼睛睁大，眉毛倒竖，嘴角拉开，紧咬牙关，极具攻击性。

(4) 表示惊愕、恐惧的表情时，面容呈现为：眉毛高扬，眼睛与口张开，倒吸一口凉气。

(5) 表示蔑视、嘲笑等表情时，面容呈现为：视角斜下，眉毛平，抬面颊。

面部表情的恰当运用可以对有声语言起到解释、补充、强化、纠正的作用。面部表情的得当，会使说话者与听众的心理距离消失，从而使双方交流更加愉快、默契。

非语言沟通训练实录(一)

假设你出国旅游，想买一样纪念品回国送给朋友，琳琅满目的商品中，你看中了一串风铃，如图所示。可是双方语言不通，只能用态势语来表达自己的意思，请用态势语表示一下

1. 你想买的是哪一串风铃。(根据图3-1、图3-2所示任选一串)

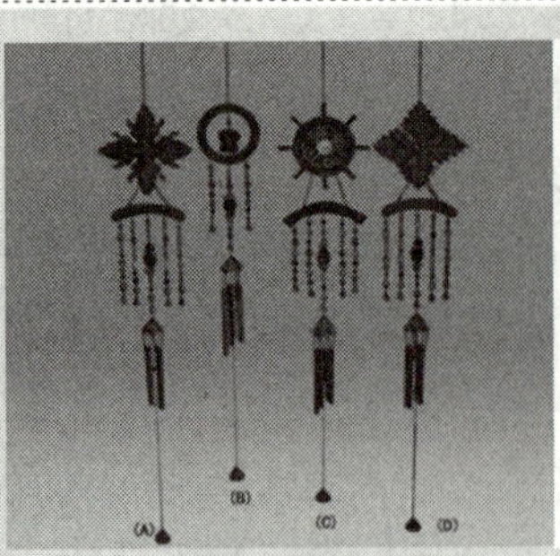

图 3-1　风铃(一)

图 3-2　风铃(二)

2. 对方的要价是 25 美元，你只愿出 15 美元，最后 18 美元成交。

3. 买卖双方都很满意这一次交易。

练习提示：综合利用体态、手势、目光、面部来表达这次完整的交易过程。

非语言沟通训练实录(二)

小熊过桥

小竹桥摇啊摇，有只小熊要过桥。立不稳，站不牢，走到桥上心乱跳。

头上乌鸦哇哇叫，桥下流水哗哗笑。

“妈妈，妈妈，快来呀，快快把我抱过桥。”

河里鲤鱼跳出来，对着小熊高声叫，

“小熊小熊不要怕，眼睛向着前面瞧”。

一二三，向前跑，小熊过桥回头笑，鲤鱼乐得尾巴摇。

练习提示：这是一首耳熟能详的儿歌，可以根据体态语的技巧来重新演绎一下，并可以先从体态、手势、目光、面部表情这四个方面找到相应的语句。思考一下能用什么方式来分别演绎，再结合上一个章节的有声语言的相关内容展开练习。

解析：

体态：“立不稳，站不牢”——身体摇摇晃晃。

手势：“走到桥上心乱跳”——手放在心口。

目光：“眼睛向着前面瞧”——目光平视，抬头挺胸，还可以加上双手侧平举保持平衡。

面部表情：“小熊过桥回头笑”——笑容天真、灿烂、喜悦。

任务实施

拾趣

1. 试一试

请用自己丰富的体态语表达如下的情感与心理：

(1) 很委屈,想哭却未哭出来;

(2) 愤怒,咆哮,怒发冲冠;

(3) 沉浸在爱河里,如蜜糖般甜蜜;

(4) 哀莫大于心死;

(5) 获得了巨大的、难以想象的成功。

入境

2. 练一练

你参加了幼儿园的志愿者活动,将要给苗苗班的小朋友讲《猪八戒吃西瓜》的故事,请你设计一下这个故事的非语言沟通方式,并给同学们演练一下。

猪八戒吃西瓜

唐僧师徒去取经,有一天,天气好热,孙悟空说:"你们一下,我去摘点水果。"猪八戒说:"我也去,我也去!"猪八戒跟着孙悟空去了,走了很久也没有找到水果。猪八戒"哎哟、哎哟"地叫起来,不愿意走了。孙悟空就一个人去摘水果了。

猪八戒,想要睡一觉,突然看见山脚下有大西瓜!他高兴极了,把西瓜切成了四块,说:"第一块,给师父吃;第二块给孙悟空吃;第三块给沙和尚吃;第四块,给我吃。"他啊呜啊呜就吃掉了一块西瓜。

"西瓜不够吃,我再吃一块吧。"啊呜啊呜,两块西瓜没有了。

"西瓜不够吃,我再吃一块吧。"啊呜啊呜,三块西瓜没有了。

"西瓜不够吃,我再吃一块吧。"啊呜啊呜,西瓜吃完啦!

没有西瓜了,这时,孙悟空说"八戒,八戒,你在干吗?"猪八戒吓了一跳,急忙把西瓜皮扔得远远的,说:"没干吗!"孙悟空说:"我摘了些水果,咱们回去一起吃吧。"猪八戒说:"好的,好的。"一路上八戒啪嗒,啪嗒,啪嗒,踩到三块西瓜皮,连续摔了三跤,"哎呦痛死我了,疼死我了!"孙悟空哈哈大笑。啪嗒,又踩到一块西瓜皮,八戒重重地摔在地上,再也爬不起来了。唐僧、沙和尚看见八戒不停地摔跤就问他是怎么回事,八戒红着脸说不出话来。

下水

3. 演一演

(1) 以"请看我"为题,按照下面的要求介绍自己:

不慌不忙走上讲台,先站定,后抬头,面向大家说话。说话中,必须有2～3个富有个性的手势。说话时间不少于2分钟,不超过3分钟,说话时,要与听众有目光交流。

(2) 请结合上一个任务中有声语言的相关知识和本次任务中非语言沟通的运用技巧,演绎这段演讲词。

摆在我们面前的,是一场极为痛苦的严峻的考验。在我们面前,有许多许多漫长的斗争和苦难的岁月。你们问,我们的政策是什么。我要说,我们的政策就是用我们全部能力,用上帝所给予我们的全部力量，在海上、陆地和空中进行战争，同一个在人类黑暗悲惨的罪恶史上所从未有过的穷凶极恶的暴政进行战争。这就是我们的政策。你们问：我们的目标是什么，我可以用一个词来回答：胜利——不惜一切代价去赢得胜利；无论多么可怕，也要赢得胜利，无论道路多么遥远和艰难，也要赢得胜利。因为没有胜利，就不能生存。大家必须认识到这一点：没有胜利，就没有英帝国的存在，就没有英帝国所代表的一切，就没有促使人类朝着自己目标奋勇前进这一世代相传的强烈欲望和动力。当我挑起这个担子的时候，我是心情愉快、满怀希望的。我深信我们的事业将会成功。此时此刻，我觉得我有权利要求大家的支持，我要说：来吧，让我们同心协力，一道前进。

任务三　恰当表达

视频内容

情境导入

江南商学院财务管理专业学生李乐同学计划今年暑假和三个好朋友来一次四川自由行。他们都已经18岁了，非常期盼能践行人生第一次独自旅行，但又怕自己的父母过于担忧，不肯放行。于是，他们四人一起商量要如何去说服各自的父母。

李乐：“我们已经成人了，旅行费用是我们自己打工赚的或者平时省吃俭用积累的，他们没有权利阻止我们。”

朱奇：“对，我们又没去国外，在国内玩玩，怕什么呢？”

马小川：“再说，我们四个人一起，又不是真正的独自旅行，没啥好担忧的。”

林静：“我们先制定一下旅行计划，越详细，他们应该越能同意的。”

你觉得他们能说服他们的父母吗？你有什么好的建议吗？

任务要求

能够了解恰当表达的性质和要求。

能够运用叙述、描述、说明性质的话语进行恰当表达。

能够结合语言表达和非语言表达的技巧进行恰当表达。

知识准备

一、恰当表达的性质

恰当表达是指在有准备的情况下，根据对象和场合的不同，有目的地、准确地、有条理地、声情并茂地陈述一件事情或一个事物，达到让对方明白、理解、认同的目的。恰当表达和一般的沟通交流略有不同，它是在有准备的情况下的口语表达，一般是以其中一方说话为主，大多表现为对事或对物的陈述。

二、恰当表达的要求

恰当表达一般包括前期准备和现场表现两个方面。

（一）前期准备

1. 明确目的

恰当表达不是交流聊天，可以天南地北地随意发挥。恰当表达一般都有比较明确的目的性，如叙述一件事情或描述一个事物是想征求对方的意见，还是想获得对方的认同。所以，恰当表达要根据目的准备自己的表达内容。

2. 关注对象

恰当表达要关注表达的对象。对象是个人还是群体，是成年人还是未成年人，是平级还是上下级关系等。这都对表达的内容产生影响。

3. 合理架构

在前期准备工作中，合理架构是最关键的一个环节。它是将目的、对象等的要素合理、恰当地融入表达内容中的一个过程，是能否成功表达的关键。

4. 反复演练

当表达内容完成后，一定要进行反复的演练，这样可以进一步熟悉表达的内容，缓解自己的紧张情绪。同时也有利于合理控制自己表达的时间，达到预期的效果。

（二）现场表现

1. 开场自然

设计一个良好的开场，等于恰当的表达已成功了一半。可以以简单的自我介绍、主题介绍、示例引入、亮点展示等作为开场，简洁、自然、不做作，引起听众的注意。

2. 情绪平稳

在恰当表达时，要控制好自己的情绪，不能过于紧张，也不能过于激动、兴奋，要表现出自然、真诚、坚信的样态，让听众放松地听你表达。

3. 语句合理

虽然说恰当表达一般都是在有准备的前提下进行，但是，现场总是有一些即兴处理的问题，一定要用恰当的语言去处理这些突发状况。

4. 体态恰当

在恰当表达的过程中，我们要以合适的体态语作为表达的辅助手段，要有稳定的站、坐姿势，配合丰富的手势动作，加上积极自信的表情和必要的目光交流。

5. 提问处理

在恰当表达的过程中，听众会有问题提出。此时，要暂停表达，仔细聆听，根据事情和提问者的要求给出回答。同时，还要兼顾其他的听众。

三、恰当表达的技巧

（一）恰当表达的内容种类

1. 叙述类陈述

叙述类陈述一般是对某个事件的态势发展作介绍或汇报。所以，叙述类陈述的内容中会出现事件的缘由、事件的经过、事件的后果，有时会穿插事件中人物的描写或是心理活动。在以自己的视角向听众陈述某件事情或者事件中某个人的时候，应当把事件发生的起因、经过、结果及事件的核心人物明确地表达出来。

2. 描述类陈述

描述类陈述一般是对人物或者景物的状态作具体生动的描绘，它的内容主要包括再现自然景色、事物情状、人物的形貌、内心世界和事物的具体环境等。描述类陈述能够活灵活现地展现彼时彼景的样貌，因此，陈述者可以描摹的词语和丰富的体态语言来陈述。

3. 说明类陈述

说明类陈述是实事求是、对某事物的本质进行说明，让听众能够认识、了解到该事物或事件的优点和缺点。这类陈述不应夸大原有事物，也不应减少它原有的特点，重在阐明每一个环节，让听众能够从中掌握相应的知识或者了解事物的本质。

(二) 恰当表达的技巧

在生活学习中，人们进行陈述时往往会将这三类糅杂在一起，表达者会根据自己的目的、需求向听众传递相关信息，在信息片段中有时会融合三类陈述内容。因此，表达者应该从以下几点来架构自己的表达内容，完善自己的陈述表现。

1. 表达的内容要完整

表达的内容要包括事件的核心人物、事件的起因、事件的经过、事件的结果四个要素。

在表达过程中，核心人物或是关键人物往往会多次出现，而其他人物大多是陪衬。那么，表达的重点就应该聚焦在这个核心人物上，必要时对这个核心人物的形貌和内心世界作描述类陈述，从而让听众抓到这个关键人物。

在表达过程中，事件的起因要交代清楚。起因准确明了的陈述可以让听众明白事件的性质，也可以让听众尽快地进入到所营造的表达氛围。

在表达过程中，事件的经过要详略得当，表达者可以根据自己的表达目的和需求来安排表达内容的详略。

在表达过程中，事件的结果也要交代清楚，因为这是听众最关注的部分，也是听众有可能会提出疑问的部分。

2. 表达的条理要清晰

条理清晰的表达，可以帮助听众更好地理解表达的内容。在表达内容中加入一定的序数词或者关联词可以突出表达内容的重点和关键。

(1) 序数词。如“首先，其次，然后，最后”“第一，第二，第三，更重要的是”等，这些序数词既可以让表达更条理清晰，同时也能够突出表达的重点。

(2) 关联词。如“不但……而且”“宁可……也不……”“与其……不如……”这些关联词中，表达者的个人看法、意见侧重在后面的要素；“只要……就……”“倘使……还……”这些关联词中，表达者的想法侧重在前面的要素。

所以，表达中恰当地使用关联词或是序数词可以帮助听众抓住表达内容的关键，也可以让听众明白表达者的用意，是表达内容所不可缺少的“关联词”。

3. 表达的体态要丰富

恰当表达不仅要求内容的准确、合理，还要求表达的体态恰当、精彩。恰当表达是有声语言和无声语言的“水乳交融”。无声语言，即体态语，在表达中非常重要。

表达者可以通过丰富、恰当的身体语言、手势语言、面部语言来对表达内容进行有效的补充、说明。同时，还可以通过体态语来表现表达者的情绪、情感，从而感染听众、吸引听众、说服听众，获得听众的认可。

恰当表达训练实录(一)

退货申请

您好！这双鞋是我半个月前在八佰伴××柜台买的，今天，我来退货。

首先，我喜欢这双鞋很久了，那天，这双鞋在做促销活动，很优惠，于是我毫不犹豫就买了。

其次，由于这款鞋是秋鞋，买回家后，我没有立即就穿，到上周气温上升我才穿的，也就上班穿了 3 天，鞋面就断裂了。

最后，根据鞋子的三包规定，15 天之内，所购买的皮鞋发生鞋底开裂、鞋面断裂等严重质量问题的，可以退货。

所以，我要求该柜台同意我的退货申请。

解析：该实录是一位顾客在商场的一次退货经历，看完这段内容后，我们可以明确以下内容。

事件的核心人物：我(反复出现，属于核心人物)。

事件的起因：所购买皮鞋发生了鞋面断裂。

事件的经过：购买—穿 3 天—鞋面断裂—退货。

事件的结果：要求退货。

序数词：“首先，其次，最后”。

这段表达用序数词依次列出了退货的理由，将重点放在最后一点上，排除了无理退货的可能。在表达的过程中，表达者可以用坚定的语气，平稳的语调进行表达，加入恰当的手势语和诚恳的面部表情，就更容易达到这次退货的目的。

恰当表达训练实录(二)

请根据以下提供的情境，做一次口头的事件陈述：

(1) 中午，老师办公室，班主任老师和男生宿舍的舍长。

(2) 男生宿舍在本周的宿舍检查中，卫生工作被点名批评。

(3) 班主任老师已经多次提醒，并且和宿舍的同学约定，如果再次被点名批评，就退宿。

(4) 昨天晚上，宿舍里的一位同学胃疼，大家为了照顾他，很晚才休息。于是，早上才起晚了，草草完成了卫生工作，赶到教室已经迟了。

（5）希望班主任老师能够再给该同学一次机会，因为离家太远了，退宿会对学习和生活造成很多麻烦。

解析：这个事例来源于同学们的日常生活，表达的对象是班主任老师，我们可以按照表达的几个要素来组织表达的内容，表达时还要注意体态语的运用。

◎**资料卡**

恰当表达的技巧

事件的核心人物　　事件的起因、经过、结果　　关联词或序数词　　体态语

任务实施

拾趣

1. 辨一辨

请聆听下面一段表达（志愿者活动陈述），说说有哪些需要修改、润色。

上周六，我们班级的几个共青团员一起到敬老院去做志愿者。我们约在上午 9 点钟在敬老院门口集合，结果 8 名团员就准时来了 4 名，有的起晚了，有的没赶上公交，有的堵车了，甚至有的忘记了这次活动。我们 10 点才开始活动，敬老院的老人们有的眼睛看不清了，有的耳朵不太灵了，有的腿脚活动不便了，我们大家就各自展开活动。敬老院的环境还是很不错的，有自己的菜园，里面种了很多品种的蔬菜，老人们既可以活动一下筋骨，还能自给自足。我们 11 点钟才结束这次志愿者活动，这是一次非常有意义的活动。

入境

2. 写一写

李乐他们经历了第一次的自助旅行后积累了一定的经验，下一次他们准备去西藏。要如何说服他们的父母支持他们的行动呢？请你做一个恰当的表达。

下水

3. 说一说

校运动会即将召开，班主任老师向全班同学征集入场式金点子，希望从服装、道具、口号、入场式队列等方面征求同学们的意见。请你根据班级的情况做一份入场式方案，向全班同学进行陈述，争取获得大家的认可。

综合自测　即兴发言

活动导入

在现实生活中，有同学书面表达洋洋洒洒，但面对面交流却期期艾艾；有同学知识面丰富，胸有沟壑，正式场合却反应迟钝、言不及义；有同学设计活动方案时运筹帷幄，但组织活动时却经常由于沟通辞不达意而背离方案。在学习了语言沟通和非语言沟通的一些技巧后，我们来一场各抒己见、酣畅淋漓的即兴发言吧！

活动要求

1. 通过自选主题的恰当表达，提高同学们的口语表达能力。
2. 通过确定主题的即兴发言，提高同学们运用有声语言和体态语言的能力。
3. 每位同学的选题和即兴发言需本人独立完成。

活动描述

一、活动目标

1. 根据自己对身边的人或事的观察和了解，选择一个大家感兴趣的主题，并恰当表达自己选题的目的和理由。

2. 根据自己抽取的主题即兴发言，将语言表达和非语言表达有效结合，以达到良好的表达效果。

二、活动进行

1. 选择一个同学们感兴趣的主题。

主题名称：____

选题理由：____

这一部分是学生根据自己对身边人或事的观察，拟定一个大家有感可发的主题。这个主题可以是对生活的感悟、对未来的畅想、对时事的点评、对交流的看法、对自我的分析等，每一位同学在选题时，要对选题目的和理由进行思考，并形成自己对选题的恰当表达。

2. 抽取主题并即兴发言。

随机抽取主题并即兴发言：______________________________

根据主题确定表达内容：________________________________

选择恰当的体态语：____________________________________

这一部分内容在同学完成即兴发言后填写。

范例：

活动前

主题名称：我的职业梦想

选题理由：①每一位同学都做过职业规划，对自己的未来职业都有比较明确的方向；②每一位同学对各种职业的了解不够深入，对相应的职业要做什么、怎么做都比较模糊；③面临毕业季，畅谈一下自己的职业梦想，可以督促我们做好一些必要的入职准备。

活动后

随机抽取即兴发言的主题：我的职业梦想

根据主题确定表达内容：做一名合格的会计

①做一名合格的会计是我毕业后的首选职业，这个职业既有专业性又有独特性，而且职业发展的前景非常好；②我还不是很清楚做一名合格的会计，除了在学校学习相关的专业和技能之外，还需要具备哪些能力。但是，我阿姨是一名非常优秀的老会计了，而且就职在一家会计师事务所里，我准备每周和阿姨联系一下，让她指点一下我。如果可以的话，我想利用假期去她的公司见习一下，掌握第一手的职业资料；③毕业季既是我们丰收的季节，也是考验我们的时刻，我们既要有对未来职业的美好畅想，也要有迎接一切挑战和困难的心理准备。我相信，怀着美好的职业梦想，秉着务实苦干、迎难而上的态度，我们一定会在若干年后实现我们今天的职业梦想的。十年后，我们再聚，一起验证吧！

选择恰当的体态语：头部、手势、目光

3. 分组活动。

每 8 个同学组成一组活动，其他同学根据评分表打分。每一组选出最优秀的同学进行全班的汇报活动。

4. 汇报活动。

优秀同学进行即兴发言，教师点评、总结。

三、活动评价估量表

活动评价估量表如表 3-1 所示。

表 3-1 活动评价估量表(二)

项目分类	测评项目	得 分
表达语言	1. 普通话吐字清晰、咬字标准	10 分
	2. 能够声音响亮、语速恰当	10 分
	3. 能够无稿发言	15 分
	4. 能够情随声出、声情并茂，运用恰当的语调、语感来表达情感的波动	10 分
表达非语言	5. 能够根据表达内容，用丰富的面部表情辅助语言表达	10 分
	6. 能够用手和胳膊的动作和造型来表达自己的思想感情	10 分
表达内容	7. 表达过程自然、流利、通畅	15 分
	8. 表达内容条理清晰、有理有据	10 分
	9. 表达时表现丰富，具有说服力	10 分

使用要则：该测验表用百分等级来解释测验得分，低于60分，表示能表达自己的想法，但无法清晰明白的传情达意；60～80分，表示能流利表达自己的想法并且和对方进行恰当的交流；高于80分者，表示能够鲜明地表达自己的看法，并和对方进行愉悦的交谈。

校园提高篇

语言是一种纽带，是人类敞开心扉的交流形式，是人类情感交集的抒发模式，也是人类释放悲喜的表达方式。语言是一门艺术，它可以如春风细雨，"润物无声"，暖人心田；可以如骄阳骤雨，铿锵有力，热情奔放；可以如秋日硕果，丰满甜美，收获喜悦；也可以如寒风暴雪，冷冽凄凉，痛彻心扉。语言是思想的外化，是必不可少的交际工具，它可以塑造自我，成就事业，促成合作，共同发展。相同的意思用不同的语言表达方式会产生截然不同的言语效果。同学们，在恰当的时机对恰当的人说出恰当的话，是一门深奥的学问，它需要的不仅是巧妙的技巧，更是一份智慧。就让我们翻开语言魅力的新篇章，学习如何去用智慧驾驭我们的舌头吧！

模块四　彬彬有礼

项目引领

语言是人际交往中不可或缺的重要工具，它既是一门学问，又是一门艺术。生活离不开语言，在人与人的交流中，语言是给人留下的第一印象，所以学会说话就成了生活中不可或缺的一部分。同学们，我们要学会彬彬有礼地说话，这样既能于平淡中见微妙，又能于平凡中显真谛，还能于平和中意深远。

项目目标

1. 能够掌握称呼与应变的语言技巧。
2. 能够掌握表扬与批评的语言技巧。
3. 能够掌握直接与委婉的语言技巧。

任务一 称呼与应变

视频内容

情境导入

江南商学院财务管理专业会计班要召开一次对外开放的主题班会，欢迎广大老师和同学来观摩指导。李乐同学既负责在主题班会开始前接待前来的老师和同学，也负责与主题班会后与在场观摩的老师同学交流经验教训。前来观摩的老师有校内的，也有校外的，有领导，也有普通老师，还有其他学校的代表同学等。怎样称呼到场的人员呢？李乐同学犯了愁。主题班会结束后，与到场的老师和同学交流时，还要即兴回答他们提出的问题，交流彼此的经验，李乐越想越忐忑。

如果你有好的办法和建议，不妨给他支支招！

任务要求

能够了解称呼的特征、基本要求和语言技巧。

能够掌握应变的语言技巧。

知识准备

一、称呼

（一）称呼的特征

称呼，是指在人与人交往过程中使用的称谓和呼语，它可以用来指代某人或引起某人的注意，也能反映人与人之间的关系、态度和情感。

称呼要具备简洁性、褒贬性和开启性的特征。简洁性是指称呼语要音节少、形式简单，容易引起注意和情趣；褒贬性是指称呼语有明显的褒贬含义；开启性是指称呼语是社交的起点，既要引起对方注意，同时也要为进一步的表达交流打好基础。

（二）称呼的基本要求和语言技巧

1. 合乎常规

合乎常规就是采用人们平时约定俗成的较为规范的称呼。在日常生活中，常规性称呼大概有以下几类：

第一，行政职务类称呼。它是在较为正式的官方场合，如政府活动、公司活动、学术活动中的称呼，如“许局长”“林经理”“马董事长”等。

第二，技术职称类称呼。这类称呼一般用来说明被称呼者是该领域内的权威人士或专家，如“李工程师”“王会计师”等。

第三，学术头衔类称呼。这和技术职称类称呼的区别在于，学术头衔类称呼是表示被称呼者在专业方面的造诣，如“伍博士”“韩教授”等。

第四，行业类称呼。在不清楚对方的职务、职称的具体情况下，可以用行业称呼，如“警察同志”“解放军同志”“护士小姐”等。

第五，常用尊称。它是指在人际交往中广泛使用的表示尊重的称呼，一般在不知道对方的姓名、职业等具体情况下使用，如“小姐”“先生”“夫人”“同志”等。也可以用表示亲属关系的爱称来称呼并不是亲属关系的人，以表尊敬，如“阿姨”“叔叔”“大爷”等。

2. 尊重对象

正确、适当的称呼一定要关注称呼的对象，要考虑到对方的年龄、职业、身份以及语言习惯等。

见到长者，一定要用尊称，特别是请教他人的时候，比如“老爷爷”“老奶奶”“老师傅”“老先生”“大叔”“大娘”“您老”等，不能随便喊“喂”“嗨”“骑车的”“放牛的”等，更不能直接以“老头儿”“老太”等来称呼长者，这是很不礼貌的行为。另外，看年龄称呼一定要力求准确，如果把“姑娘”称作“大姐”，把“大姐”称作“大嫂”，把“大嫂”称作“大妈”，把“大妈”称作“大娘”，一定会闹出笑话。

对不同职业的人，也应该有不同的称呼。对医生称“大夫”；对教师称“老师”；对国家干部和公职人员、解放军、民警等，称“同志”；对外企的工作人员，称“先生”“小姐”“夫人”等，这样称呼才合情合理，自然亲切。

在人际交往中，如果不知道对方的职业，可以考虑对方的身份，可以从人与人之间的关系去定位其身份，比如“师母”“千金”等。

另外，我们还要考虑到被称呼者的语言习惯，要入乡随俗。比如，“同志”在特定情况下有同性恋的含义，“师傅”在北方是指出家人，“爱人”在西方指第三者。所以，称呼时要充分考虑到地域、习俗、文化背景等的差异性。

3. 区分场合

称呼同一个人，在不同的场合，称呼语也要做一些调整。在正式场合中，我们一般可以用对方的职务、职业等来称呼。在私人场合中，我们可以根据自己和对方之间的亲疏关系，采用一种更亲密无间、欢快自然、无拘无束的称呼。

二、应变

在口语交际中，说话人往往需要根据对方的说话内容、场景变化、气氛变化、听众反应等随机应变，也需要灵活地处理交际过程中出现的一些意外变故。应变反映了一个人在人际交往中的灵敏度，是一个人用恰到好处的分寸、智慧机敏的头脑、诙谐灵活的语言来化解会话过程中出现的意想之中或意料之外的变故的语言形式。

应变在口语交际中可以打破僵局、摆脱窘境，可以避开语言冲撞，可以调节语言纠纷，甚至可以回击羞辱、弥补过失、应付意外。比如，周恩来总理就是一位应变能力非常强的外交家，往往可以用恰到好处的应变有力地回击不怀好意的提问。有一次，在美国代表团访华时，有一名官员当着总理的面说：“中国人很喜欢低着头走路，而我们美国人却总是抬着头走路。” 此话一出，语惊四座。周总理不慌不忙，脸带微笑地说：“这并不奇怪。因为我们中国人喜欢走上坡路，而你们美国人喜欢走下坡路。”美国官员的话里显然包含着对中国人的极大侮辱。在场的中国工作人员都十分气愤，但囿于外交场合难以强烈斥责对方的无礼。如果忍气吞声，听任对方的羞辱，那么国威何在？周总理的回答让美国人领教了什么叫做柔中带刚，最终尴尬、窘迫的是美国人自己。

（一）应变的方法

1. 注意积累

应变语的灵活运用要求说话者具有较高的文化素养和较强的语言表达能力。如果一个人文化素养好，有广博的学识，再加上语言表达方式灵活、词汇量丰富，那么，在需要使用应变语的时候就能手到擒来、游刃有余。

2. 善于观察

要想灵活运用应变语就要锻炼自己的观察力，如对语言环境的观察、对现场气氛的观察、对说话者身份和目的的观察等。做到知己知彼，才能百战不殆。

3. 冷静自信

应变语一般是用在人际交往出现意外情况的时候，越紧张、尴尬，就越要冷静自信。保持良好的心态、敏锐的观察力和理性的思考力，才能有效地运用灵活的语言缓解窘境。

4. 巧用幽默

应变语最好要诙谐幽默一点，这样比较容易使局促、尴尬的场面变得轻松、缓和，能有效地避开语言冲突，使自己和对方的紧张情绪得到缓解，甚至可以消除对方的敌对情绪，顺利地完成交流。

（二）应变的模式

在口语交际中，应变是一种事先没有任何准备的语言交流方式，全靠说话者的临场反应。说话者除了平时多注重积累，交流时仔细观察场合和对象，沉着冷静地应对之外，我们还可以根据一些交流中的共性，运用一些模式来应对沟通交流中的突发情况。

1. 并列陈述

并列陈述就是运用序数词或关联词来罗列自己的看法或者观点，一般运用在对方对说话者的看法提出质疑或者咨询时。这种模式采用分条罗列的方式，用“第一”“第二”“第三”等序数词，或者用“首先”“其次”“最后”等关联词来组织语言。这种模式，一方面可以使应对者有短暂的时间梳理自己的交流内容，另一方面也使自己的应变更有条理，对方更容易接受并认同，还能显得应对者胸有成竹、自信满满。

2. 迂回战术

迂回战术就是不正面应对对方，而采取顾左右而言他的方式来转移话题，由被动变为主动的一种应变模式。这种应变模式一般运用在无法回答对方的问题或是对方的问题自己实在无话可说的情况下。可以在应变时，将对方提出的自己无法正面应对的话题一带而过，继而提出一个自己可以驾驭、对方又比较感兴趣的话题重新切入，从而缓解交流僵局。

3. 究因问法

究因问法就是应变时表明自己的立场，然后向对方分析原因并提出自己的解决方案，这种应变模式一般用在上级质疑下级工作成效时。在上下级的工作交流中，最经常出现的就是工作成效的探讨，上级部门是决策部门，具体实施情况未必能事无巨细地全部了解，一旦出现问题，就会问责下级。此时，明确表明自己的立场和态度，可以让上级认可你的担当能力，继而分析原因；让对方了解具体情况，解决双方存在的沟通盲区，提出自己的解决方案；更可以让上级重新评估你的工作能力，为自己重新去提升工作成效争取到宝贵的机会。

4. 过去未来

过去未来就是应变时回顾过去，然后展望未来。这种应变模式经常运用在公共场合中说话者临时发言的场合，比如，会议结束时总结发言，聚会场合发表一下致辞等。这样的场合中，说话者可能不是最重要的发言者，但却是比较有分量的参与者。回顾过去的点滴，既可以表达说话者对对方的感谢，同时，还能引起他人的共鸣，营造一个和谐的交流氛围；展望未来宏图，可以表达说话者对对方的肯定和认同，从而获得组织者的好感，并且将交流氛围推向高潮。

5. 案例支撑

案例支撑就是应变时以强而有力的案例支撑自己的观点，这种应变模式一般运用在发表自己的观点和建议时。在口语交际中，说话者经常要表明自己的观点或者陈述自己的建议，这是提高自己的交际地位的最佳机会。在无准备的情况下，引用强而有力的案例来佐证自己的观点和建议就显得尤为重要，这种应变模式既丰富了自己的交流内容，又提高了自己的交际说服力，对构建自己的交际圈是非常有利的。

称呼训练实录(一)

在广告公司上班的王先生和公司门卫的关系处得很好，平时进出公司大门时，门卫都对王先生以王哥相称，王先生也觉得这个称呼很亲切。这天，王先生陪同几位来自香港的客户一同进入公司，门卫看到王先生一行人，便热情地打招呼道："王哥好，几位大哥好！"谁知随行的几位香港客户觉得很诧异，其中一位还面露不悦之色，王先生也很尴尬。

解析：为什么门卫平时亲切的称呼，在这时却让几位香港客户感到诧异甚至不悦？门卫的称呼有何不妥？应该如何称呼？

合乎常规：关系处得很好——称"哥"也并不是十分妥当。

尊重对象：王先生也觉得这个称呼很亲切——考虑了对方的年龄。

区分场合：平时；陪同几位来自香港的客户一同进入公司——私人场合与公开场合没有区分。

称呼语要注意场合，情景中提供的场合是一个比较正式的场合，而且还有客户在场，用私下比较亲密的称呼是不合适的。门卫应该以王先生的职务称呼，才比较妥当。

◎**资料卡**

称呼的技巧

合乎常规：行政职务、技术职称、学术头衔、行业等。

尊重对象：年龄、职业、身份、语言习惯等。

区分场合：私人、公开等。

应变训练实录(二)

一天,周恩来总理主持召开一次中外记者招待会。他介绍完中国经济和建设方面的成就后,记者们纷纷提问。有的西方记者对中国抱有偏见,提出来的问题让人很难回答。其中有一个记者问:"请问中国人民银行有多少存款?"周总理不慌不忙地说:"十八元八角八分。"全场都愕然了,大家不明白这是什么意思。周总理解释道:"当前我国发行的人民币有拾元、伍元、贰元、壹元、伍角、贰角、壹角、伍分、贰分、壹分。它们加起来是十八元八角八分。中国人民银行的信用很好,币值稳定,在国际上享有盛誉。"

解析:该语段是周恩来总理应变语的典型代表。记者的提问是别有用心的,周总理敏锐地观察到对方的意图,即嘲笑中国是一个贫穷的国家。周总理用顺水推舟的方式,用人民币各种币值相加有力地给予了回击。

◎**资料卡**

应变的模式

并列陈述　迂回战术　究因问法　过去未来　案例支撑

任务实施

拾趣

1. 选一选

(1) 下列各项中,称呼使用正确的一项是(　　)。

A. 今日亲聆诸位先贤的高论,真是茅塞顿开

B. 这是令尊拙作,请赐教

C. 舍弟好使性子,还望多包涵

D. 我家家教很严,令尊常告诫我到社会上要清清白白做人

(2) 请从下列词语中选择一组敬辞和一组谦辞。

家父、令爱、犬子、足下、敝国、寡人、拙作、老朽、寒舍、贵姓

敬辞:________________

谦辞:________________

入境

2. 议一议

观看宋小宝和袁姗姗表演的小品《日夜男女》。讨论一下里面有哪些精彩的称呼和应变，又是用了什么技巧达到了叫绝的效果的。

下水

3. 情景模拟训练

情景：早上，李乐发现自己的钱包在教室里不见了，他的好朋友马小川告诉他，他到教室时只有苏俊在教室，肯定是他偷的。恰巧苏俊走到教室，听到了马小川的话，三人立即吵了起来。这时，学院赵书记走过教室……

请根据以上情景，在礼貌得体，维护班级荣誉的前提下，说说三人应该怎样应变。

李乐：____________________

马小川：____________________

苏俊：____________________

任务二　表扬与批评

视频内容

情境导入

江南商学院财务管理专业会计班的马小川同学在数学在课上玩手机，被孙老师当场没收了手机。

孙老师批评道：这是你第几次课上玩手机了？你知不知道上课应该遵守的纪律？你来上学的还是来疗养的？你就是这样来回报你父母和老师的？你在学校不好好学习，长大了也一定不会好好工作，那你以后还有什么出息？我真替你父母伤心！

马小川听完老师的批评，心里很不高兴。虽然他也明白老师是为了他好，可是，总是不能很心平气和地接受老师的批评。

如果你是孙老师，你会怎样批评教育马小川？让马小川能接受你的劝告，遵守纪律，认真学习？

任务要求

能够了解表扬的特征、基本要求及语言技巧。

能够了解批评的性质、特点以及语言技巧。

能够灵活运用表扬和批评。

知识准备

一、表扬

(一) 表扬的特征和基本原则

表扬是指在人际交往中,一方给予另一方的肯定和称赞,它侧重于对别人某一方面价值的肯定和褒奖。马克·吐温说:"仅靠一句赞扬,我就能很好地活两个月。"在日常交往中,我们要善于发现别人身上的闪光点,恰到好处地去表扬别人,这样可以提高和润滑你的人际关系,让你成为一个受欢迎的人。

表扬要遵循以下几个基本原则。

1. 自然真诚

自然真诚主要体现在"实""纯""诚"三个方面。"实"即真实,"纯"即动机纯洁,"诚"即诚恳。表扬别人就要发自肺腑,出自内心,任何虚假的、流于表面的表扬只会让人不屑一顾,心生厌烦。比如,你碰见一位身材微胖的女性朋友,见面就夸道:"您身材真苗条。"就不如说:"您今天的这身衣服选得真有眼光,身材看上去真不错啊!"后者的表扬更实在、恳切,让人听了很舒服。

2. 实事求是

实事求是指表扬应该建立在客观事实的基础上,这样的表扬才让人心服口服。否则,必定会引起不必要的误会,别人会认为你在讽刺挖苦他。比如,现在有很多人看到女性就赞其为"美女",这其实是不恰当的。如果你遇见的女性长得不美,且很有自知之明,那么,你的表扬不仅不能博得对方的欢喜,反而会起到相反的作用,认为你溜须拍马,别有所图。

3. 措辞得当

措辞得当是指在实事求是的基础上,表扬的措辞也要有分寸,切不可大而无当,因为大而无当的表扬会违背事实。比如,你表扬一个孩子,可以说,"你是个好孩子,又听话,又懂事,又聪明,又机灵,将来一定会有出息的。"这样的表扬就很有分寸。如果你说,"这个孩子绝顶聪明,智慧过人,是个天才,世上无人能比,将来一定能成一代伟人。"这样的表扬很显然是太过头了。所以,恰如其分、点到为止的表扬才是真正的赞美,赞美之词不能滥用,一旦过头,赞美就变成了吹捧。

(二) 表扬的基本要求

1. 表扬要及时

表扬有时间效应,一般应该在一件事情顺利完成后就及时给予表扬。这时候的表扬是最有效的,如果拖延数周、时过境迁,这迟到的表扬也就失去了原有的味道,不会让人感到兴奋与激动了。

2. 表扬要具体

表扬一个人,表扬他的行为或贡献要比表扬他本人好得多。因为就事论事,哪件事做得好,什么地方值得表扬,这会更具体实在。这样的表扬更容易让对方觉得你的表扬是出自内心的,必然也会欣然接受。

3. 表扬要单纯

表扬要单纯，不能将表扬当作总结。先表扬，然后用一系列的转折词进行客观、中肯的评价，这有可能使原有的表扬失去了作用。

(三) 表扬的语言技巧

1. 抓住特色

“生活中不缺少美，是缺少发现美的眼睛”。要恰到好处地去表扬，就需要有一双发现美的眼睛。我们可以从对方引以为豪的地方、对方的闪光点、对方的细节处三个方面去发现美。

每个人总是会有自己引以为豪的地方，有的人以自己的长相为豪，有的人以自己的家庭为豪，有的人以自己的孩子为豪，有的人以自己的事业为豪……我们可以仔细观察，找到对方的自豪点进行表扬，这样的表扬才是最有效、最有的放矢的。

每个人总有自己的优点，即使最普通平凡的人也绝不是“一无是处”。我们要“沙里淘金”“慧眼识珠”，不能总是用老眼光去看人，要懂得变换视角去挖掘、体察别人的闪光之处并抓住这一点并加以表扬。

“细节决定成败”。我们在表扬别人时不能只关注事情的结果，只对成功大加赞赏，还要关注其行为细节。往往一个人的成功和他对事情的细节处理是分不开的，他在细节上投入了很多的心思和精力，自然也就渴望这份努力能够得到别人的肯定和赏识。我们在人际交往中要善于发现细微处的用意，不失时机地表扬对方的良苦用心，这将会使你的表扬收到意想不到的效果。

2. 因人而异

根据对象的不同采用不同的表扬内容和方式，这样效果才会更好。在女性面前，我们可以多表扬她的美貌、衣着、气质；在男人面前，我们要多表扬他的才华、事业、气度；在孩子的家人面前，我们要多表扬孩子的可爱、聪慧；在老人面前，我们要多表扬他的精神矍铄；在商人面前，我们多表扬他的生财之道；在学者面前，我们多表扬他的学识渊博；在官员面前，我们多表扬他的廉洁自律、劳苦功高。对晚辈、下属，我们可以采用直接表扬，对长辈、上级或者同辈，我们可以多采用间接表扬。

3. 合乎时宜

表扬要相机行事、适可而止，要根据时间和地点的不同，灵活地表扬。当别人计划做一件有意义的事时，开头的赞扬能激励他下决心做出成绩，中间的赞扬有益于对方再接再厉，结尾的赞扬则可以肯定成绩、指出进一步的努力方向。由此达到“赞扬一个，激励一批”的效果。在群体面前表扬，要笼统、抽象一点；在应酬场合表扬，要抓住共性，锦上添花；在私人场合，要直接、真实。在别人春风得意时，我们的表扬要有特色和个性；在别人身处逆境时，我们的表扬要及时、真诚。

4. 角度灵活

表扬的角度要灵活，不能一成不变。我们可以直接真诚地对别人进行表扬，也可以通过第三者进行间接表扬。间接表扬在实际应用中能收到很好的效果，它既能避开用词不当引起的“拍马屁”的误会，又能增加溢美之词的赞赏效果。我们可以通过比较的方式对别人进行表扬，从时间的跨度上关注对方的变化，进行前后比较，抓住这点再表扬会显得格外具体；

也可以通过与自己的比较进行表扬，压低自己去表扬，会显得格外真诚。

二、批评

（一）批评的性质

在人际交往中，批评是一种常见的语言表达形式。从广义上讲，对缺点和错误提出的意见均为批评。由此可见，批评的目的是为了帮助别人，是善意的，而非恶意的。而在人性的弱点中，很突出的一点就是本能排斥批评，这就要求我们在批评时要格外地注意分寸。否则，就会适得其反，不仅不能帮助别人，反而会惹人讨厌甚至害了别人。

（二）批评的特点

1. 准确性

批评在运用过程中必须要准确、公正。首先，批评要有据，批评对方的缺点或错误时一定要有理有据，就事论事，切不可以偏概全，妄下定论；其次，批评要有情，人的心理是最排斥批评的，人非草木，孰能无情，批评要动之以情、晓之以理，先用真诚去打动对方，才能疏通道理，这样的批评才是善意的，才能真正去帮助别人；最后，批评要有理，有说服力，批评的效果并不是靠嗓门大或者声势大，而是要循循善诱、以理服人。

2. 分寸性

批评要注意分寸，批评的用词不同、说法不同，所表达意思的轻重也会不一样，由此而产生的效果也大有差别。有些人总是抱着“良药苦口利于病，忠言逆耳利于行”的信条，不注意批评的分寸。因为他们认为，只要是善意的批评，就不必讲究什么分寸。孰不知，分寸不对，批评就会适得其反。所以，有分寸的批评要尊重对方的人格和尊严，不能总是在批评中翻旧账，更不能批评起来无休无止、吹毛求疵。

3. 亲切性

批评的目的是为了帮助他人，所以，好的批评听起来一定是亲切的。批评者要注意语言方式，要根据场合气氛，掌握对方的心理，揣摩他人的心思，挑选最合适的字眼。同时，还要注意语气、语调和语感，从而消减对方的怨恨或不满，达到良好的批评效果。

4. 激励性

不管是直白的批评还是委婉的批评，批评要具有激励性，既要让对方心平气和地接受自己的批评，同时又要使对方认识到自己的缺点或错误。批评者还可以加入恰当的意见，让对方听取采纳，激励对方在了解自己弱点的前提下，接受自己善意的意见，从而使对方获得进步。

（三）批评的语用原则

1. 适量原则

批评所提供的语言信息量，不能多也不宜少，“辞达而已矣”。人一旦认识到自己有了缺点或者犯了错误，一般会产生内疚感。因此批评时，为了避免对方陷入窘境或者是产生反感，要简洁适度，点到为止，不可反复重申，喋喋不休。

2. 情感原则

批评是指出对方的缺点或错误的语言表达形式，它本身就违反了人与人交往的和谐原则。所以，在批评时，应该对事不对人，切忌抓住对方的弱点并对其进行人身攻击。同时，也可以在批评中反躬自省，为对方开脱一些责任，然后再提出自己的意见，分析原因，说明危害，以情感动对方，从而得到一种意想不到的效果。

3. 入境原则

批评所选择的语言表达方式要适合不同的交际对象、交际场合、人际关系以及人的心理特点。它要求表达得体、注意分寸、把握时机。要尽量避免第三者在场，避开公共场合，所用的语言要注意对方的身份、年龄、地位甚至性格等因素，所谓适合才是最好的。

4. 应变原则

语言是灵活多变的，批评也要根据现实情况而做相应的变化。这样才能更好地发挥它在人际交往过程中的特殊作用。

(四) 批评的语言技巧

根据批评的特点和用语原则，下列几种常用的技巧，有助于达到良好的批评效果。

1. 先扬后抑法

先表扬对方的优点，以营造一个良好的心理氛围。这一方面可以削弱批评本身让人难以接受的程度，另一方面也使被批评者不会产生逆反心理。

2. 暗示委婉法

被批评者被当面指出不足，难免会心中不快，甚至产生强烈的反抗。批评者用暗示的方法指出对方的缺点或错误，既保全了对方的颜面，同时也让对方认识到自己的不足之处，并去改正错误，从而达到良好的批评效果。

3. 先己后人法

在批评他人之前先谈谈自己身上存在的缺点或者以前犯过的类似错误。一方面可以为对方提供一个现实的例子，让他从这个例子中认识到这种错误的严重后果；另一方面也可以降低一点对方内心的自责感和排斥感，给对方一定程度的认同感，拉近彼此之间的心理距离，营造一个心胸开阔的批评氛围，从而使对方更容易接受。

4. 提问引导法

批评不是一定要用肯定的陈述句去列出对方的缺点或错误，还可以提问的方式，或疑问的语气引导对方发现自己身上的缺点或已犯下的错误。这样，可以让对方更容易接受批评。

5. 鼓励建议法

一般的批评，只会把重点放在对方的“错误”上，并不指明对方应该如何去纠正，因而收不到积极的效果。我们在批评的同时，可提出我们的建设性意见或是分析原因。让对方在认识错误的同时，也发现自己的优势，增加改正错误的信心，同时，也可以提出自己的建议，以供对方参考。

6. 幽默留白法

批评往往让人不快，幽默却能带给人欢笑。我们可以将两者结合起来，借用幽默的语言达到批评的效果。我们也可以不必将批评的话讲得过于完整，留有一定的空间，让被批评者自己去发现问题，这种方式更能让对方接受。

7. 一针见血法

批评固然要注意对方的心理情绪，照顾对方的尊严。但是，对于一些特殊情况，比如屡教不改、听而不闻、破罐破摔等，我们也可以一针见血地指出对方的缺点或错误。

赞美训练实录(一)

春节期间，乡下的大伯带着孙子奇奇到城里小张家做客。奇奇性格内向，不爱说话，时刻跟在大伯身边，和小张家的莉莉在一起时，一个显得聪明伶俐，一个显得呆头呆脑。这天晚饭过后，忽然听到孩子的哭声，两人跑去看，原来奇奇从楼梯半截处摔了下来，膝盖都破了，却忍着没哭，倒是一旁的莉莉吓哭了。小王拍着奇奇的肩膀说："农村的孩子就是生得结实，经得起摔打，跌得这么重也不哭，连句疼也不喊。这孩子将来肯定有出息，到了社会上能闯荡。你再看我这个女儿，一根毫毛没动，光吓就哭了。"一席话说得大伯心里舒服极了。

解析：这个故事中的小张，是一个赞美高手。他是怎样借助一次跌跤事件对两个孩子作出重新评价的呢？

抓住特色：身体结实、意志坚强。

因人而异：孩子将来肯定有出息，到了社会上能闯荡。

合乎时宜：从楼梯半截处摔了下来，膝盖都破了。

角度灵活：比较的方式——跌得这么重也不哭，连句疼也不喊；一根毫毛没动，光吓就哭了。

这个范例中的小张从"身体"和"意志"的角度对奇奇表示由衷的赞叹，使大伯突破了表面现象看到了自己孙子的可贵之处，不但心里舒服了，更重要的是看到了孙子的希望，使孙子向更高的目标成长。

◎资料卡

表扬的技巧

抓住特色：优点、特长、细节、过程等。

因人而异：年龄、身份等。

合乎时宜：注意地点、时间。

角度灵活：间接、比较。

批评训练实录(二)

小吴宿舍的一位室友总是毫不客气地用他的日用品，小吴很生气，但他并没有把那位室友狠狠地斥责一番。一天，小吴趁宿舍只有他俩的时候，友好地对室友说："小李，我知道你挺忙的，又要忙班里的事，还要参加篮球训练。我这人空闲时间比较多，如果你不介意的话，我倒挺乐意给你跑跑腿，帮你把日常的生活用品买来。"室友一听，心里全明白了，在惭愧之余，室友自己买来了全套日用品。

解析：这个语段中，小吴是用怎样的方式批评他的室友，让其改正了自己的错误的呢？

暗示委婉法：他并没有把那位室友狠狠地斥责一番，而是趁宿舍只有他俩的时候，友好地对室友说：你挺忙的，又要忙班里的事，还要参加篮球训练。

鼓励建议法：我这人空闲时间比较多，如果你不介意的话，我倒挺乐意给你跑跑腿，帮你把日常的生活用品买来。

小吴没有直接对室友的行为进行谴责，而是用暗示委婉的方式，站在对方的立场上看问题，并以建议来达到批评的效果。

◎**资料卡**

批评的技巧

先扬后抑法　暗示委婉法　先人后己法　提问引导法

鼓励建议法　幽默留白法　一针见血法

任务实施

拾趣

1. 说一说

下面的语段都采用了哪些语言技巧？

(1) 一位高考落榜生，入伍后，在军校考试中再一次失败了。他心灰意冷，以消极的态度对待生活和学习。指导员看到他整日以看武侠小说打发时间，一改往日兄长般的宽厚态度，在宿舍对他吼道："你太没出息了，不仅糟蹋国家的粮食，还荒废自己的青春，就你这样能考上军校？"那个落榜生听后，羞愧非常，也吼道："你不要小看人，我一定能考上军校。"结果，一年的苦读换来了军校的录取通知书。

答：____

(2) 陶行知先生在做校长时，一天，在校园里看到一名男生正想用砖头砸另一个同学、他及时制止了这个学生，并让他去自己的办公室。在外了解情况后，他回到办公室，发现那名男生正在等他，便掏出第一颗糖递给他："这是奖励你的，因为你很准时，比我先到了。"接着又掏出第二颗糖："这也是奖励你的，我不让你打人，你立刻就住手，说明你很尊重我。"该男生将信将疑地接过糖。陶行知又掏出第三颗："据了解，你打同学是因为他欺负女生，说明你有正义感。"这时那名男生已经泣不成声了："校长，我错了。不管怎么说，我用砖头打人是不对的。"陶校长这时掏出第四颗糖："你已经认错，我们的谈话也结束了。"

答：____

入境

2. 写一写

在我们的成长过程中，我们接收了很多来自家长、朋友、老师、亲人等对我们的表扬和批评。这些话语有时如春风拂面，有时如骤雨疾来，有时让我们心悦诚服，有时却让我们心生怨怼。请你结合自己的亲身经历，写一段自己印象最深刻的表扬和批评。

下水

3. 试一试

(1) 今天是你的生日，可是你的好朋友们好像都忘记了这个有意义的日子。晚上，你独自回宿舍，发现他们已经布置好了，鲜花、蜡烛、蛋糕、礼物、音乐等，你感动极了，请用一些赞美语来表达一下你对朋友们的感激吧！

(2) 你的好朋友最近迷上了《王者荣耀》，结果期中考试成绩很不理想。但他依然对游戏念念不忘。作为他最好的朋友，你准备严肃地批评一下他，请问你准备怎样去说呢？

任务三 直接与委婉

视频内容

情境导入

甄嬛：两位姐姐坐吧，岁寒大雪，禽鸟俱绝。虽不比春日热闹，可也别有一番味道。

曹贵人：的确如此。

甄嬛：姐姐以为如何？

富察贵人：菀嫔叫赏雪，嫔妾也只会看看罢了！

甄嬛：这话说的，像是妹妹勉强你了，其实咱们姐妹多见见，多说话也好，情谊深了，误会嫌隙自然也会没有了。

富察贵人：咱们都是皇上身边的人，哪里来的嫌隙呢？

甄嬛：这季节里，倒叫我想起冬日里的一个故事。

曹贵人：娘娘博学广识，嫔妾愿闻其详！

甄嬛：是人彘的故事，哪里还是博学广识呢。其实我也记不太清楚了，只记得汉高祖时，戚夫人得宠，冒犯吕后。后来吕后成了太后，就断了戚夫人手足、挖眼、削耳、饮哑药，关在厕中，称为“人彘”。

槿汐：那戚夫人可是一代美人啊，竟然沦落至此，实在是可惜了！

甄嬛：虽然吕后手段残酷，不过戚夫人妄想凭一时之势羞辱皇后，真是咎由自取了！亦可见身为女子，吕后记仇也是很深的！富察姐姐，你说是不是呢？快扶富察贵人坐好。是，快起来。

曹贵人：真是，这好好听故事，妹妹你这是怎么了？

甄嬛：怕是富察贵人姐姐，嫌我故事讲得不好。刚才我胡乱解释了一通，让姐姐反而听不明白了。

富察贵人：你讲人彘的故事用意何在？

甄嬛：年妃虽然跋扈不断，可是有一点我却很佩服，便是杀伐决断，毫不留情。当年有人不过得罪了年妃一句，便被迁居别宫。若是年妃在长街受人欺凌，不知会如何报复呢？

这段台词是连续剧《甄嬛传》中的，同学们看一下，可看出语段中的精妙之处？（同学们也可自行观看视频《甄嬛传》第35集，这样情景会更生动。）

任务要求

能够了解并灵活运用直接表达的方法。

能够了解委婉的性质、分类和语言技巧。

能够灵活运用委婉的语言技巧。

知识准备

在人与人的交流中，语言是沟通交流的桥梁。而口头语沟通和书面语沟通有很多共通之处，有时我们要直抒胸臆，有时我们要曲径通幽。所以，在沟通中，说话者有时要直言坦诚，有时却要委婉曲说。比如，年轻人在表达爱意的时候，通常会比较直白坦诚，用九十九朵玫瑰或爱心蜡烛，大胆地向所爱的人表白、求婚；此时如果委婉表达会显得不够诚恳。而在指出对方不足时，我们通常会比较委婉，这样既保护了对方的尊严，也有利于对方采纳你的建议。可见，直言不讳还是委婉曲说，取决于场合、对象及交流的内容等具体情况。

一、直接

人际交往中的沟通交流，就如同一场精彩的球赛。声东击西，曲线射门，使人觉得妙不可言，但那强力扣杀或一脚直射更让人激动兴奋。在复杂的人际关系中，我们要根据场合和对象的不同，该直言的场合直言不讳，该委婉的场合含蓄隐晦。而直接表达能最准确地表达自己的意思，也是人际交往中坦诚的表现。但直接表达如果没有把握好坦诚的尺度，很容易造成误解，甚至授人以柄。直接表达的语言技巧有很多，常用的方法有以下几种。

（一）理直气壮

直言时，言说者要把握对方的思想状况、心理状态及其面临的行为选择，做到对症下药。直言时，言说者要陈明利害得失，抓住事物的本质并对其进行辨证分析。同时，也要加强直言的逻辑性，引导对方做出相应的选择。

唐朝有名的谏议大夫魏征，以直言进谏获得唐太宗的赞赏。唐朝原定18岁的男子才能参加征兵服役，一次，为了多征兵巩固边境，唐太宗要求16岁以上男子全部应征，魏征坚决不同意。他说："涸泽而渔，焚林而猎，是杀鸡取卵的做法。兵不在多而在精，何必为了充数把不够年龄的人也弄来呢？况且这也是失信于民。"魏征还举了三个唐太宗失信于民的事。唐太宗听完，认为魏征忠于朝廷，是以精诚之心辅佐自己以信义治国，于是便下令停止执行征召，同时奖赏魏征金瓮一口，以资鼓励。

（二）罗列事实

“事实胜于雄辩”，直言时通过罗列事实，再理性分析来触动对方，使对方冷静、全面而深刻地思考问题，从而接受正确的观点，这是直言最好的方法。

三国鼎立时，张绣想要归附袁绍，贾诩直言不如依靠曹操。当时贾诩解释道：“曹公尊奉天子以号令天下，这是应该归附他的理由之一；袁绍势力强盛，我们带着小量兵马归顺他，他必定不看重我们，曹公兵力弱小，他收纳了我们必定很高兴，这是应该归附曹公的理由之二；那些有称霸天下的大志的人，必然会放开私怨来向天下人显示他的品德，不会在意之前结过的仇，这是应当归附曹公的理由之三。希望将军不要犹豫了。”贾诩罗列事实，让张绣接受了他的观点。

（三）开诚布公

人贵以真，更贵以诚。直言时把真诚的思想和感情表达出来，对方也会动以真心，施以诚意。开诚布公就是用“真诚”二字来发挥直言的作用。

解放初期，百废待兴。当时商务印书馆董事长张元济先生找到陈毅市长，要借款20万元，以解燃眉之急。这位董事长德高望重年已80，陈毅直言道：“如果我说人民银行没有20万元，那是骗你。我不能骗老前辈。只要打一个电话给人民银行就可以解决问题。您老这么大年纪，为了文化事业亲自赶来，理应借给您。但我想，还是不借给您好。20万元搞商务一下子就花掉了，还是从改善经营上想办法，不要只搞教科书，可以搞一些大众化的年画，搞些适合工农需要的东西，学中华书局的样子。否则，不要说20万，200万也没有用。要您老先生这么大年纪，到处筹措，我很感动。不过，我不能借这笔钱，借了反而害了你们。”陈毅市长的一席开诚布公、关心爱护、情真意切的话，说服了张元济老先生。

（四）直面不讳

人际交往中，有时对方会抓住你的忌讳而让你有话不好说。这时，直面应对应该是最好的应对方法了。

有一次美国总统林肯上台演讲，一位傲慢的参议员站起来说：“林肯先生，在你演讲之前，我希望你记住，你是一个鞋匠的儿子。”当时美国参议员大都出身名门望族，很显然，这位参议员是在嘲讽林肯出身卑微。林肯当时答道：“我非常感激你使我想起我的父亲。他已经过世了，我一定会永远记住你的忠告，我永远是鞋匠的儿子，我知道我做总统永远无法像我父亲做鞋匠做得那么好。我无法像他那么伟大，他的手艺是无人能比的。”说到这里，林肯留下了眼泪，所有的嘲笑声全部化为赞叹的掌声。林肯在大庭广众之下直面应对，不以父亲是鞋匠为耻，反以为荣。因为他认为他的父亲是一个伟大的、一流的鞋匠，他继承了父亲的优秀品质，要像父亲一样不论干什么都要力争成为第一流的。

二、委婉

委婉是人际交往中，人们为了达到一种理想的交际效果而创造出来的一种语言表达形式，即用好听的、使人感到心情愉快的说法或无刺激性的词语来代替那些令人不悦或不敬的表达方法。委婉的形式可以根据语言的特点分为讳饰式、借用式和曲语式三种类型。

讳饰式委婉是指用委婉的词语来表示不便直说或使人感到难堪的内容的方法。比如，恩格斯在马克思逝世后，用“睡着了”“停止思想了”“永远地睡着了”这些词语委婉地表达这个令人悲痛的事实。

借用式委婉是指借用一事物或其他事物的特征来代替对事物实质性回答的方法。比如，在纽约国际笔会第48届年会上，有人问中国代表陆文夫：“陆先生，你对性文学怎么看？”陆文夫说：“西方朋友接受一盒礼品时，往往当着别人的面打开来看。中国人恰恰相反，一般都要等客人离开以后才打开盒子。”陆文夫用一个生动的借喻，对一个敏感棘手的难题委婉地表明了自己的观点——中西文化差异也体现在文学作品的民族性上。陆文夫实际上是对问者一种委婉的拒绝，不使问者感到难堪，也便于交流继续进行下去。

曲语式委婉是指用曲折含蓄的语言、商洽的语气表达自己观点的方法。比如，1937年冬，刚从济南到武汉的老舍先生在冯玉祥将军的图书楼写作，可冯将军的刚从德国回来的二女儿却与人在二楼跺脚取暖，打扰了老舍先生的构思。吃午饭时，老舍笑着对冯家二小姐说：“弗伐，整整一个上午，你在楼上教倩卿学什么舞啊？一定是从德国学来的新滑稽舞吧？”一句话引得大家一阵大笑，二楼从此变得静悄悄了。老舍先生在谈笑间委婉地告诉对方在图书楼应当遵守的礼仪规则。

委婉在日常交际中的运用有如下几个技巧。

（一）巧用修辞

委婉在运用中有一部分是依靠词语的委婉来达到暗示或启示的效果。我们可以充分运用比喻、双关、借代、反语等修辞手法来委婉地表达自己的意思。比如，鲁迅在《春末闲谈》中写道：“现在又似乎有些别开生面了，世上诞生了一种所谓‘特殊知识阶级’的留学生，在研究室中研究之结果，说医学不发达是有益于人种改良的，中国妇女的境遇是极其平等的，一切道理都已不错，一切状态都已够好。”用反语的修辞手法说“中国妇女的境遇是极其平等的，一切道理都已不错，一切状态都已够好。”讽刺了统治阶级精神控制术的虚伪本质。

（二）内容留白

在委婉的运用中，我们可以故意对语言内容进行删减，用留白来表达未尽的语意，以达到委婉的效果，也就是我们常说的“弦外之意”。比如，小林最近做生意，手头有点紧，他想向自己的好朋友小江借点钱周转一下，又觉得不太好意思，于是，就说：“现在的生意是越来越不好做了，最近又有一笔款子没有收回来，真不知道下一笔生意该不该接了。”这一段话，字面上的意思是生意不好做，没有钱接下一笔生意，不知如何是好。而实际上，这段话包含的意思很丰富，留给对方很多空间去想。言下之意是由于一笔款没有能够及时收回，手上资金链比较紧张，下一笔生意不好开展，即有借钱的请求包含在内。如果小江是真朋友，自然明白其中留白的含义；如若不是，也不至于因为借不到钱或不想借钱而使双方陷入尴尬的境地。

（三）反语会话

反语会话是指用一种正面的语言方式表达一种反面意思的委婉方式。这种会话使用时一定要注意语言环境，否则就达不到想要的委婉的效果。比如，老师早上去教室检查早自习，发现很多同学都在抄作业，老师很生气，却说：“大家都在忙呢？抄吧，别抄错了。”这时，班级里的同学都很羞愧地停下了手中的笔，慌忙地低下头，大气都不敢出。这个语段就是运用了反语会话的委婉方式来批评同学们的抄袭行为。

(四) 迂回转移

当我们面对不想回答、不易回答,但却不得不回答的问题时,我们可以采用迂回转移的方式来达到委婉回答或拒绝的效果。比如,男孩鼓足勇气问女孩:"你愿不愿意和我交往?"女孩微笑着说:"真希望有个你这样的哥哥。"用一个看似不相关却实质与主题相关的回答委婉地拒绝了男孩的请求。

总之,委婉在日常生活的人际交往中运用得很多,小到一个词语,大到一个决策,处处可以见到它的身影。有时它是含蓄的赞美,有时它也是诚恳的请求;有时它是有力的回击,有时它也是曲折的回避;有时它是大度的宽容,有时它也是隐晦的批评。如果我们用我们的智慧去运用它,用我们的语言去武装它,那么,它会是我们人际交往中的一种利器。

直接训练实录(一)

美国南北战争结束后,有两位军人竞选国会议员。一位是著名英雄陶克将军,一位是约翰·爱伦,一个普通的士兵。陶克说:"诸位同胞们,记得十七年前(南北战争时)的一个晚上,我带兵在荣山上与敌人激战。在激烈的血战后,我在山上的树丛里睡了一晚上。如果大家没有忘记那次艰苦卓绝的战斗,请在选举中,也不要忘记那吃尽苦头、风餐露宿造就伟大战功的人。"而爱伦是这样说的:"同胞们,陶克将军说得不错,他确实在那次战争中立下了奇功。我当时是他手下的一个无名小卒,替他出生入死,冲锋陷阵。这还不算,当他在树林里安睡时,我还携带着武器,站在荒野上,饱尝寒风冷露的味儿,来保护他。"

解析:这一则故事中,陶克将军和约翰·爱伦用了什么直言方法为自己的竞选拉票?你觉得谁会胜出?为什么?

◎**资料卡**

直接的方法

理直气壮　　罗列事实　　开诚布公　　直面不讳

委婉训练实录(二)

有一个男孩子看到同桌的钢笔很漂亮,于是,就偷偷拿了放在自己的书包里。老师发现后,没有疾言厉色地去批评他,而是去买了一支新的钢笔,送给了这位同学,并说道:"我知道你很喜欢钢笔,这支钢笔就送给你。我也知道别人的东西你也不喜欢,所以,特意买了作为礼物送给你,希望你喜欢。"第二天,这个男孩子就把原先的那支钢笔还给了他的同桌。

解析：该语段中的老师用一种委婉中的反语会话的方式，告知这个男孩他已经知道了事情的始末，并暗示他将钢笔还回去。这样既保留了这个孩子的自尊，又达到了教育孩子的目的。

◎资料卡

委婉语的技巧

巧用修辞　　内容留白　　反语会话　　迂回转移

任务实施

拾趣

1. 辨一辨

阅读下面几则材料，说说它们是怎样直接表达的？

(1) 有一天，蔺相如坐车出去，远远看见廉颇骑着高头大马过来了，他赶紧叫车夫把车往回赶。蔺相如手下的人却看不顺眼了。他们说，蔺相如见了廉颇像老鼠见了猫似的，为什么要怕他呢！蔺相如对他们说："诸位请想一想，廉将军和秦王比，谁厉害？"他们说："当然秦王厉害！"

蔺相如说："秦王我都不怕，会怕廉将军吗？大家知道，秦王不敢进攻我们赵国，就因为武有廉颇，文有蔺相如。如果我们俩闹不和，就会削弱赵国的力量，秦国必然乘机来打我们。我之所以避着廉将军，为的是我们赵国啊！"

蔺相如的话传到了廉颇的耳朵里。廉颇静下心来想了想，觉得自己为了争一口气，就不顾国家的利益，真不应该。于是，他脱下战袍，背上荆条，到蔺相如门上请罪。蔺相如见廉颇来负荆请罪，连忙热情地出来迎接。从此以后，他们俩成了好朋友，同心协力保卫赵国。

(2) 俄国著名的丑角演员杜罗夫，在一次演出休息的时候，一个很傲慢的观众走到他身边，讥讽地问道："丑角先生，观众对你非常喜欢吧？要想在马戏班中受到欢迎，丑角是不是就必须具有一张愚蠢而又丑陋的脸呢？""确实如此！"杜罗夫回答说，"如果我能长一张像先生您那样的脸的话，我准能拿到双薪。"

(3) 贞观二年，魏征被授秘书监，并参掌朝政。不久，长孙皇后听说一姓郑的官员有一位年仅十六七岁的女儿，才貌出众，京城之内，绝无仅有，便告诉了太宗，请求将其纳入宫中，封为嫔妃。太宗便下诏将这一女子聘为妃子。魏征听说这位女子已经许配陆家，便立即入宫进谏："陛下为人父母，抚爱百姓，当忧其所忧，乐其所乐。居住在宫室台榭之中，要想到百姓都有屋宇之安；吃着山珍海味，要想到百姓无饥寒之患；嫔妃满院，要想到百姓有室家之欢。现在郑民之女，早已许配陆家，陛下未加详细查问，便将她纳入宫中。如果传闻出去，难道是为民父母的道理吗?”太宗听后大惊,当即深表内疚,并决定收回成命。

入境

2. 找一找

请同学们欣赏贾玲和陈赫表演的小品《你好,李焕英》视频,说说这个小品哪些语言片段很幽默或很委婉。

下水

3. 想一想

(1) 有一次,吟霜同学自告奋勇上台给同学们做新闻播报,结果在播报过程中因为方言的原因把“剧院”说成了“妓院”。台下哄堂大笑,如果你是吟霜同学,你要如何缓解这个尴尬场面呢?

(2) 小江在一家外资企业打工,在较短的时间内,连续两次提出合理的建议,使生产成本分别下降30%和20%。老板非常高兴,对他说:“小伙子,好好干,我不会亏待你的。”小江当然知道这句话可能意义重大,也可能不值一文,他想让老板给点实在的。请你想想,小江怎样回答才能如愿以偿呢。

综合自测 礼尚往来

活动导入

江南商学院财务管理专业会计班要展开一次批评与自我批评的主题班会,班长准备模拟综艺节目《吐槽大会》的形式,举办一场“礼尚往来”的语言盛宴,拉开同学们之间的语言比拼。让我们脑洞大开,舌灿莲花吧!

活动要求

1. 根据同学们的生活和学习情况,收集熟悉同学平时的言行点滴,构成充实、有条理地表达内容,同时也根据自己的言行形成自我表达的内容。

2. 通过表达内容,让同学们能够灵活运用称呼、应变、直接、委婉、表扬和批评的语言技巧。

3. 通过自己设计语言形式,分组展开礼尚往来活动。

活动描述

一、活动目标

1. 设计目标:收集自己和同学们平时生活和学习中的点滴事件,用相应的语言技巧展开批评与自我批评。

2. 模拟目标：将自己设计的语言片段用表演的形式模拟出来，锻炼出灵活的口语表达能力。

二、活动进行

1. 内容设计。

自我事件：______

队友事件：______

这一部分是文本内容，由每个小组的各个成员独立完成，并保持一定的隐秘。同时，也要关注一下自己平时的行为举止，做好应变的准备。

范例：

吐槽大会（贾玲片段）

自我吐槽内容：身材、拍戏、节目收视率

吐槽队友事件：史航——爱拖稿

池子——脱口秀

王自健——收视率

2. 设计语言。

批评：

委婉：

称呼：

……

这一部分是学生将收集到的自己和小组成员的表达内容，根据本项目学习掌握的语言技巧形成语言片段，配合前面章节的体态语，构成丰富的舞台效果。

范例：

吐槽大会（贾玲片段）

语言片段：

赞美：我胖是因为我压力大，太多好看的节目，太多的邀约，太多观众喜欢，压力太大。

批评：著名编剧史航老师，有爱拖稿的小习惯。三年后作品才新鲜出炉，对方公司说："我们已经倒闭了。"

直接：王自健的节目还在？收视率那么低了！该停就停吧！王自健说自己瘦了30多斤，如果我的节目像你的收视率这么低，我都瘦成池子那样了。

3. 实战演练。

同学们按照八人一个小组，每个小组成员逐个上场，批评他人，同时赞美自己。表演的过程中，表演者不仅要关注自己已经准备好的充满语言技巧的片段，同时也要注意自己的表达方式，用充满魅力的体态语给自己的语言片段加分添彩。

三、活动评价估量表

活动评价估量表（三）如表4-1所示。

表 4-1　活动评估表(三)

项目分类	测评项目	得　分
语言内容	1. 能结合生活实际,收集相应的事件。	10 分
	2. 事件的选择要有针对性,扣紧批评与自我批评的主题。	10 分
	3. 会话主体内容要包括本项目的所有训练目标。	20 分
语言表达	4. 小组成员都要参与其中。	10 分
	5. 人物对话的设计要符合收集的事件,语言片段要包括称呼与应变、直接与委婉、表扬与批评。	30 分
	6. 语言片段的表达时要有一定的体态语辅助。	20 分
得分		
评语		

使用要则:该测验表用百分等级来解释测验得分。不满 60 分,表示能完成基本的交流;60～80 分,表示能运用一定的态势语,较好地传递自己的态度和观点;高于 80 分,表示能巧妙运用自己的体态,根据话题需要,流畅地表达自己的见解。

模块五　如 沐 春 风

项目引领

无论是学习还是工作，我们都身处于人际关系的大网之中。现代社会，一个孤僻不合群的人，很难与周围人产生有效连接，从而无法进行有效的协作。如此，无论是对工作效率还是对个人发展，都会产生十分不利的影响。因此，在学习工作中，应该学会有效地展示自我，与他人进行良好的沟通。

项目目标

1. 了解自我介绍、请示汇报、演讲主持的性质和意义。
2. 了解自我介绍、请示汇报、演讲主持的基本要求。
3. 掌握自我介绍、请示汇报、演讲主持的基本方法。
4. 能够在常见的环境中较好地进行自我介绍、请示汇报和演讲主持。

任务一 自我介绍

情境导入

林静好不容易通过了公司的面试,第一天来到公司上班。为了能够顺利融入工作环境,部门主管让她事先准备一段自我介绍,向部门全体同事介绍她自己。林静该如何自我介绍呢?

任务要求

了解自我介绍的性质和作用,知晓需要进行自我介绍的场合。

了解自我介绍的基本形式、礼仪以及相关禁忌。

掌握在常见场合较好地进行自我介绍的能力。

知识准备

一、自我介绍的性质与作用

自我介绍,是在社交、商务和政务场合中与他人相互沟通、增进了解、建立联系的一种基本方式。自我介绍能缩短彼此距离,便于更好地交谈、更多地沟通、更深入地了解。

现代成功学大师拿破仑·希尔说过,如果你想成为一个不平凡的人,就要学会怎样推销自己。人生在世不能总是坐等好运光顾,应该主动地推销自己,这样才能让你的才华和才干被世人所接受。而自我介绍是推销自己的第一步,能否让人们有进一步了解你的愿望,取决于你第一步走得是否漂亮。

二、自我介绍的场合

在下面场合,有必要进行适当的自我介绍:①应聘求职时;②应试求学时;③在社交场合,与不相识者相处时;④在社交场合,有不相识者表现出对自己感兴趣时;⑤在社交场合,有不相识者要求作自我介绍时;⑥在公共聚会上,与身边的陌生人组成交际圈时;⑦在公共聚会上,打算加入陌生人组成的交际圈时;⑧交往对象因为健忘而记不清自己,或担心这种情况可能出现时;⑨有求于人,而对方对自己不甚了解,或一无所知时;⑩拜访熟人遇到不相识者挡驾,或是对方不在,而需要请不相识者代为转告时;⑪前往陌生单位,进行业务联系时;⑫在出差、旅行途中,与他人不期而遇,并且有必要与之建立临时接触时;⑬因业务需要,在公共场合进行业务推广时;⑭初次利用大众传媒向社会公众进行自我推荐、自我宣传时。

三、自我介绍的形式

根据场合、环境的不同,自我介绍可以分为下述四种基本形式。

(一) 应酬式的自我介绍

适用于一般性的社交场景，主要是在一般接触的交往下使用。这种自我介绍最为简洁，往往只包括姓名一项即可。如："您好，我叫张丽。""您好，我是王艳。"

(二) 交流式的自我介绍

适用于重要社交活动中，它是一种刻意的介绍。内容包括介绍人的姓名、籍贯、供职单位以及与交往对象的某些熟人的关系。如"您好，我叫张丽，在无锡城市学院工作。我是王艳的同学，是无锡人。"

(三) 工作式的自我介绍

适用于工作场合，内容包括本人姓名、供职的单位及其部门、担负的职务或从事的具体工作。如"我叫张丽，在无锡城市学院任教。""您好，我是王艳，是江南金融服务公司的总经理。"

(四) 礼仪式的自我介绍

适用于报告、讲座、典礼、仪式等一些正式场合。目的是传递友善、表达敬意。内容包括姓名、供职单位以及职务等，同时还应加入适当的谦辞、敬辞。

四、自我介绍的礼仪

(一) 自我介绍的时机

自我介绍首先需要把握和选择合适的时机。在没有别人介绍，或者介绍人示意大家作自我介绍时，应主动介绍自己。自我介绍时，应选择在对方情绪好、无干扰、有需求之时，不可打断他人的谈话。

(二) 自我介绍的顺序

自我介绍标准化的顺序是"位低者先行"，即地位低的人先做介绍。如主人先于客人作介绍；晚辈先于长辈作介绍；男士先于女士作介绍等等。若地位高于对方，也可先做自我介绍，没必要硬等对方先介绍，以免尴尬。

(三) 自我介绍的原则

自我介绍总的原则是简明扼要，一般以半分钟为宜，情况特殊的也不宜超过 3 分钟。如果对方表现出有认识自己的愿望，则可在报出本人姓名、供职单位、职务等基本信息的基础上，进一步介绍对方感兴趣的其他信息。

五、自我介绍的禁忌

(1) 不要过分夸张热忱，如大力握手或热情地拍打对方的手背，这样可能会使对方感到诧异或反感。

(2) 不要终止对方的谈话而介绍自己，要等待适当的时机。

(3) 不要态度轻浮，要尊重对方。无论男女都希望别人尊重自己，特别是被人尊重其优点和成就。

(4) 面对一个曾经向其做过自我介绍，但对方已经忘记这回事的人，不要做出提醒式的询问(如“你还记得我吗?”之类)，最佳方式是直截了当地再次介绍自己。

(5) 不要把用作尊称的职务名称用作自我介绍。用作尊称的职务名称主要是官职名称。官职名称具有二重性，当其不和姓氏连用，用于表明职务、职责等时，具有中性的色彩；当其用作称谓时，具有尊敬的色彩，尤其是“姓氏＋官职名称”连用，把职务与特定的人联系起来，其尊敬的色彩更为明显，一般只用于他称，如“王书记”“章县长”等。把用作尊称的职务名称用作自我介绍，虽然其本意可能是客观地介绍身份，但是旁人听来却多少有一点儿自负和炫耀。

(6) 不要给人炫耀之感。任何人都有优势和成绩，如果别人说出来，显得很自然；如果自己说出来，介绍给大家 ，就会成为一种炫耀。而当优势和成绩愈突出，介绍的口吻愈重愈浓，这种炫耀的色彩就愈显著。炫耀于人实际上是强调自我，强调了自我也就无形中漠视他人、降低他人，对方当然会产生抵触情绪。而当自我介绍者的优势和成绩并不那么突出，又会给人浅薄、滑稽之感。

(7) 不要给人冒失唐突之感。自我介绍要实事求是、实话实说，一般内心是很真诚的、实在的、坦荡的。但交往毕竟是双边的，不是自己一厢情愿的事，必须考虑自己的做法和愿望是不是符合交际规律，是不是能为对方接受。人们对一个人的接受有个循序渐进的过程，交往也存在一个逐步发展的阶段。实话实说，把自己最紧要的东西都陈说出来，对方未必能够接受。同时交际现实复杂，完全把自己袒露出来，也有可能会被别有用心之人利用。可见，实话实说容易给人冒失唐突之感。

自我介绍训练实录(一)

一位作家参加一次非正式聚会，聚会上遇到两位初出茅庐的大学毕业生。

男生A这样介绍自己：“您好，我叫某某，今年刚毕业，正在找工作。”

作家当时有点愣，头一次听人这么介绍自己，只好接话说：“是吗？那加油啊，祝你早日找到满意的工作。”

轮到女生B，她说：“你好，听说你是一位作家。”

作家赶紧说：“哪里算作家，就是随便写写。”

她笑吟吟地说：“我也是，不过我更喜欢画画，我是一名美院毕业的学生。”

作家顿时开心起来，和女生B聊起了写字和画画。

等到聊得比较热烈之后，女生B自然地提到找工作的事，作家则表示可以介绍她认识在美术馆和画廊工作的朋友，一切来得水到渠成。

解析：该实录是一位作家与两名正在找工作的大学毕业生之间的一次沟通。

男生A的自我介绍之所以没有达到目的，是因为他的自我介绍有些不得要领。

首先，作家和他完全不熟，在对他的性格和特长一无所知的情况下，他传达给作家一个他正在找工作的信息，属于无效信号。其次，自我介绍尽管只是简短的一两句话，但吸引别人的也许正是开篇的某个亮点。而男生A的自我介绍完全没有亮点可言。

就这点而言，女生B做得更好一些。她介绍自己的方式是自然而然地与对方拉近距离，介绍自己的特长，并寻找共同话题，为进一步接触与交往打好了基础。

自我介绍训练实录(二)

教师小黄因为工作业绩突出，最近被评为市优秀教师。在参加一次聚会的时候，他这样向其他人介绍自己："我是一位老师，刚刚被评为市优秀教师，受到过各方面嘉奖，获得过很多优厚待遇。"

他的自我介绍获得了一片掌声。但让他奇怪的是，此后的聚会过程中，不少人对他不冷不热，其中一位小郑更是对他不理不睬。

事后，他询问一位认识小郑的朋友，得知小郑是有成就、有志向的人，但由于某些复杂原因，在单位并不得志，颇受排挤。小黄那原本很实在的话，却让小郑心里很不是味儿，所以才对他不理不睬。

解析：该实录是一次十分失败的自我介绍。

首先，"位"和"老师"具有明显的尊敬色彩。因此，人们自我介绍时往往用中性的"我是一名教师"之类而不用"一位老师"。但是，教师面对学生往往难以找到恰当的名词介绍自己。直接自称姓名，似乎有失师道尊严；自称"教师"，又没有这样的习惯。所以，教师往往模拟学生的口吻自称"某老师"，如"小张吗？我是张老师"等等。这是无可非议的。但推而广之，很多教师对学生家长乃至所有的人都如此自称和自我介绍，就显得过于自我炫耀，不太妥当。

其次，自我介绍者若与对方的关系存在差异，对方的接受心理自然也不尽相同。从一般角度看是很普通、正常的内容，在特殊的情况下，对于特殊的人，则显得不适宜，有悖于人的接受心理。比如，在失意的人面前不要介绍自己的成绩，在穷人面前不要谈自己富有，在失过足的人面前不要说你是警察。同时每个人的心理敏感性和承受能力不同，有些介绍对方听了完全能够接受，而有些则令人备受刺激。在这种情况下，本应让陌生的双方建立联系的自我介绍倒会起反作用。

◎**资料卡**

应聘求职、应试求学时的自我介绍要点

应聘求职、应试求学时的自我介绍与其他社交场合下的自我介绍略有不同，更类似于演讲。此种情景下的自我介绍应注意以下要点：

(1) 注意起码的礼貌修养。此类自我介绍的听众是应聘单位的领导或应试学校的老师，因此介绍之前应有问候，介绍之后应表示感谢。

(2) 抓住重点。此类自我介绍的对象是"自我"，因此，所学专业、学习成绩、实际工作能力及其他突出表现应是重点。

(3) 要有针对性。自我介绍时不要旁若无人式地介绍自己，要观察对方的表情，考虑对方要求自我介绍的目的和所关心的问题，然后有针对性地组织自我介绍的语言与内容。

(4) 要有自信。自我介绍时不要低头、环顾左右、目光游移，要直视对方，神态镇定、语气清晰有力，不要贬低自己。

(5) 注重仪态。不要面无表情、低头斜肩、驼背扭腰、手足无措。良好的仪表、仪容、仪态会给人美好的印象，赢得对方的好感，这些常常比自我介绍更重要。

任务实施

拾趣

1. 说一说

结合你的某段经历，谈谈人际交往中自我介绍的重要性。

入境

2. 想一想

找一个让你印象深刻的自我介绍，并分析其优缺点。

下水

3. 做一做

(1) 根据自身情况，想一想在一般的社交活动中，如何自我介绍才能给人留下深刻且良好的印象。

(2) 找一个招聘启事，假想自己要去参加该单位面试，并根据招聘启事及自身情况，拟一段自我介绍。

任务二　请示汇报

情境导入

作为职场新人，林静在工作中经常遇到自己解决不了的问题，她想要向领导求助，却不知该如何开口。她的家人也经常提醒她，只有经常向领导汇报工作，才能更好地获得领导的青睐。林静究竟该如何向领导请示和汇报呢？

任务要求

了解请示汇报的性质和作用。

了解请示汇报的形式、时机及内容要求。

掌握基本的请示汇报的能力。

知识准备

一、请示汇报的性质与作用

如果从应用文的角度严格界定的话，请示和汇报是两个不同的概念。

按照 2012 年《党政机关公文处理工作条例》的相关规定，请示是一种“适用于向上级机关请求指示、批准”的行政公文。

而汇报并未列入此条例。一般认为，汇报是向上级机关报告工作、反映情况、提出意见或者建议、答复上级机关的询问时使用的公文。其与条例所规定的“报告”较为相似。

虽然在行政公文写作时，请示和汇报是完全不同的两个文种。但在实际工作中，尤其是在工作程序较为宽松的非行政单位，这两个概念常常被混为一谈。因而，实际工作中，下级也并非总以书面形式向上级请示汇报。

结合社会实际，我们可以将“请示汇报”的概念宽泛地定义为一种下级用口头或书面形式向上级报告工作、反映情况、请求指示或批准、提出意见或者建议、答复上级询问的沟通形式。简而言之，下级为工作而与上级进行的一切形式的沟通，都可以称为“请示汇报”。

请示汇报在工作中非常重要，及时有效的请示汇报不仅能够加强上下级之间的沟通、提高工作效率、提升工作业绩，还能与上级建立良好的人际关系。这也是推销自我的一条重要途径。

二、口头与书面的选择

在工作中采取何种形式的请示汇报，应根据不同的情况具体分析。

一般来说，较为简单的工作宜用口头形式请示汇报，较为复杂的工作宜用书面形式请示汇报；上级口头指示的工作，在后续工作中如需请示汇报，可采用口头形式；上级书面指示的工作，在后续工作中如需请示汇报，应采用书面形式。

但作为下级，在选择工作方式时，也应充分考虑上级领导的喜好。根据上级领导的不同性格，采取不同的请示汇报技巧。

（一）面对性格外向的领导，宜采取口头方式

一般来说，性格外向，善于交际的领导往往是“听众型”的。他们反应迅速，思路敏捷，喜欢用对话的形式获取信息，不但通过语言，而且能够从对方的情绪中调查其意图。对于下属来说，这种领导往往比较难应付。

(二) 面对性格内向的领导，宜采取书面方式

通常情况下，性格内向、喜欢思索的领导往往是“读者型”的。他们喜欢书面报告形式，因为文字材料可以反复阅读，仔细研究。同时，书面报告比口头汇报更加精炼明确，易于理解和分析。

(三) 面对性格特征不明显的领导，采取何种请示汇报方式要依自己的特点而定

在很多情况下，上级领导的性格特征不甚明显，内向外向兼而有之，因而无论是“听”还是“读”，均可接受。这时，作为下属应当根据自己的具体情况来选择请示汇报方式。一般来说，自己比较善于语言表达，反应比较灵敏的，应采取口头方式，因为这有利于发挥自己的长处。反之，则采用书面方式。因为书面材料有较多的时间去雕琢，甚至可以请人代笔或润色，这比较有利于掩饰自己的短处。

三、请示汇报的时机

(一) 工作完成后要及时汇报

上级交代工作后，最惦记的当然是完成情况。所以，工作一旦完成，下属应在第一时间向上级汇报，不要等着上级来催问。对于那些完成周期长、情况复杂且比较重要的工作，不仅要在完成工作后尽早进行书面汇报，还要在工作进程中不定期地作口头汇报。

(二) 坏消息尽早请示汇报

对于工作中发生的问题，有意延迟汇报，或者汇报时用一些模糊的词句掩盖事情真相，都是不负责任的行为。很多上级从下属那里听到坏消息后的第一反应就是：“事情都到了这个地步，你怎么不早说?”在他们的潜意识里，下属延迟汇报就是为了逃避责任。尽早汇报负面信息，不仅有利于上级尽快采取应对措施，将问题在萌芽状态解决，而且有利于保护自己。

(三) 平衡请示汇报的“度”

工作中出现了问题，固然要尽早向上级请示汇报，但请示汇报的频率不宜太勤。如果大事小事都汇报，天天不厌其烦地向上级请示汇报，上级就会感到厌烦，甚至会觉得你没出息或耍滑头。比较好的办法，是在请示汇报的同时，提交自己的解决方案。

(四) 选择上级比较方便的时间请示汇报

为了使请示汇报得到较好的结果，在向上级请示汇报时还应注意选择上级情绪比较好、有一定空余的时候进行请示汇报。当上级工作繁忙疲于应付，或工作中遇到难题而心情烦躁时，一般不要贸然开口请示汇报，而应选择上级乐意听取汇报的时机进行请示汇报。除此之外，请示汇报时还应注意区别场合，尽量不要不分场合地临时汇报。请示汇报通常应在会议室、办公室等正式场合进行，不宜在餐厅、走廊、电梯或嘈杂的场所请示汇报要事，不宜公开的事情应回避众人。

四、请示汇报的内容要求

由于上级工作通常都比较繁忙，为了提高工作效率，进行请示汇报时应注意以下内容要求。

(一)实事求是

请示汇报,要做到一是一、二是二,努力提高真、细、实的程度。真,是指提供的信息、情况确凿无误,真实可查;细,是指汇报的内容具体、详细、可辨;实,是指内容丰富,扎扎实实。

对成绩夸大其词、对问题千方百计缩小的做法,一定要杜绝。因为虚假的请示汇报会使上级产生错觉,从而做出错误的指导和决策。

另外,下级要发挥好参谋咨询作用,不能只当"传声筒",做没有主见、随声附和的"应声虫"。要善于把零星的认识整理成系统认识,把感性认识上升为理性认识,合理并有分寸地提出自己的观点和建议,给上级以深刻的启发。

(二)简明扼要

请示汇报一般时间较紧,要在有限的时间里把问题说清楚,必须字斟句酌,抓住重点,谨防"东扯葫芦西扯瓢""眉毛胡子一把抓"。要围绕汇报的中心确定材料的取舍,保证说话扣题,给人以思维清晰、有条不紊的印象。

说话时可先提示重点,如先说:"我今天汇报三个问题。"然后针对三个问题,用精辟的语言作大致说明。这个方法很奏效,一是便于听者把握请示汇报者说的要点,二是便于听者对请示汇报者说话的方向做某种程度的预测,以加深理解。

请示汇报要尽量简洁明确,用少量的话语传达尽可能多的信息。滔滔不绝、没完没了的汇报,既浪费领导的宝贵时间,令人生厌,又会淹没重点和有价值的内容,使汇报的效果大打折扣。

此外,如果是汇报工作,要注意先汇报结果,减少无关紧要的背景介绍。一般按"结果—经过—理由"这样的顺序汇报,也可以按"结果—理由—经过"的顺序汇报。汇报工作时一定要明确上司最想知道什么,要围绕重点汇报,切忌滔滔不绝地说一些无关紧要的事。

◎资料卡

互联网时代的请示汇报新趋势

随着多媒体及互联网技术的飞速发展,请示汇报的形式已开始发生变化,除了口头、书面的传统形式,越来越多的工作单位在员工进行请示汇报,尤其是汇报工作时,采用 PPT、音像资料等多媒体技术手段。

这些技术手段的运用让请示汇报的形式越来越综合,口头与书面形式愈发紧密结合。身为员工,需要学会根据请示汇报的具体情况合理运用这些新工具、新形式,为自己的请示汇报做好包装,这有利于请示汇报效果的提升。

此外,现在越来越多的单位普及网络办公,上下级的交流很多时候是通过 E-mail、微信、QQ 等通讯软件进行。通过此类软件进行请示汇报,虽然属于书面形式的请示汇报,但在语言组织、内容构思方面,兼具非常明显的口头请示汇报的特征。

请示汇报训练实录(一)

张武是公司销售部经理助理。

这天,他来到经理办公室汇报拜访客户的情况:“今天上午我去了中通公司。他们公司离车站很远,今天又特别热,我走到他们公司整整花了半个小时。到达后是王总接待的我。王总特别喜欢打麻将,他总是聊打麻将的话题,真是快把我急死了……”

“你也快把我急死了!”经理打断了张武的汇报。

张武莫名其妙,不知道经理为何发火。

“合同签回来没有?”经理已经很不耐烦了。

张武这才明白过来,经理最想知道的是结果而不是过程。

解析:上司在听取工作汇报时,最烦拖沓的“工作背景”介绍。所以下属在汇报工作时一定要注意先汇报结果,再汇报其他。

请示汇报训练实录(二)

小军在某大型公司工作,平时工作很认真,领导也对他比较信任。工作一段时间,领导让他接管一个比较大的项目,小军很负责。

那段日子,领导出差,小军经常通过电话汇报信息。项目进入了攻关阶段,大家异常忙碌。

小军那时候负责采购钢材,跟厂家负责沟通。

有一次,厂家电话说:“小军你好,你们要采购的那种钢材我们这没有了,不过我可用质量高的钢材替代,如何?”

小军说:“我跟领导请示下,再跟你回复。”

小军的领导是钢材方面的专家,小军打电话说:“领导好,厂家想用高质量的材料替换低材料,不知道可行不?”

领导说:“可以啊,低材可以用高材替代。”

就这样小军就答应了厂家。

其实,小军只将好的一面跟领导汇报了,他并没有充分考虑劣势并跟领导汇报。比如现场可能由于高低材料不同,出现腐蚀或钢材所用标准不一致等。

果然,虽然选用了高材质,但由于现场都是低材质,出现了不太匹配的情况,而且因材质所选用的标准不一样而无法通过验收。

解析:职场中,跟领导汇报非常重要,有时你的一次精彩汇报便可赢得领导信任。职场中,很多人采用千篇一律的汇报方式,其实这样效果极差。

下属汇报时,首先应明确领导对此事的专业程度,然后选择汇报方式。

如果领导对下属汇报的问题懂得很多,非常专业,此时下属跟领导汇报时,要从正反两方面汇报。因为这样，领导才能做出合理的判断，帮助下属进行决策。

一个对内容非常专业的领导，最怕下属汇报时只报喜不报忧，从而影响了领导的判断。下属要给专业的领导充足的信息。

在这一则实录之中，由于小军没分析正反两个方面，没向领导充分汇报，导致现场出现了问题。对于一个专业性强的领导，下属一定要分析好利弊，全面汇报，这样领导才会给出正确的评判。

当领导是下属所汇报内容的专业人士，下属一定要提前考虑和调研好优劣势再进行汇报，这样领导才会做出正确的决策，从而对下属更加信赖。

请示汇报训练实录（三）

小王在某大型公司工作，领导安排给小王一个大项目。小王的领导搞管理有 10 多年了，但对技术不太熟悉。

工作中，小王的项目出现了很多技术问题。比如，有次在模拟气液两相流温度时，出现了很大的偏差。小王和同事用软件模拟来替代实验，一方面因为工期较紧，做实验来不及；另一方面，所耗人力财力巨大。

当然，项目一直在滞缓，小王需要向领导汇报。小王和几个技术人员讨论了几天，认为模拟方法确实可行，成功率为 80%左右，他决定去跟领导汇报。

如果此时，小王跟领导汇报劣势，即如果模拟失败的话，整个项目将完败，小王想领导肯定会犹豫，让他继续考虑换种方式。

因为领导不懂技术，故决策时更加保守。为了加速项目进展和确实有较大的成功性，小王仅跟领导汇报了选择软件模拟的优势，进而快速得到了领导认可，最终缩短了工期，加速了进程。

解析：如果下属汇报的内容领导并不熟悉，此时汇报时下属只要汇报好的方面就可以。因为一个不够专业的领导，当下属汇报劣势时，他会自行加重劣势的影响，从而犹犹豫豫阻碍正常的进展。

当下属要跟对内容不太专业的领导汇报时，下属就要跟专业人士私下讨论劣势，看是否对整体结果有影响。如果此劣势对最终结果影响较小，下属向不够专业的领导汇报时，不必汇报劣势，否则可能会影响整个项目的进程。

任务实施

拾趣

1. 说一说

分析实录中的三个小故事，说一说你对请示汇报的认识。

入境

2. 想一想

阅读下面的小故事，想一想小周应该如何改进他的工作方式。

小周是一个性格比较内向的人。但他学习成绩很好，学习、做事都很认真，所以被同学们推选为班长。

小周的辅导员因为还承担着学校很多其他的行政工作，只能将班级大部分的日常管理工作交给小周去完成，并不时通过微信给他布置任务。

小周工作兢兢业业，但因为他不太擅长和同学打交道，无法得到班级同学的帮助。每次接到辅导员布置下的任务，他总是一个人默默完成。辅导员只看到班级各项工作都完成得不错，却没有察觉小周的辛苦。

有一次，学校组织暑期志愿者活动，每个班级要交五份优秀志愿者活动总结，并配上相关活动照片。辅导员还是让小周组织同学们去完成。可是由于这一次的志愿者活动时间正逢暑假，同学们都放假在家，小周无法有效组织活动。等到开学的时候，辅导员发现班级没有完成任务，对小周提出了批评。

下水

3. 演一演

两人一组，一位同学扮演老师，一位同学扮演学生干部，就班级某一项工作进行一次请示汇报的演练。

任务三 演讲主持

情境导入

经过几年的努力，李静终于成为公司的重要主管。有一天，公司领导让李静去主持一次新产品发布会。李静虽然对产品性能了若指掌，但她该怎么做才能让前来参加发布会的媒体、供应商及网络观众相信这一款产品的卓越工艺、性能，并掀起购买的热潮呢？

任务要求

了解演讲、支持的性质及其基本关系。

了解演讲与主持的基本技巧。

掌握基本的演讲与主持的能力。

知识准备

一、演讲和主持的性质

演讲又叫演说，是指在公开场合，以口头语言为主要手段，以体态语言为辅助手段，针对某个具体问题表达见解、阐明事理或抒发情感，进行宣传鼓动的一种语言交际活动。

演讲是一门综合性的语言表达艺术，也是一门巧妙运用语言逻辑的学问。演讲者运用慷慨激昂、机智幽默或感人至深的语言，将伦理道德、政治历史和文化艺术巧妙地融为一体，和听众擦出思想的火花。为此，有人说演讲也是一种人际交往的方式。一次成功的演讲可以启迪日常生活中人们的交往与思维方式，提升自身魅力。

主持是指对某一现场进行把持和掌控，举行一场有节、有律、有序的活动。主持在结构上一般有分散指导型和预定结构型两种。分散指导型主要适用于调查、辩论、讨论等领域，在主持议题确定之前一般都没有进行具体的安排；预定结构型一般应用于事前约定主持的内容和程序，在整个主持过程中必须按照约定的方案进行。

二、主持与演讲的关系

演讲与主持看似是两个毫不相干的活动，但它们之间其实有着密切的关系。演讲必然掺杂着主持，以掌控整个演讲过程，在主持过程中更是少不了演讲的内容。主持人在进行主持时，总是时不时地对某一内容进行演讲或者煽情；演讲者为了博得台下观众的互动，总会不经意间担当起主持的身份。它们就好比一对孪生兄弟，主持必须伴随着演讲，演讲也势必离不开主持的功效；主持需要演讲的内涵，演讲需要主持的陪衬。要想将主持和演讲发挥得淋漓尽致，必须注重演讲和主持的技巧。

三、演讲的内容

一次完整的演讲大致可以分为开场白、主体和结尾三个部分。

（一）开场白

开场白是演讲者在听众面前的首次亮相，此时，演讲者的唯一任务就是吸引听众的注意力。听众往往会从开场白中得知演讲者的身份、职业、修养、才能、性格以及演讲的大致内容。有经验的演讲者都会精心设计自己的开场白，勾起听众的好奇心，吸引人们跟着他的思路听下去。

（二）主体

主体是演讲内容的灵魂与核心，演讲者应在这一部分阐明观点，明确告诉听众你对某人某事的看法，你希望得到怎样的结果或你希望听众做什么。为使自己的观点具有说服力，演讲者往往要选择一些真实可信的材料并以此作支撑。比如，引用一些统计数据，借助专家的权威性意见，或举一些大家普遍认可的事例。

（三）结尾

结尾是对整个演讲的总结，它承担着升华主题、收束全篇的任务，俗话说“编筐编篓，全在收口”。好的结尾会给听众留下深刻的印象，起到“余音绕梁，三日不绝”的效果。

结尾一般可以采用总结呼应、激励鼓舞、抒情感召、引用警言妙句等方法，或加上演讲者饱满的情绪、充沛的感情，让听众回味无穷，得到思想的启迪和美的享受。

四、演讲的基本要求

(一)“讲”“演”结合——做一个有感染力的演讲者

演讲这门综合性的语言表达艺术，是演和讲相结合的产物。成功的演讲有赖于演讲者对有声语言和无声语言的有效运用，使它们相得益彰，为演讲增添感染力。

合格的演讲者首先要具备吐字发音标准、音量适当、表达流畅、断句换气合理等基本素质，这需要长期规范的训练才能养成。此外，在演讲时如能做到声调抑扬顿挫，语速随表达的内容而变化，就更能吸引听众了。

体态语言指人们在演讲中的姿势、表情、手势等，良好的体态语言能为你的演讲锦上添花。如抬头挺胸的姿势不但让你看起来落落大方、充满自信，还使你具有领袖风范，它能让你初次亮相即拥有强大的气场；丰富而灵动的表情有助于你形象地表达演讲的内容，向听众传达微妙的内心世界，拉近与听众的距离；合理自然的手势使你的演讲更为生动形象，增强演讲的感染力和说服力。

当然，无论“讲”还是“演”，都不能生搬硬套某一模式，要在反复的训练中寻找最适合的表达方式，成就自己最独特的魅力。

(二)重视积累——做一个有准备的演讲者

无论是命题演讲还是即兴演讲，都是对演讲者知识和能力的考验。俗话说“不打无准备的仗”，成功的演讲需要巨大心血和劳动的投入。

想成为优秀的演讲者，首先要做一个善于收集、整理材料的有心人。广泛的材料可以拓展我们的知识面，充实演讲内容。材料可以是自己的一段经历，所见所闻，或灵光闪现的一个思想观点；也可以是从图书、报刊、影视和网络中获取的信息。随手记录的内容未免过于碎片化，不同类型的材料往往杂糅在一起，不能形成系统的观点，这就需要我们及时整理，归纳若干主题，分门别类地存放材料。这样，你才有充分的内容和清晰的思路来应对任何形式的演讲，所谓“手里有粮，心里不慌”，这些材料会成为你一生的财富。

材料的收集是为演讲的内容服务的，内容再好也要通过演讲者的演绎才能传达给观众。优秀的演讲者也是一个善于积累演讲技巧的有心人，他人的吐字归音、语气语调、表情手势都可以成为学习的对象；他人导入的方式、收束的技巧也都能为我所用。这些技巧能否运用自如，关键在于能否持之以恒，“台上三分钟，台下十年功”，苦练基本功才能立于不败之地，充分准备才能应付自如。

(三)调整心态——做一个有信心的演讲者

演讲本身就具有公开性、个体性的特征。演讲的环境是特殊的，现场情况千差万别；演讲的对象是陌生的，且频繁变换。而演讲者又是孤独的，演讲过程中自己的一举一动毫无保留地暴露在公众面前，必定会产生巨大的心理压力。演讲者只有排除外界不良因素的干扰，调整好自己的心态，才能将演讲的水平充分发挥出来。

演讲前不妨告诉自己“我准备得很充分”“我的演讲曾经多么受欢迎”，或者“没事，前面一位演讲者说话结结巴巴，我至少比他好”等，用积极的心理暗示和阿Q式的精神胜利法来克服恐惧心理。如果是命题演讲，上场前可以多想想准备好的开场白，当你昂首挺胸地站在台上，面对观众从容地说出开场白后，紧张的情绪自然也就化解了。

(四) 仪容得体——做一个有风度的演讲者

演讲者的仪容仪表是留给观众的第一印象，整齐的发型、适宜的妆容、得体的穿着往往会为你的演讲增色不少。演讲者的仪表仪容要适合自己的身份、年龄和体型，不要刻意的修饰，也不要不修边幅，过于随便。健康、明朗的形象是对听众的尊重，也很好地展现了演讲者的文化修养和不凡的风度。

五、演讲的技巧

有关演讲的技巧，《卡耐基演讲说话技巧》中做了详细的归纳，此书自诞生起便一直是演讲与口才学的教材。而此处我们主要针对中职学生演讲中遇到的一些实际问题，提供相应的解决之道。通过实例和训练来掌握技巧，从而让你的演讲更出彩。

(一) 把握节奏的技巧

吐字归音的一般方法，我们在前几章中已集中训练过，演讲作为公开场合的语言表达，更需要富有感召力的声音。感召力从何而来？语音的洪亮、圆润、悦耳是最基本的要求，而语调的抑扬顿挫、轻重缓急，更是口语表达训练的重点。演讲者应善于把控语句的节奏变化，让每一次停顿、重音、升降和快慢都显得自然和必要。节奏是传达思想感情的媒介，节奏变化要适应不同的表达内容，反映演讲者的内心世界。一般演讲时有以下几种情况。

1. 慷慨激昂型

演讲者抒发激昂、喜悦或紧张等情感时，语调自然高扬、大起大落，语速快而有力，节奏流畅，重音增强，形成急促的节奏。

2. 凝重沉郁型

演讲者抒发沉思、悲伤、怨愤的情感时，音调低沉，尽量避免幅度较大的起伏，语速放慢，节奏舒缓，语气沉厚。否则，不能有效地激发听众的情感，无法形成共鸣。

3. 轻快明朗型

针对那些感情脉络平稳，无强烈情绪表达的一般性叙事或议论的内容，语调不需要有强烈的起伏，表达流畅自然即可。如语速适当加快，语气可以轻松活泼，也可以沉稳平和。这一类型的节奏多用于欢迎、祝酒和祝贺等场合。

(二) 运用手势的技巧

手是人的第二张脸，手势往往比脸部表情更能传情达意。演讲时，将手插在口袋里或像站军姿一般垂于两侧一动不动，都会使你的演讲效果大打折扣；当然，动作幅度过大，频率过高，随意乱挥，手舞足蹈，又让你的演讲看起来像是在演小品，达不到效果。那么，在演讲时应该怎样做手势呢？

1. 放准位置

手的活动范围和方向表达不同意义。手的主要活动在肩部以上，表达积极向上、激昂慷慨的情绪。比如，演讲者讲到激动处，往往会将双手或单手上举；双手在肩部以下腰部以上位置，表示客观冷静的叙事说理，这时往往会配合一些表示数字序列的手型，使事理阐述条理清晰；手出现在腰部以下区域，通常表示对某人某事的鄙视、厌恶，比如可以用一个下劈的手势表示与旧事物的决裂。闻一多先生在《最后的演讲》中，厉声质问无耻的特务分子"心是怎样长的"，同时愤怒地拍了一下讲台。这个手势，深刻地表达了他悲愤至极的情绪，听众也受到了强烈的感染。

2. 控制幅度

手势活动的幅度大小与演讲者的情绪、语言节奏有很大关系，幅度大表示强烈的情绪，语气适当加重；幅度小表示情绪平和，语气轻快明朗。一般来说，演讲者不宜过多使用大幅度的手势，偶尔使用强调情绪即可。否则，会过于做作，破坏了演讲的协调美，也分散了听众的注意力，演讲效果必定不佳。

3. 会用手型

手型是手指和手掌构成的不同形状，在演讲时，合理利用手型，可以表现更精细、更确定的意义。食指向上，可以表示要说的内容或强调话题所涉及的人和物，也可以指向与上天或神力有关的内容，如"首先我想说的是……""有这么一个人……""人在做，天在看"。拇指翘起，表示友好、赞许，一般不把拇指指向自己，因为那是对自我的称道，显得不够谦虚；单手五指攒聚举起，表示反复强调的重点，或有某种针对性；四指并拢，拇指自然张开，有力地伸向空中，这个手势一般用于演讲结尾处，表明演讲的情绪在制高点突然收束。

（三）写作讲稿的技巧

1. 拟写标题的技巧

标题是演讲稿的眼睛，一个好的标题能起到画龙点睛的作用，它不仅能概括演讲的内容、确定演讲的范围，而且还能激发听众的兴趣。演讲稿的标题要求亲切、简明、醒悟，切忌空泛、深奥。演讲稿的标题写得跟论文标题一样，不但不利于听众的理解，自己在讲述的时候也容易忘词。

标题可以直陈内容，让听众事先就演讲内容有大致了解，如"诚信是市场经济发展的法宝""坚定信仰、弘扬美德"。有些标题运用比喻等修辞手法，把抽象的哲理具体化、形象化，深入浅出地揭示主题。如"幸福的铺路石"，演讲者把铁路养护工人比作铺路石，他们的工作艰苦而平凡，却能为身在旅途的人们带来幸福。标题可以是一个设问句，演讲的内容就是对标题设问的回答，其中也暗含演讲者的立场，如"中国足球的未来在何方""什么是幸福""二十一世纪需要怎样的人才"等。还有一种抒情性标题，这类标题感情外露，思想鲜明，如"用双手托起一片蓝天""让我们的明天更美好"等。

2. 切入主题的技巧

演讲的时间是有限的，听众的耐心也是有限的，及时而巧妙地切入正题才能吸引听众。一段往事的回忆、一种标新立异的说法、一首小诗的朗诵或一个幽默的故事都是不错的方法。只是要注意，这些内容都必须跟你的主题有联系，并且必须符合你的个性。切不可为吸引而吸引，要一些故弄玄虚的小花招，这让你有哗众取宠之感。下面介绍几种常用的开场白的写法：

（1）标新立异。演讲者开篇反弹琵琶，标新立异地提出自己的观点，表面上看似和一些传统观念唱反调，实则借题发挥，巧妙地阐述自己的看法。并不是所有听众一开始就能接受新的观点，而演讲者正好利用人们对自己的否定和怀疑，吸引听众跟着自己的思路一步步走下去，最终达到被认可的目的。

（2）另辟蹊径。和标新立异的做法不同，另辟蹊径是从常人不太关注到的角度巧妙地切入观点，在提出与常人不同见解时，也不否认他人的观点。

（3）欲扬先抑。欲扬先抑的手法最终目的是"褒扬"，一开始的贬抑是为了让大家产生错觉，诱导大家的注意力固定在人物或事件中，然后突然转向，使听众恍然大悟，收到不凡的艺术效果。有个关于纪晓岚的故事，相传，纪晓岚为一个朋友的老母祝寿，当即作诗一首，劈头第一句就说："这个老娘不是人"，四座宾客都吓了一大跳，纪晓岚却不慌不忙，又念第二句："九天仙女下凡尘"。大家松了一口气，鼓掌叫好。纪晓岚又念下去："生个儿子却做贼"，宴会主人脸上勃然变色，四座咋舌，不敢言语，哪知纪晓岚又从容地说："偷得蟠桃献娘亲"！至此，众人开颜，欢笑举杯。

（4）设置悬念。设置悬念能激发听众的好奇心，开篇留有悬念，听众自然会愿意跟着你的思路走下去，想听听结果是什么。当然，不能用人人都知道的常识性问题生硬地转化成悬念，悬念的结果到最后一定要有个交代，故意吊胃口的做法会激起听众对演讲者的反感。

3. 结尾的技巧

美国作家约翰沃尔夫认为"演讲最好在听众兴趣未尽时戛然而止。"其意就是说，最好在演讲达到高潮时果断"刹车"，以此来强化给听众的最佳印象。常用演讲结尾一般包括两个部分：总结和感谢。总结是帮助听众回顾你演讲内容的方法，总结完了之后不忘表示感谢。有人说"谢谢"是避免尴尬，赢得掌声的法宝，也许前面的演讲索然无味，只要"谢谢"二字一出口，立刻有了掌声。

而如果我们想让自己的结尾与众不同、别有风味，令人回味无穷，这时就要用到一些结尾的技巧了。

（1）以故事结尾。针对你阐述的观点，讲一则与主题相关的哲理故事来加深人们的理解，也可以讲述生活中一则寻常事件，再次强化听众对你演讲的直观印象。最后在对故事的点评中结束演讲，留有余韵。讲述故事宜简不宜繁，不要做过多地描述，一般可以用"最后，我想和大家分享一个故事"来过渡。

（2）以名言结尾。这种结尾方式是通过引用名言、警句、谚语、格言等作为结尾，这样不仅使语言表达得精炼、生动、富有节奏和韵律，而且还可以使演讲的内容丰富充实，具有启发性和感染力。用名言式的结尾，能给演讲者的思想提供有力的证明增加演讲的可信度，显得更加优美含蓄，睿智大气，具有较强的说服力和鼓舞作用。

（3）以诗词结尾。诗词可以是古今中外文人创作的人们耳熟能详的名句，如"'长风破浪会有时，直挂云帆济沧海'，少年当存凌云壮志，让我们行动起来。"如果你有写诗的爱好和特长，在结尾附上自己的小诗一首，也能收到不俗的效果。

（4）以呼吁结尾。结尾处演讲者可以慷慨激昂、扣人心弦的语言提出希望，对听众的理智和情感进行呼唤，激起听众感情的波涛，使听众产生一种蓬勃向上的力量。这种结尾可以采用诸如"为实现我们共同的目标而奋斗"一类的语言，来形成听众对共同理想、愿景的共识。

(5) 以祝颂结尾。诚挚的祝贺和赞颂本身就充满了情感的力量，最容易拨响听众的感情之弦，产生和谐的共鸣。所以，用祝贺或赞颂的言词结尾，能造成欢乐愉快、热情洋溢的气氛，使人在愉快中增加自豪感和荣誉感，激励人们满怀信心去创造未来。如“在迎新茶话会上的演讲”的结尾：“最后，在春节即将到来之际，我借此机会向全市的父老兄弟，姐妹们拜个早年。祝老年人春节愉快、身体健康、寿比南山！祝中年人春节快乐、家庭幸福、事业成功！祝年轻人春节欢乐、爱情甜蜜、前程无量！祝大家年年幸福年年富，岁岁平安岁岁欢！谢谢大家！”

人一般都喜欢听赞颂的话，因此，相互之间的赞颂成了人们交往的最好手段。通过这些赞颂的话，会场活跃的气氛可达到一个新高潮，讲者和听者的关系也变得更融洽了。

六、即兴演讲

(一) 即兴演讲的特点

即兴讲话者事先未做准备，是临场因时而发、因事而发、因景而发、因情而发的一种语言表达方式。这种演讲与命题演讲虽无多大差别，但使用范围更广，频率更高，难度也更大。然而，即兴演讲对个人而言，是一项非常重要的生活技能，它直接体现了一个人的交际能力。

(二) 即兴演讲的主题

主题是即兴讲话最关键的内容，是整个表达的根本依据。讲话时，每一层次、每一段落、每一句子、每一个词都反映着一个意思，这些意思都要统帅于主题之下。因此，即兴讲话要寻找触点，临场发挥，及时提炼新颖而典型的主题。下面介绍几种提炼主题的方法。

1. 临场发挥

着眼于临场某一客观事物的特点和本质，进行主观联想，立即闪现出一种思想，然后把它言表于外。

2. 内心孕育

当开展调研或检查工作时，从别人讲话中得到启发，引发一个新的观点，这时就成了孕育主题的素材。

3. 问题凝练

问题是形成主题的摇篮。当你参加会议，大家都说了话，你自己正襟危坐。此时不说也不行，于是你就向自己提出了一串串问题，怎么办？说什么？怎么说？有价值的主题往往形成于有价值的问题之中。

4. 角度更新

对同一个问题从不同角度进行表达，使之更加新颖，表达出众。如以小草为题，有人说“小草默默无闻，造福人类”，有人却说“小草逆来顺受，软弱无能，不思反抗”。

(三) 即兴演讲的技巧

1. 实例导入，吸引听众

尚未涉及核心内容前，先举一个实例，把你想让听众知道的事透露出来。一般人在表达观点前总要适当地组织语言，以便在讲述事实时脱口而出，而从听众接受的角度而言，听实例要比听道理更有趣。因此,实例导入可以让你迅速地吸引听众。

2. 说理分析,集中攻破

用明确的语言将道理阐述清楚,可引用他人的话,如名言警句等,来为道理作分析。注意说理时尽量用短句,句与句之间要有一定的逻辑性。

七、主持的技巧

(一) 积极投入主持,灵活调节现场氛围

主持人是主题活动核心思想的传达者和提炼者,是现场氛围的制造者和引导者,是提升现场互动的带动者。因此,主持人必须积极投入主题活动,灵活调节现场氛围,时刻保持着兴奋、积极的心态,通过自己内心的意识去感染观众、激发观众内心的澎湃和情绪。

若要将观众的心留住,让其自我陶醉于活动现场,主持人必须在活动之前就制定相关计划,对整个活动的氛围进行精心设计。例如,在哪一阶段必须高调激昂,在哪一阶段必须低调保守,以便让观众的情绪在整个活动中高潮迭起、陶醉其中。同时,在主持过程中,主持人必须根据现场情况灵活调节氛围,在观众不那么投入时,应想方设法激发观众的兴趣,将他们吸引到演讲主题上来。主持人应在其活动过程中跟现场观众进行互动,以吸引他们的注意力,点燃他们的激情。

(二) 确定结构,把握议题的方向

在主持过程中,首先必须确定主持稿的结构,到底是选择分散指导型还是预定结构型。在结构确定之后,主持人就必须不断地吸引观众的注意力,充分展现主持人的魅力,将观众引向主题。其次在设置了主持结构之后,必须设计一条主线,通过各种技巧不断地按照这条主线走下去,从而避免在主持中走题、跑偏。因此,主持人在会场上必须充分发挥自身的灵活应变能力,不时地将主题带回到现场。最后,主持人必须把握好情感因素,在煽情的过程中必须把握住"度"。情感的流露是来自内心的,是必须根据主持的内容而自然引发的,但是在主持过程中,情感的流露必须要合情合理、适当得体,不能盲目地煽动情感,盲目地表露自己内心的感情。

(三) 有机串联主题内容,制造现场互动

主持人必须将主题内容牢记于心,灵活运用艺术语言渲染主题背景,给观众传达主题思想,有机串联主题内容,有效制造现场互动。比如,在主持过程中,主持人应该在事前对活动的内容、主题以及活动参加者的情况进行全面深入的了解,根据不同的活动设计出不同的艺术语言或者主持技巧,以达到控场、渲染气氛的作用。

任何一个活动都必须设定一个明确的主题,即使这一活动是一个非常小的活动。只有灵活地将这些小活动进行有机的结合、串联,使它们形散而神不散,才能将活动现场的主题思想传达给在座每一位观众。

同时,在活动现场必须制造互动环节,必须引导现场观众参与互动。只有这样才能有效调动他们的积极性,才能让他们体验这个活动的真实感和亲历感,也只有这样他们才能真切地从自身出发领悟整个活动的主题思想。

演讲主持训练实录(一)

古往今来,多少仁人志士为维护祖国的荣誉和民族的尊严,在爱国和气节方面为后人做出了榜样。卓有见识的林则徐,血染吴淞口的陈化成,维新被杀的谭嗣同,推翻帝制的孙中山,横眉冷对的鲁迅,抗日献身的张自忠,以及无数为国捐躯的共产党人,他们都体现了这一民族的爱国精神,他们是中华民族之魂。

解析:这段演讲词义正严辞,掷地有声,演讲时划线句的语速当由慢到快,语调由低到高,逐渐加强语言的气势,在“无数为国捐躯的共产党”一句达到高潮,紧接着后一句语势稍加回落,直到最后一个“魂”字落音于重度并高扬。

演讲主持训练实录(二)

他是陕西省一个偏僻的小山村的乡村教师,妻子因病失去了劳动能力,一家五口人生活极端贫困。女儿在西安上大学,母亲去看她。在大学校园里,母亲一眼就认出了自己的女儿,因为女儿的衣服破旧得显眼,脚上穿的鞋还是手工做的,没穿袜子。看着女儿冻得通红的双手双脚,母亲狠了狠心,从给自己看病的钱中拿出了100元,让女儿上街买衣服鞋袜。几天后,女儿回家了,穿着一件花30元钱买来的衣服,依然光着脚穿着布鞋,将剩下的钱全部还给了母亲。这位民办教师讲到这里,哽咽着说:“看着女儿简朴的衣着,看着老伴瘦弱的身体,看着孩子们破旧的书本,我心里有愧呀!”然而就是这位愧对家人的老师,却让他的学生中考升学率年年全县第一。西安有些条件好的学校高薪聘请他,他却拒绝了。他说:“咱穷地方的孩子可怜,他们更需要老师。咱干的是塑造人类灵魂的大事,咱的价值,咋能用金钱来衡量呢?”泪眼蒙眬中,这句话永远刻在了我的记忆深处。从这句话里,我读出了这位生活贫困却精神富有的乡村教师的信念,那就是无私奉献!

解析:这段演讲词是对一位甘于贫穷、兢兢业业又无私奉献的乡村教师的介绍。妻子去看望女儿的一段描写,最能体现出这位乡村教师生活的艰难和对家人的愧疚。在讲这一段内容时,我们可用深沉缓慢的语调,娓娓道来,如能设身处地地站在人物自身的立场上来讲述,感受到人物的艰辛,更能打动听众。要知道演讲者只有感动了自己,才能感动他人。

演讲主持训练实录(三)

作为一名父亲,女儿能考出优异的成绩,我感到很骄傲,女儿能进入××大学我更是感到很激动,我为她而自豪、为她而高兴。孩子能考上××大学,实现了梦寐以求的愿望,这不仅仅是我们一家的光荣,也是我们整个家族的荣耀与自豪。面对这样的荣誉,我们全家经过商量,决定举办今日的谢师宴,请各位来分享我们全家的幸福与快乐。希望大家能开怀畅饮,共同度过美好的一天。

女儿能够取得如此骄人的成绩，不仅是靠她自己的努力，更多的与教育她的所有小学老师、中学老师和班主任老师的谆谆教诲分不开，还与在座亲友的鼎力相助分不开，所以在此，我还要郑重地再次说声谢谢，谢谢你们的培养教育，谢谢你们的栽培。

……

解析：这是一位父亲在女儿考上大学后谢师仪式上的讲话，用平实的语言陈述出来，虽不能激动人心，但达到了感谢目的。

演讲主持训练实录（四）

世界上很多非常聪明并且受过高等教育的人，无法成功。就是因为他们从小就受到了错误的教育，他们养成了勤劳的“恶习”。很多人都记得爱迪生说的那句话吧：天才就是99%的汗水加上1%的灵感，并且被这句话误导了一生。勤勤恳恳的奋斗，最终却碌碌无为。其实，爱迪生是因为懒得去想他成功的真正原因，所以就编了这句话来误导我们。

解析：这是阿里巴巴公司首席执行官马云先生精彩演讲“爱迪生欺骗了世界”的开头。这段演讲令人震惊，简直是在“颠覆”人们心中的成功准则。可以说，很多人不但记得爱迪生说的那句话，而且是奉为“真理”的，演讲者如何敢如此“妄言”？于是，大家的注意力一下就集中到马云的演讲上，每个人都想知道他如何能自圆其说。

演讲主持训练实录（五）

鲁迅的时代，爱国志士与英雄豪杰，多了去了，只不过五十多年来，许多民国人被我们抹掉了、贬低了、歪曲了、遗忘了……在我们几代人接受的教育中，万恶的“旧社会”与“解放前”，除了伟大的共产党人，好像只有鲁迅一个人在那里左右开弓跟黑暗势力斗。鲁迅一再说，他只有一支笔，可是我们偏要给他弄得很凶，给他背后插许多军旗，像个在舞台上唱独角戏的老武生。

现在我这样单挑一个所谓“好玩”的说法来说鲁迅，大有“以偏概全”之嫌，但我不管它，因为我不可能因此贬低鲁迅，不可能抹杀喜欢鲁迅或讨厌鲁迅的人对他的种种评价。我不过是在众人的话语缝隙中，拣我自己的心得，描一幅我以为“好玩”的鲁迅图像。

解析：这是著名画家陈丹青在北京鲁迅纪念馆的演讲笑谈大先生中的一段文字，陈丹青的演讲没有像以往的评论家那样，字斟句酌地去推敲鲁迅作品中的文字，而是另辟蹊径选择了对鲁迅性格特征的评价，以“好看”“好玩”为切入点，不但新奇、吸引人，更重要的是它让大家看到了一个有血有肉、充满人情味的鲁迅。

演讲主持训练实录(六)

大一的生活转眼间就快结束了,在这一年里,我担任了班长与院学生会办公室干事的职位。为此,请允许我代表07班全体同学及学生会向在座的各位及其他学生干部一直以来对我们工作的理解与支持,表示衷心的感谢。

经过一年的工作,我对学生会有了一定的认识,它有着较为完善的工作制度,各部门分工明确,但正所谓人无完人,它同时也存在着或多或少的不足并需要改进。在现阶段,学生会机构主要存在以下几点不足:

第一,学生会各部门有时候会在开展工作活动的时候,没有及时通知人事部门来安排人员配合等事务,因而出现工作人手不足的现象,导致工作效率不高。

第二,学生会各部门对各班班干部的通讯录没有详细收集,从而出现任何大小事务都要求班长开会,接收通知,导致个别班长对我们的工作产生一定程度的不理解。另一方面,班长要处理的事务较多,有时会忽略下发的活动通知或没有积极地动员同学参加此项活动,只是略微走形式道路,没有真正落实到位,从而会出现较少同学报名参加活动和报名表上交拖拉的情况。

第三,学生会与团委的工作交流较少,双方很大部分的干部都没有互相认识,导致我们学院的两大支柱机构出现了较大的分离现状,使大型活动的工作开展时出现人手不足或其他方面的问题。

第四,我们学生会有个别干部工作不积极,甚至出现中途退出机构的现象,这很大程度上影响了学生会常规工作的开展。

针对以上问题……

解析:这是一段竞选学生会干部的演说词,演讲者并未流于一般形式,对自己的贡献夸夸其谈,而是针对过去工作中出现的问题,逐个提出解决之道,向听众展示了自己的才干。其次在问题和不足之中也让我们看到了他一年的工作的艰辛,以及比常人付出的更多的时间,暗示凭他对学生会工作的熟悉,相信下一届学生会在他的领导下会有质的飞跃。

演讲主持训练实录(七)

亲爱的朋友们,那么,在演讲正式开始之前,我们问大家一个问题,2+2=?

各位伙伴,从数学上来讲,2+2当然等于4,但如果是我们在公司里,两个部门加上两个部门,就不一定等于四个部门了。如果这两个部门互相倾轧,互相排斥,对其他部门的工作不配合。那么,我们的两个部门加上两个部门可能发挥的效率要远远小于四个部门的效率。但是,如果我们部门之间互相团结合作,资源互补,那么它们所发挥的功效将远远超过四个部门。接下来,我们就一起来讨论一下各部门之间如何合作。

解析:听到演讲者的问题后,很多听众都会想:“2+2这么简单的问题,答案肯定不会是

4，肯定里面有文章，我倒想看看他到底想怎么讲。”这时听众的注意力就被演讲者吸引过来了。紧接着，演讲者就切入到公司合作这个话题。

演讲主持训练实录（八）

“人生自古谁无死，留取丹心照汗青”。

在一家外资企业，一位老工人熬不住长时间的加班加点，在工作时打了瞌睡。女老板竟然要这位工人给自己下跪。老工人跪下了，其他的工人都提出了抗议！这个女老板竟要所有抗议的人都下跪，否则就全部辞退。全车间的人都跪下了。

没有跪的只有一个青年。他说：“我是一个中国人，决不在你面前下跪！我可以失业，但我们中国人的膝盖从1949年就站起来了！”

正气歌，我最爱唱的就是：“起来，不愿做奴隶的人们！”

解析：这是一次演讲比赛中一位选手作的三分钟即兴演讲，他抽到的题目是“正气歌”，说到“正气歌”，人们马上联想到文天祥的名句，紧接着用一个实例，围绕国歌展开说理。这篇即兴演讲的成功之处在于，迅速进入话题，短时间内集中听众注意力，利用讲述实例的过程，争取时间组织全篇。

演讲主持训练实录（九）

乔布斯演讲技巧剖析

一、主题精干

乔布斯在每次演讲中都会选择明确、精干的主题。在2001年发布首款ipod时，他介绍到“iPod，you can put 1000 songs in the pocket.（iPod播放器，能把1000首歌曲装进你的口袋里）”。他用如此简洁的语言准确地描述了iPod强大特征，不仅带领苹果公司走出了低谷，同时也对便携音乐行业进行了一次革命。2007年乔布斯推出iPhone时，他宣布：“Today，Apple is going to reinvent the phone.（今天苹果重新发明了手机）”，该主题深深地吸引了听众的注意力。

二、提纲挈领

乔布斯在每次演讲中都会提到三个或四个重点，条理非常清晰。例如，在2005年斯坦福大学毕业典礼的演讲中，乔布斯说：“Today，I want to tell you three stories from my life.（今天，我想告诉大家我生命中的三个故事）”。又如，在2008年的Macworld大会的序幕上，他说道，“I have got 4 things to talk about with you today，let's get started.（今天，我有4件事想和大家谈一谈，下面就让我们开始吧）”。之后，乔布斯逐个分析，思路清晰连贯。

三、频繁使用感性词

乔布斯对自己充满自信，也对苹果公司品牌信心十足，因此在发布新产品时，他选择的语言富有感情。例如，他在1984年发布苹果Macintosh说：“it is insanely great.（这是超级棒）”。在2001年发布首款iPod时，他反复强调ultra—portable（超便携）。在2011年WWDC乔布斯说道：“We got a great solution for the problem. We think it's way more than that. We think this is going to be really exciting.（为这个问题我们找到了很好的解决方案。这远不仅如此。我们认为这将是非常激动人心的）”。乔布斯的激情感染了听众，达到很好的效果。因此他的演讲每次都吸引了成千上万名听众。

四、具体化的数字

乔布斯从来不会公布没有上下文的数字，而是将数字转变为具体、可理解的语言。他曾表示数字必须有意义。乔布斯曾宣布：“iPod超级轻便（5 GB，you can put 1,000 songs in your pocket. 5 GB的存储量，可以把1 000首歌曲装进你的口袋里）”；之后，苹果公司推出新的iPod，这款iPod拥有30GB的海量存储空间。“30GB，you can store 7,500 songs, 25,000 pictures or 75-hour videos”，通过7 500首歌曲，25 000张照片，或长达75小时的视频，他将iPod海量存储空间解释得非常透彻。在2007年iPhone的会议上，他说道：“we have sold 4 million iPhones to date，divide 4 million by day，that is 20,000 iPhones on average each day.（我们已经售出了400万部iPhone。如果你除以200天，那么这意味着平均每天售出两万部iPhone）”。经过信息深加工，数字表现出具体意义。

五、简洁的幻灯片

在演讲中人们越来越注重利用各种实物、模型、图片及其他多媒体手段（统称视觉辅助材料）加强演讲的感染力、吸引力，增加视觉冲击力。视觉材料如果制作精美，运用得当就会起到增强注意力、记忆力的作用，并带给观众美的感受及体验。乔布斯在演讲中采用了口头和图片结合的形式，他使用的每张幻灯片都自然简约、栩栩如生。在乔布斯发布Mac air超薄笔记本的时候，他用一个牛皮纸的信封装电脑的幻灯片来展现，取得非凡的效果。又如，2001年在介绍iPod超高性价比时，他在幻灯片上做了一个简单的表格。乔布斯说简洁就是终极的复杂，越复杂的越要保持简洁。过多的文本信息会分散听众注意力，降低听众的参与度。

六、分享舞台

作为苹果教父的乔布斯还擅长在演讲中邀请他人分享舞台。在2011年苹果全球开发者大会上，他邀请了Phil Sciller，Craig Federighi和Scott Forstall分享了有关Lion，Iso5以及其他一些信息。虽然他可以自己来传递这些信息，但通过分享，他人带来了独特的观点和角度，这是“独角戏”无法取得的效果。

七、反复操练

要想在演讲时达到“飞流直下三千尺”的磅礴气势，演讲者就需要在打造演讲稿之前做好充分的准备工作。乔布斯在演讲之前花费很多时间进行主题构思、措辞推敲、示范演示、图片选择和幻灯片制作及播放。他的排练时间也是长达几个小时，甚至几天，以达到更精准的效果。他精益求精，反复演练，直至演讲达到炉火纯青的程度。台上三分钟，台下十年功，如果不坚持演练，他也不可能带给听众一次又一次无与伦比的演讲。

解析：苹果公司创始人史蒂夫·乔布斯虽在2011年与世长辞，但其影响力深远。他是世界舞台上最具沟通魅力的大师级人物，也是最擅长俘获人心的演讲者之一。他在演讲中处处展现出高超的技巧。众多人在演讲中仅仅传递信息，而乔布斯却用演讲激励听众。

对中国企业家来说，乔布斯是田溯宁的梦想战士、李开复眼中的创新教父、马云眼中的趋势大师，他改变了时代也改变了我们的生活。他的演讲具有神奇的力量，能够对听众的思维和情感产生巨大的冲击力，从而让消费者纷纷购买苹果的产品。因此，其演讲之道具有很高的参考与研究价值。

任务实施

拾趣

1. 想一想

试着思考分析一下，在我们现在和未来的生活、工作中，哪些情况会需要演讲和主持的能力。

入境

2. 找信息

试着分析演讲与主持训练实录(一)至主持训练实录(八)，分析它们各自使用了什么样的演讲技巧。

3. 找不足

分析下列主持词，找出其中不足：

(1) 大家好！今天我为大家请来了《西游记》剧组，你们喜欢看《西游记》吗？唐僧师徒里面最喜欢谁呢？有那么多观众说喜欢猪八戒，那么，你们看看谁长得像猪呢？

(2) 大家好！我现在正站在抗洪救灾的大堤上，目前，村里的老百姓们都已转移到了安全地带，他们的生活必需品也得到了基本保障。看，领到食物和水的乡亲们和过年一样开心！

(3) 怎么回事？演出都开始了，还这么多人讲话，这就是你们这个城市的素质吗？请尊重一下演员。

(4) 小朋友们，看了这些老年人自编自演的舞蹈，你们觉得开心吗？

下水

4. 试一试

毕业多年的同学聚会上，假如你是活动主持人，你会如何组织活动？请写一份相关的主持稿。

综合自测 校园达人

活动导入

无锡城市学院组织了一次校园口才综合能力大赛，本次大赛的目的是锻炼同学们当众讲话的能力。为此，学生会设计了一个活动方案：校园达人。让我们都来比一比吧！

活动要求

1. 本次大赛分别从三个方面来进行考核：介绍、演讲、主持。

2. 本次大赛采用全口试形式，除需要抽签的题目外，不提供文字稿，参赛者需仔细聆听题目要求。

参赛者自备纸笔，在听到题目后可列写发言提纲。

活动描述

一、活动目标

1. 聆听目标：听懂题目要求，听清题目内容，理解题目含义。

2. 表达目标：能够根据题目要求做出相应的表达，内容充实、思路清晰、口齿清楚、富有表现力。

二、活动过程

1. 与众不同的我(10′)

要求：用三句话作自我介绍，突出自己与众不同的地方，时间不超过 4 分钟，不少于 2 分钟。

2. 听我来演讲(30′)

要求：抽取一个话题，作即兴演讲，时间在 3～5 分钟。

(1) 针对一个时事热点、社会事件或社会现象，发表自己的看法。

(2) 以“当幸福来临时”为题目，设计一段演讲。

(3) 假设你是一位刚加入某公司(公司的性质可自己定)的职员，请代表所有新员工发言。

(4) 在一次主题为“时间去哪儿了”的班会课上，你被邀请作发言。

(5) 以“××我想对你说”为题，选择在场的某个人，发表演讲。

3. 我来当主持(30′)

要求：请你作为毕业晚会的主持人，设计一段开场白和结束语。时间在 3～5 分钟。

三、活动评价估量表

活动评价估量表(四)如表 5-1 所示。

表 5-1 活动评价估量表(四)

项目分类	测评项目	得 分
与众不同的我	1. 讲出完整的三句话	2 分
	2. 口齿清楚、普通话标准、语气自然	4 分
	3. 突出个性特征	2 分
听我来演讲	1. 口齿清楚、普通话标准、语气自然	5 分
	2. 体态得体,手势自然	5 分
	3. 内容充实,思路清晰	10 分
	4. 富有感情色彩	10 分
我来当主持	1. 紧扣“毕业”这个主题设计内容	10 分
	2. 口齿清楚、普通话标准、语气自然	5 分
	3. 语言富有感情色彩,能吸引人	10 分
	4. 体态得体,手势自然	10 分
总分		
评价		

使用规则:低于 60 分,表示仅能口齿清楚地表达自己的观点;60～70 分,表示可以思路清晰、通晓畅达地抒发自己的情感,传递自己的观念;高于 70 分,表示能富于感染力地表达自己的见解,让受众者身临其境,绕梁三日。

社会职场篇

时光流逝，转眼临近毕业，即将踏入职场的你是否有些告别校园的伤感，又是否有些初涉社会的彷徨。有人说人生的奇妙就在于未来有着许多不确定性，这成为你不断突破自我的动力；也有人说，今天的细节决定着未来的方向，十年后的生活来自十年前一个小小的习惯；还有人说，机遇总是垂青有准备的人。如果职场是残酷的战斗，那么请你在上阵前好好磨砺自己；如果职场是华丽的盛宴，那么请你在赴宴前好好装扮自己；如果职场是成长的土壤，那么请你首先成为一颗能发芽的种子。

模块六　求职方略

项目引领

当你在求职路上奔波，满怀信心地设计毕业作品，制作简历，参加一次又一次的招聘会或面试，却依然没有着落的时候，你是否又会感慨时间的流逝，遗憾学生时代没有掌握更多的知识和技能。也许，每个人在踏入职场前都会有所迷茫和顾虑，现在，让我们来学习求职应聘的技巧，助你轻松应对未来。

项目目标

1. 掌握求职的技巧。
2. 掌握会面的技巧。
3. 掌握建言的技巧。
4. 掌握合作的技巧。

任务一 求 职

情境导入

李林是商务英语专业毕业的学生，他想从事销售一职。一天，李林接到某公司人事的电话，希望他去面试。李林觉得这是一家没名气的小公司，也就没做什么准备。第二天，去公司的路上，突然想起昨天没问清楚公司的地址，于是打电话给那位人事，人事告诉他在什么路上，坐几路车，可是李林依然不知道，电话中反复询问详细路径。

到了公司，李林发现来面试的已有5个人，他一声不响地坐在那5人旁边。面试官开始发问了，李林每一次都抢先回答，回答机智幽默，考官也时时点头认可。可当面试官希望求职者针对公司的产品谈谈特点时，李林不禁为自己捏了把冷汗，他平时对几家大公司做了详细的分析，对这类小公司他没有做过任何功课，还好他的应变能力较好，把一般产品普适的特点说了一遍，面试官再次对他点头，他自我感觉非常良好。最后，面试官问："你们有什么问题要提吗?"李林想了解这家公司的待遇如何，再决定是去是留，就提了一些有关薪资、福利、假期等问题，考官耐心地回答了他。几天后，李林接到公司人事的来电，很遗憾地告诉他，他未被录用。同学们，你们知道原因吗?

任务要求

了解求职的注意事项。

做好求职前的准备。

掌握招聘面试的应对技巧。

模拟招聘面试现场，进行实战演练。

知识准备

一、求职的含义

求职，是利用自己所学的知识和技能，来向企事业单位寻求为其创造物质财富和精神财富，获取合理报酬，并以此作为物质生活来源的一种过程。求职的最终目的都是为了谋取职位。伴随求职的是应聘的过程，即在获知用人单位人事需求的情况下进行的自我推荐，在有限的时间里展示自己的特点和优势，表达自己获取职位的愿望，从而达到用人单位能录用自己的目的。

二、求职的准备

求职前需要做好充分的准备，既要准备好自我推荐的材料，注意提升自我形象，提高表达技巧，掌握面试应对的策略，也要对所应聘的公司有全面的了解。

（一）认识自我　明确目标

求职前首先要对自己有充分的认识。其次，要明确求职的目标，选择能够让自己有更多发展空间的职业，还是选择相对稳定的职业；是找与本专业相关的职业，还是只要能做的都去尝试一下；是不管什么机会先就业再说，还是一定要找到适合自己的工作才去就业……这些都是具体而现实的问题，如果在就业前没有一个明确的目标，盲目上阵，必定毫无收获。

此外，还要树立信心，对于可能出现的困难，要有迎难而上的勇气；不要被第一次面试的失败打消你的积极性，善于总结失败的原因；多学一些面试应对的方法，将每一次失败都当作积累经验的时机。

（二）掌握信息　完善资料

求职前要通过各种途径，广泛地搜集各类信息，如公司的企业文化、社会地位、业务范围、发展前景、培训情况和岗位情况等，对人才的专业背景、能力学历、是否有工作经验及年龄、性别、性格等方面的要求。信息的准备可以在网上有针对性搜集，也可以通过招聘会等来搜集。所以，及时掌握各招聘会的信息，积极参加招聘会，是非常必要的。

在你对招聘单位的情况有了较为深入的了解之后，就可以开始着手准备自己的资料了。递送简历是让公司了解你的第一步，是你敲开公司大门的第一把钥匙。简历不一定要做得精美，但内容一定要充实，并且能真实地反映你的优势、特长。一份完整的简历应包括学校统一发放的推荐表复印件；个人简历，务求简明、扼要、真实、准确，突出特长，条理清晰；求职信，格式规范，用语准确诚恳，内容有针对性；各类证书复印件，不求多，但求精，尽量放一些反映专业技能情况的证书，要突出你的专业素质。有些单位还需要附上在校期间各门科目的成绩表，要注意将主要科目和专业课成绩放在前面。

（三）训练表达　提升形象

应聘面试是一种特殊场合的人际交流，良好的口语表达、合理的服饰搭配、出众的气质形象都能留给面试官良好的印象。平时自觉进行口语训练，练就好口才，面试时才能应对自如。面试前为自己准备合体的套装，化一个自然的妆容，这些都有利于增强你的自信心。当然，罗马不是一天建成的，良好的形象气质也不能在短时间内塑造，我们应有意识地培养自己良好的行为习惯，丰富自身的内涵，提升文化素养。

三、求职面试的具体要求

（一）面试前

接到通知面试的电话时，应有礼貌地仔细确认时间、地点，如对公司地址不熟悉，应尽量自己想办法解决。可能的话，最好提前熟悉一下环境，以免第二天因找地址而耽误时间。

准时到达面试现场后，应面带微笑，礼貌地和面试官及其他应聘者打招呼。用人单位进行面试前，一般会介绍一些企业情况，这时即便你对该企业非常熟悉，也应当关闭手机，仔细聆听，认真填写相关表格，字迹要工整。

（二）面试时

面试开始时应双眼直视正在提问的面试官，聆听问题，回答时使用标准普通话，口齿清楚、语言流畅，反应机敏、条理分明，但又不能咄咄逼人。表情自然，面带微笑，既不能显得紧张拘谨、死板冷漠，也不能不拘小节、过于夸张。

有时面试的过程看似是几个人在做讨论，通过这种形式，面试官考察的不但是你在专业问题上的独创性，更多的是考察你是否有积极的参与意识和良好的团队合作精神。在表达观点时，一定要清楚，明确地说出自己的想法，不要人云亦云，随意附和；或因插不上话，干脆默不作声，更不能打断他人的回答，一个人滔滔不绝，不给别人机会。有礼有节地展示自己的能力才能被他人所欣赏，同时，也展现出你良好的团体合作精神。

问题回答完之后，有些面试官会给予点评，此时应有礼貌地表示感谢，即便是面试官说了一些批评的话，也要乐意接受。如果你对自己的想法有充分的把握，可委婉地表示商榷，或者在面试结束后，私下与面试官交流，千万不要让面试官下不来台。

（三）面试后

面试结束并不意味着一定会出结果，无论对自己表现是否满意，都不能掉以轻心，依然要有礼有节地与面试官道别，不要将喜悦或失望的情绪表现在脸上，做好等待各种结果的心理准备。回去后，可回顾本次面试的情况，总结成功和不足，为下一次面试积累经验。接到公司录取的电话，千万别得意忘形，应有礼貌地感谢对方，询问报到时所携带的东西；如未被录取，也不要无理取闹，询问理由，在表示遗憾的同时，依然要感谢对方给你这次面试的机会等。

四、求职面试的技巧

（一）介绍自己

“请说说你是怎样一个人?”“请你描述一下自己”。

这两个问题是面试中常见的介绍自己基本情况的问题，也是面试的必考题目。介绍内容要与个人简历相一致，回答问题时切中要害，不谈无关、无用的内容，重点在于介绍自己的优点与特长，还可以通过实例说说专业素质、技能水平、为人处事、合作能力等。当然，巧妙地介绍一些自己的缺点与短处也是必要的，所谈的短处不能与求职岗位的基本要求相冲突。如你想做一名销售员，就不能说“我不善与人打交道”，因为销售就是一个与客户打交道的岗位。

（二）认识自己

“你的缺点是什么?”或“你有过什么失败的经历吗?”

每个人都有自己的劣势和失败的经历，这个问题回答的关键在于求职者是否对自己有一个正确的评价，对自己是否有足够的了解，心理是否足够成熟，以及是否有继续学习改进的愿望。通常，面试官会要求考生通过具体事例来回答，求职者难以临场编造一个具体的例子，使答案更为可信。如果你诚实地交代了“我因为不善言辞而失去了某工作的机会”，那同样等于你放弃了这个新的工作机会。

如果你是一个应届毕业生，就可以直接回答："我相信我有足够的理论知识和专业能力，但是我的工作和社会经验不足，人脉也有所欠缺……"这样回答符合毕业生身份的定位，也符合实际情况，面试官便会觉得你谦虚诚实；而如果你应聘一个工业设计专业的工作，这个专业要求做事一丝不苟，你可以说"虽然艺术是讲究缺憾美的，但我总觉得自己要求过于完美，不允许自己有一丝的差错。当然，我希望在未来的工作中能多注意一些变通"。总之，一切回答取决于你的实际状况和你对自己的定位。

（三）认识对方

"你是从哪里知道我公司的？""你为何要选择我们这样的中小型企业？""你对我们公司有些什么了解？"

一般提这类问题的都是不太出名的中小企业，一方面是试探求职者对该公司情况的了解程度；另一方面，企业也希望从考生的回答中听到一些对本企业肯定的话语。在应答时，详细地将自己调查和搜集所得的相关信息告知对方，以示自己对对方的重视，使对方有一种"满足感"。如果是一些知名企业问这样的问题，我们在回答时可稍微提及该企业的知名度，表达自己的敬意等，迎合对方的自豪感，但不能流露出因为该企业知名度高、社会声誉好我才来应聘的意思。

（四）人际关系

"你希望和怎样的上司（同事）一起工作？"

这是一个考量你人际交往能力的题目，其目的并不是要听你真的说出对上司或同事的评价，因为人无完人。如果恰好你的上司或共事的团体并不是你理想中的情况，你该怎么办呢？面试官通过应聘者对上级或同事的"希望"可以判断出应聘者对自我的要求，最好回避对上级或同事的具体评价，多谈对自己的要求，如"作为刚步入社会的新人，我应该多要求自己尽快熟悉环境、适应环境，而不应该对环境提出什么要求，只要能发挥我的专长就行。而我也相信贵公司有和谐的工作氛围，友好合作的团队"。

（五）工作态度

"单调、枯燥的工作你也能做好吗？""岗位与专业不对口怎么办？""是否愿意加班？"

实际上，好多公司问这类问题并不意味着你一定要去做这些工作，或并不是说你一定会加班，只是想测试你是否有一个乐观平常的心态，去看待任何岗位的工作，以及是否愿意为公司做出奉献。回答这类问题首先要让公司明白你对他们这样安排的理解，其次控制自己的语气，既不要轻易表示赞同，也不能流露出不满情绪。可以这样说，"有些工作看似简单重复，但其中也有许多值得去学习和掌握的东西。兴趣是最好的老师，全身心地投入，才能发现乐趣。此外，作为新人，只有做好公司要求做的事情，才能去做自己想做的事""如果是工作需要我会义不容辞加班，我现在单身，没有任何家庭负担，可以全身心地投入工作。但同时，我也会提高工作效率，减少不必要的加班"。

（六）关于薪酬

"你的期望薪资是多少？"

恭喜你，如果被询问这个问题，说明你被录用的可能性很大。在回答之前应该明白的是，每一个公司都有自己的薪酬体系，初入行的新人，如果不是公司不可或缺的人才，不可能就薪酬问题有太多讨价还价的余地。这个问题背后没有隐含的意义，只要你对自己和本岗位估价正确即可。想要获得比较公平的薪酬，只有一个方法：在面试前进行市场调查，了解一下本行业本岗位的平均薪酬水平，不要在没有依据的前提下直接说“我想要月薪多少”，也不要主动询问薪酬。可以这样回答，“我对工资没有硬性要求，我相信贵公司在处理我的问题上会友善合理。我注重的是找对工作机会，所以只要条件公平，我不会计较太多”。

（七）最后一问

“你还有什么要问的吗？”

看似轻描淡写的最后一问，实则暗藏玄机，最后一问是你化被动为主动的一个时机。一般人往往会在面试结束前有所松懈，常常条件反射式地说了句“没问题”，但你要知道大多数应聘者在面试过后都是介于录用或不录用的考核中的，而答好“最后一问”可以为应聘者加分，力挽狂澜。回答“没问题”，不仅等于主动放弃了最后的机会，苛刻的招聘主管还可能会给你打上“对公司和职位漠不关心，或者思维不够灵活”的标签。一般可以设计以下问题，“公司是否有岗前培训，如果有，大约多长时间？”“是否有资深的人员带领新人，并让新人有发挥的机会？”“公司是否鼓励在职进修？”“能否为我介绍一下工作环境，或者我是否有机会能参观一下贵公司？”等，千万不要逼问公司“我能否被录用”等问题。

求职训练实录

某公司招聘面试，人事经理对小刘的表现颇为赞赏，但得知小刘没有工作经验时，人事经理决定放弃：“今天就到这里，如有消息我会打电话通知你。”小刘听了，向经理点点头，从口袋里掏出一元钱双手递给经理：“不管是否录取，都请您给我打个电话。”

人事经理从未见过这种情况，问：“你怎么知道我不会给未录取者打电话？”“您刚才说有消息就打，那言下之意就是没录取就不打了。”

人事经理对小刘产生了浓厚的兴趣，问：“若你未被录取，我打电话，你想知道些什么？”“请您告诉我，我在哪些方面未达到你们的要求，我好改进。”“那钱……”小刘微笑道：“给没有被录用的人打电话不属于公司的正常开支，所以由我付电话费，请您一定打。”经理笑了笑说：“请等会儿，我请示一下区域经理。”区域经理了解了事情的来龙去脉后，对人事经理说，请把钱还给小刘，不用打电话了，现在就通知她，她已被录取了。

解析：以上是求职面试中抓住最后契机获得成功的案例。

求职的不利因素：没有工作经验。

展示亮点：好学、热情、有礼有节，能站在公司的角度看问题。

“没有工作经验”这个问题客观存在，一时无法弥补。然而，求职也是一种自我营销，问题与不足可以通过一些细节来弥补，小刘的做法向公司展示了自身的亮点，这比有工作经验而无工作热情的人更受欢迎。

◎资料卡

求职的要求

(1) 面试前充分准备:明确目标、完善资料、提升形象。

(2) 面试时有礼有节:言语清晰、反应迅速、展现优势。

(3) 面试后总结经验:调整心态、分析成败、再作准备。

任务实施

拾趣

1. 小测试

测测你的职业倾向。

测试说明:我适合从事什么职业?请进行以下职业倾向的测试,每题有两种选择:"是"与"否"。

第一部分

(1) 墙上的画挂不正,我看着不舒服,总想设法将它扶正。(　　)

(2) 家用电器出了故障时,我喜欢自己动手摆弄、修理。(　　)

(3) 我做事情总是力求精益求精。(　　)

(4) 我对一种服装的评价是看它的设计和面料,而不关心是否流行。(　　)

(5) 我能控制经济收支,很少有"月初松、月底空"的现象。(　　)

(6) 我书写整齐清楚,很少写错。(　　)

(7) 我不喜欢读长篇大作,喜欢读杂文、小品或散文。(　　)

(8) 闲暇时间我爱做智力测验、智力游戏一类题目。(　　)

第二部分

(1) 我不喜爱那些零散、琐碎的事情。(　　)

(2) 以我的性格来说,我喜欢与年龄较小而不是年龄较大的人在一起。(　　)

(3) 我心目中的另一半应具有与众不同的见解和活跃的思想。(　　)

(4) 对于别人求助我的事情,总尽力帮助解决。(　　)

(5) 我做事情考虑较多的是速度和数量,而不是在精雕细刻上下功夫。(　　)

(6) 我喜欢"新鲜"这个概念,例如新环境、新旅游点、新同学等。(　　)

(7) 我不喜欢寂寞,希望与大家在一起。(　　)

(8) 我喜欢改变某些生活习惯,以使自己有一些充裕的时间。(　　)

测评标准:填"是"加1分,填"否"加0分。

测评分析:

第一部分得分小于第二部分得分：是一个肯钻研、很谨慎、理性的人。适合的职业：律师、医生、工程师、编辑、会计师等。

第一部分得分大于第二部分：善于与人交往，思想较活跃。适合的职业：服务员、艺人、采购员、推销员、记者等。

第一部分得分约等于第二部分得分：兼具以上两者的特点。适合的职业：美容师、美发师、护士、教师、秘书等。

入境

2. 练应对

“请谈谈你的缺点”，这是应聘面试时比较棘手的常见问题，如果你有以下缺点，请你将它巧妙地转化成优点：

(1) 我脾气太急。

(2) 我有时过于主观。

(3) 我生来胆小、怕羞，没见过大世面。

(4) 有人说我抠门儿，用钱太吝啬。

下水

3. 招聘会

同学们，让我们穿越到招聘会现场，零距离感受招聘面试的氛围。

(1) 根据自己的专业情况，假想出一家公司某些岗位。

(2) 选择5位同学作为招聘面试官，这5位同学分别扮演公司5个部门的领导人。

(3) 面试官在招聘会前写一则招聘启事，上面列出职位名称、岗位要求等，岗位可以有多个。招聘启事于课前先行贴出。

(4) 5位面试官从本部门角度出发准备问题，每人一个问题，每个问题满分20分。

(5) 求职同学根据招聘启事的要求自行准备材料。

任务二 会 面

情境导入

毕业季来临，李乐精心制作了简历，投递了相应的职位，但是还是没有接到面试电话。这时，李乐的阿姨通知李乐，她朋友的公司有个职位很适合他，希望他能在规定的时间去和对方见个面，聊一聊，能不能抓住这个机会就看李乐自己了。

如果你是李乐，你要做哪些会面的准备？如何在这次会面中给对方留下好印象，继而获得这个工作机会呢？

任务要求

明确会面的基本要求,掌握日常会面的技巧。

明确会面中不受欢迎的言行,懂得为人处事的基本道理。

听记训练,提高日常会面的能力,做到拜访有礼,接待有节,语言得体,行为规范。

通过会面实训,构建和谐人际关系。

知识准备

会面是一种常见的人际交往方式,在会面过程中,我们有时是拜访一个人,有时是接待一个人。掌握良好的拜访和接待的沟通技巧,有利于深入沟通。

一、拜访的性质

拜访是指出于某种特定目的而进行的访问,无论是私人交往还是公务往来、商务活动,都会涉及拜访。可见拜访作为一项应用范围广泛的活动,在社交活动中扮演着非常重要的角色。

二、拜访的基本要求

(一) 拜访的要求

1. 充分的访前准备

拜访前要选择合适的拜访时间和地点,尽量避开对方工作最繁忙的时间段和需要休息的时间段。私事不要在工作时间和工作场合讲,公事最好不要在私人时间和私下场合谈。一般来说,清晨、用餐、午休、深夜均不宜登门拜访。

拜访前要了解拜访对象,明确拜访的目的。如果是拜访客户,应事先对客户的职业、兴趣爱好、消费需求及购买力等各方面进行详细的了解,根据客户特征制定详细的计划,力求通过拜访建立事务上的往来;如果是私人之间的拜访,则不需要如此复杂,提前预约告知拜访目的即可。

拜访前还要注意修饰自己的形象,跟朋友关系再好也不能穿着睡衣就往人家家里跑。正式场合的拜访更要注意服饰搭配,穿着过于休闲随意是对拜访对象的不尊重。

2. 得体的拜访语言

不同形式、不同目的的拜访,语言会话各不相同,但他们在结构上存在着共性。就日常拜访而言,一般有进门、寒暄、晤谈和告别这四个阶段,要注意各个阶段的拜访语言的要求。进门语和寒暄语要充分体现出对对方的尊重,如果对方对你不熟悉,应有礼有节地介绍自己。晤谈语要紧扣主题,有问有答,条理清楚,不枝不蔓。私人之间的晤谈可以稍微随意些,保持轻松愉快的气氛。告别语应合乎礼节,留有余地,为下一次拜访做好准备。

3. 其他注意事项

(1) 万不得已做了不速之客,一见面就要说:“真抱歉,没打招呼就这么跑来了。”

（2）拜访时交谈的用语和口气，不但要顾及对方的辈分、地位等，还要关注相互间的关系。

（3）拜访者不要忽略适当同主人家属的交谈。

（4）如果是多人拜访，不要一个人抢着说话，要让大家都有机会说话。

（5）说话时做到三控制。控制时间，以言简意赅的语言说明自己的来意，以免耽误主人过多的时间，一般说来，交谈时间以半小时为宜(朋友之间的随意性拜访除外)；控制音量，保持适度，千万不要敞开嗓门儿说话；控制体态，应举止文明，避免如得意时的手舞足蹈，不安时的频繁走动，痛苦时的捶胸顿足、号啕大哭，或说话时的指手画脚等不雅动作。

（6）对主人的敬茶、敬烟应表示感谢，如有其他需求，应征求主人意见。

（7）遇到另有来客，应前客让后客，说："对不起，我有点事。你们谈吧，我先走一步了。"或"对不起，我有点事，失陪了。"

（二）接待的要求

1. 热情相迎

接待时要塑造主人热情好客的形象，对来访者的进门语要礼貌周全、热情地应答，可以表示慰问或感谢。简单的寒暄之后，可以端茶倒水，让客人随意吃点小食。

2. 细心安排

接到拜访预约后，要及时做好周到的安排，如会面的场所，招待客人的物品，用餐地点、送客时的礼物等。在来客较多的情况下，还要安排好席位座次。外地来客，如有住宿需求，要安排好住宿。以上都是物质准备，在商务活动中，接待前还要根据客户拜访的目的，准备好本公司的相关资料、文件、宣传册等。如果是朋友间私人往来，可准备一些有趣的话题，安排一些娱乐活动等。

3. 礼貌送客

如果客人要离去，应先诚恳挽留，如"时间还早，再坐一会儿"等。如果客人执意要走，则不必强留，送客人要送到门外，并说些告别语，如"您慢点走""欢迎下次再来"等。送别客人不要急于转身离开，即便是客人请主人"留步"后，还应该目送客人走远，招手再见后再回转。在一些私人场合，送客只送到家门口，主人回屋后不宜马上关门，且关门声音要轻，最好等客人走远了再关门，以免引起误会。

4. 其他注意事项

（1）注重自身仪表。和拜访一样，接待时着装也不可过于随便，即便是在家接待客人，也不能穿着过于暴露。穿着睡衣接待客人，同样是对客人的不尊重。

（2）注重待客态度。态度谦和，面带微笑，以客为先，不要带着不良情绪来接待客人。

（3）受礼有方。接受客人礼物前应说几句客套话，如"让您破费了""我们都是老朋友了，你还这么客气"等。不要当着客人的面迫不及待地拆开礼物，(关于这一点，东西方文化有很大的差异，中国人在对待礼物的态度上还是比较含蓄的。)除非客人要求你拆开看看，打开礼物时要表示喜欢与感谢。

（4）真诚回答客人提问。真诚是人际交往的不变原则，回答客人提问时不能闪烁其词，或油腔滑调，这会让客人感到不被重视。

三、拜访的技巧

拜访作为口语训练的一部分内容，我们更多的是从语言技巧上来谈这个问题。

(一) 拜访的技巧

1. 进门语

一般情况下有礼貌地打招呼，如“一直想来拜访您，今天终于如愿以偿了”“不好意思，给您添麻烦了”“我来晚了，让您久等了”。

重访是关系趋于密切的表现，一般只需简单地说：“老同学，好久没来看你了”或者“我们又见面了，真高兴”。

进门语还可以和有关内容联系起来，如“听说你生病了，今天特意来看看你”“听说你当爸爸了，特意来看看你家小子”。

2. 寒暄语

寒暄是问寒问暖的意思，在社交活动中，它带给人们的是关心、亲切和温暖，是人们为了正式交谈所进行的感情铺垫。好的寒暄可以为后面的交谈创造良好的氛围，是双方沟通感情的桥梁。

人们交谈时习惯从生活中的常见现象谈起，如天气、饮食、事业、健康等。如拜访时有老人孩子在场，可以从老人的身体和小孩的成绩说起，教育和医疗是中国人最为关心的两大问题。也可以根据双方的共同爱好寻找共同话题，尤其是对方感兴趣的话题。如主人在听交响乐，可以和他谈谈贝多芬、莫扎特，如果你对这些不在行也不要紧，趁机可以询问，显示你的谦逊有礼。

一般寒暄语有两种表达方式：一是问候式，根据不同的对象、场合、时间进行问候；二是赞美式，赞美的寒暄语可以营造和谐愉快的气氛。

3. 晤谈语

针对双方都感兴趣的话题，深入交谈。如公司双方谈谈合作的目的、合作的方式及合作后的发展前景；私人交谈可以就双方都关心的一些社会热点、学术问题、娱乐动态展开讨论，也可以交流业余爱好，取长补短。

注意倾听，晤谈是互相交流的行为。作为客人不要喋喋不休说个不停，要注意听清对方说什么，根据对方的话题中心来展开交谈。

不谈忌讳的话题，特别是公务往来，不要问及对方的收入、年龄、婚姻、家庭等情况。私下场合的交谈，主人如果不先提及这些话题，也不要主动询问。

即兴说一两句幽默的话，或适度自嘲能让你在交谈中更受欢迎，也有助于缓解尴尬的气氛。

4. 告别语

(1) 同进门语相呼应。如进门语：“上次托您办事，一定给您添了不少麻烦，今天特地前来拜谢。”在辞别时可这样说：“再见，再次感谢您的帮忙。”进门语：“初次登门，就劳驾您久等，真不好意思。”辞别语：“今天初次拜访，十分感谢您为我花了这么多时间。”

(2) 表示感谢，请主人留步。客人在辞别时，应对主人的热情款待表示谢意，并请主人留步。

如:“十分感谢您的盛情款待,再见!”“就送到这里,请回吧。”“这件事就拜托您了,谢谢!”

(3) 邀请对方来自己家做客。客人告辞时,除对主人表示感谢外,还可邀请主人及家属来自己家做客。“再见了,老同学,你什么时候也到我家坐坐!”“感谢你们今天热情周到的接待,欢迎你们一家下次来我家玩玩。”

(二) 接待的技巧

1. 积极应对

在听到来访者打招呼后,作为主人应根据相应的内容立即做出回应。如:“我也想在家里同你聊聊,快请进!”“上次已经打搅了,还让你再跑一趟,叫我怎样感谢你呢”“稀客,稀客,非常欢迎,快请进!”

2. 化解尴尬

尽管拜访者会在事先和拜访对象作预约,一般不存在见面不知道是谁的情况。但也有一些特殊情况,比如近期预约的人太多,偶尔会出现张冠李戴的现象,叫错了人,可以“你和某某太像了,你的名字叫……” 或“你今天特别漂亮,我一时都没认出你来”等语言来掩饰。还有一种情况,对来访者的脸有印象,却忘了对方的名字,可以这样说“我们好像在哪儿见过,你是……”这种情况下来访者往往会描述上次见面的场景,并告知姓名。当然,在接待应酬中,主人最好要一见面就主动叫出来访者的姓名,这样可以迅速缩短主客之间的距离,建立友好关系。

3. 正确称呼

接待时应区分场合,考虑对方的年龄、辈分、职业、地位等,得体称呼对方。长辈对晚辈,领导对下属,同辈之间可以直呼其名,有时为表示亲切,可以叫小王、小李等。晚辈对长辈,下属对领导,应采用“姓加辈分”的称呼,如张大爷、王叔叔、赵奶奶;或者采用“姓加职位”的称呼,如王局长、赵科长、程主任等。有一点要特别注意,当正领导姓傅或副领导姓郑的情况下,前者最好省略姓,只称呼职位,后者则可以带上姓。

4. 谈话要因人而异

谈话内容因人而异。作为主人应尽快弄清来访者的意图,以便迅速确定谈话的话题,顺应客人的心愿,给客人以愉快的感受。如果不了解来访者的意图,谈话就可能出现“话不投机”的尴尬局面。一般情况下,和老年人可以谈谈政治、历史等话题;和年轻人可以谈谈时尚、数码、科技等内容;和小朋友谈话最好针对实物展开,比如,“你在看什么动画片呢”“我也很喜欢玩乐高玩具”等。

拜访训练实录

小王和小张初中是同班同学,教师节前,他们打算一起去拜访初三的班主任。考虑到老师白天要上班,小王提议将拜访的时间放在晚上5点以后,因为这个时间段老师肯定会在家的。为了给老师一个惊喜,他们事先也没有跟老师联系。到了老师家,老师对他们的到访既高兴又惊奇,只好一边做饭一边与他们聊天,并留他们吃了晚饭。晚饭后,老师放弃了辅导孩子功课和自己备课的时间,继续陪他们聊天,直到9点多,他们才离开。

解析：现在让我们回到开篇的问题，小王和小张的这次拜访有哪些地方做得不妥呢？

拜访前：没有充分准备，既没有和老师约定好时间，询问对方是否有空，也没有想好要和老师谈些什么话题。

拜访中：没有顾及被拜访对象的实际情况，及时结束拜访。

作为被拜访者，当遇到这种突如其来的拜访，该如何协调好家庭事务和接待来访者之间的关系呢？

老师在做饭时可以说："你们来得这么突然，我都没什么准备，早知道多买点菜了，今天就不留你们吃晚饭了，下次请你们好好吃一顿。"

晚饭后，老师要辅导孩子功课，可以说："时间也不早了，你们的功课做完了吗？早点回家吧，爸爸妈妈肯定在等你们了，下次找个节假日我们多喊几个同学好好聚聚。"

◎**资料卡**

拜访的注意事项

不做不速之客　　用语得体　　顾及他人　　控制言行　　礼貌应对

任务实施

拾趣

1. 说说看

(1) 寒暄语是沟通的开端，你能想到哪些寒暄语呢？练习要求：1 分钟内尽可能说出十句寒暄语，越多越好。

(2) 大街上有人跟你打招呼，你觉得他很面熟却想不起是谁。这时，你可以用哪些方法来化解尴尬？

入境

2. 找茬儿

下面这段场景，有哪些不妥的地方呢？

刘岩是一家空调企业的推销员，他了解到有一位客户是他的老同学余江，于是打算去拜访并推销公司的新产品。到了余总办公室，刘岩一看到老同学就喊了起来："小江子，你还记得我吗？"此时秘书尚未走开。余江让秘书倒两杯茶来，两人边喝边聊，刘岩拿出一包烟，递给余江一根，自己点了一根抽了起来。他们聊了许多学生时代的旧事之后，刘岩终于说到了今天来拜访的主要目的，他开始介绍公司的产品。中间，余江问了价格和效果，他对价格似乎很吃惊："这个产品的价格比一般空调贵很多啊，效果估计差不多！"刘岩进一步介绍说:"这个产品可以用于敞开式环境而且运行成本非常低。"可是余江又觉得风太大了,会把东西吹得到处都是。临近午饭时间,见老同学没有留饭的意思,刘岩只能告辞了。

下水

3. 练一练

(1) 你有件事需要母校的一位老师帮忙,可是在校期间你和这位老师接触不多。毕业后也没多少往来,为了避免拜访时的突兀,如何设计和老师的见面语呢?

(2) 你去拜访一位在小学里工作的学姐,想让她在暑假为你介绍几份家教。学姐是个健谈的人,见到你很高兴,拉着你聊了很多话,从回忆当年的学校生活谈起,一直讲到目前自己的工作现状,学姐聊得眉飞色舞,你该怎样截住学姐的话,讲出自己此次拜访的目的呢?

(3) 你为学校的篮球比赛拉赞助,以送实践报告的名义来到暑假实践单位的经理办公室,你怎样为拉赞助的事起个头呢?如果经理拒绝了你的请求,你会怎样应对呢?

(4) 春节期间,你去拜访一位多年未见的朋友,你俩经过半天叙旧之后,得知好友将去国外继续深造,分别时你将怎样表达对她的祝福呢?

(5) 国庆期间,父母去外地旅游了,没料到妈妈多年未见的好友周阿姨来家拜访,为弥补周阿姨未能见到好友的遗憾,你打算怎样来接待她呢?

任务三 建 言

情境导入

临近期末,李乐既要面对繁重的复习任务,又要负责学校迎新晚会的宣传工作。他感觉力不从心,学习成绩有下滑的趋势,宣传工作也没有满意的效果,他想辞去宣传部部长的职务,专心致志学习,又不舍得这个提升自己能力的机会。于是,他向自己的好朋友讨教,希望他能给自己建言献策。

如果你是李乐的好朋友,你会怎样向他建言呢?

任务要求

了解建言的性质,体会建言在日常交往中的必要性。

能够把握建言时的正确态度,掌握建言的技巧。

听记训练,提升建言的实际运用能力。

知识准备

一、建言的性质

建言，建为建议，言为良言，合起来就是建议的良言。建言可以是口头表述，也可以是书面表达，我们这里主要指口头建言。口头建言需要依托语言表达来阐述自己的看法和建议，并让对方接受或者认同自己的建议。建言是工作与生活中经常出现的交流过程，有时要经历多次说服和拒绝才能达到最终目的。

二、建言的技巧

(一) 动之以情，晓之以理

有句谚语说："情自肺腑生，方能入肺腑。"说话者将自己的感情放到表达中去，才能产生感染力、影响力和号召力，才能让对方接受你的建言。

动之以情是建言时常用的方法。要求说话者能够以事比事、将心比心，结合自身或熟人的经验教训，以感情色彩浓厚的语言进行表达。从而，让对方感到亲切，引起感情共鸣，为成功建言铺平道路。

晓之以理就是讲道理，在建言时，说话者能设身处地考虑对方的切身利害、实际困难。在此基础上，结合事例，分析阐述，以严密的逻辑事例，条理清晰的表达，水到渠成地提出自己的意见。有时，还要衡之以利，诱而导之，让对方接受你的建言。

案例：

第二次世界大战时，利维在美国成立了一家影片进出口公司。他还成立了一个研制小组，研究闭路电视。这个研制小组有三位专家，其中一位叫弗兰克，他脾气很怪，性情暴躁，动辄和别人争吵，很不利于研发工作的开展。

有一天，为了一个实验问题，弗兰克同研制组的另一位助手争执不下，正闹得不可开交时，弗兰克的小女儿走了进来，小女儿看到爸爸怒发冲冠的样子，吓得哭了起来。弗兰克见状再也顾不上与人争执，赶忙跑过去哄女儿。利维发现小女儿是弗兰克的主要精神寄托。

于是，在公司资金短缺的情况下，利维为弗兰克租房，让他经常与女儿生活在一起。利维说："你的女儿安妮说你心情不好，容易发脾气，这会伤身的。如果她能住在附近照顾你，你就不会发脾气了。起初，我也拿不定主意，可是安妮最后还指出，我爸爸多可怜啊，我不能让他再忍受孤独了。"听了一番话，弗兰克热泪盈眶，听从了利维的安排，搬进了新家，这为他以后更好地与弗兰克合作打下了基础。

(二) 换位思考，转变立场

人各有别，不了解对方，就不能站在对方的角度去看问题，建言也就缺乏可信度。只有换位思考，转变立场，推己及人，才能获得对方的认同。

现在的人自我意识都比较强，常常把个人的思想和一些具体的看法摆在第一位，而忽视了朋友、同事或者家人的看法。那么,要让对方认同或接受你的建言,就一定要换位思考,消除隔阂,拉近距离。既要明确提出自己的建言,又要多询问对方的意见和想法,站在对方的角度去考虑问题,适当地调整自己的建言内容,从而赢得最终的认可。

案例:

成功学导师卡耐基由于工作繁忙,准备招聘一个秘书。他在报纸上刊登了招聘信息,短短几天之内,各种求职信像雪片一样飞过来。

在阅读信件时,卡耐基发现了一个现象,几乎所有的信件都在讲同一件事情:"我很出色,我拥有丰富的工作经验,我能够处理各种各样的问题。"这些内容让他感到厌烦,他只能不断加快阅读的速度,一直到有一封信引起了他的兴趣。信中的内容是这样的:

"尊敬的卡耐基先生,我知道您现在一定很忙,非常需要一个助手来帮您整理信件。我有过几年助理的工作经验,因此非常乐意为您效劳。"

卡耐基当即决定,聘用写下这封信的那个人。

(三) 投其所好,构建和谐

一个善于沟通的人应该主动去了解别人喜欢什么,而不是依靠主观意识和经验来进行判断。了解他人的兴趣点,这对沟通关系的确立和维持至关重要。投其所好,就是根据对方的性格特征、兴趣爱好、文化修养、人生经历,选择他爱听、中听、合他胃口的话或事例,并顺着他的感情倾向、审美意识、道德标准、价值取向加以诱导与启发,使之对对方产生信任感,继而认同建言。

案例:

罗素·威尔康博士是一位非常成功的演说家,他的著名演说"发现自我"前后共发表过六千多次,但是每一次面对不同的听众都能引起他们的强烈共鸣。

罗素·威尔康博士要求演讲必须是有针对性的、是活生生的。每当他到一个新的城市为那里的人们演讲时,他都会先去拜访那里的经理、学校校长、牧师等人,然后他会走到大街小巷,和不同的人聊天,了解他们感兴趣的话题和他们的一些个人观点。所以,罗素·威尔康博士总能够在演讲中,结合许多当地人经常谈论的东西和他们所熟知的一些事例来丰富自己的演讲内容,也只有这样,当地的人们才会认为这个演讲与他们的生活和工作息息相关,与他们的兴趣相关,并且他们本人也非常乐意参与到演讲的话题中去。

也因为如此,尽管"发现自我"成了最受人们欢迎的演说,但是我们却找不到一本演说的副本。因为,每一次的演讲都是有针对性的,尽管相同的题材罗素·威尔康博士已经讲过六千多场,但却没有任何两场内容是完全相同的。

(四) 用权威效应为自己造势

人性中最深层的冲动就是想要证明自己在这个世界的重要性。虽然每个人证明自己重要性的方式是不同的,但无论是用什么样的方式,他们都认同,在证明自己重要性的那一刻得到了自我满足。在人际交往中,把握住了这一点就等于成功了一半。在生活和工作中,人们往往喜欢附和那些比自己优秀的人或重要人士,这就是心理学上的"权威效应"。在人际交往中,我们可以通过权威效应为自己的建言造势。学会以领导者和掌控者的姿态与人交流和沟通,这样的话你会更有威信,你的建言会更容易让人接受。

案例:

英国首相撒切尔夫人曾被称为20世纪后期世界上最具魅力的政治人物之一,她有着令人敬佩的人格魅力和为人称道的风范,更有着让人引以为敌的演讲风格。在她上任后,她曾作了这样的演讲:

"我是继伟人之后担任保守党领袖的,这使我觉得自己很渺小。在我之前的领袖,都是赫赫有名的伟人。如我们的领袖温斯顿·丘吉尔把英国的名字推上了自由世界历史的顶峰;安东尼·伊登为我们确立了可以建立起极大财富和民主的目标;哈罗德·麦克米伦使很多凌云壮志变成了每个公民伸手可及的现实;亚历克·道格拉斯·霍姆赢得了我们大家的爱戴和敬佩;爱德华·希思成功地为我们赢得了1970年大选的胜利,并于1973年英明地使我们加入了欧洲经济共同体。"

(五)劝谏在巧,妙用暗示

在人际交往中,建言就是告诉对方应该做什么、应该怎么做,这就不可避免地会站到对方的对立面去沟通交流。因此,在建言的过程中,我们可以尝试用一些小窍门。

1. 设置悬念

沟通交流时,说话者可以设置各种情节,环环诱导,同时要做好隐藏,引起听者的兴趣。在这过程中,尽量说出一部分内容,然后为下面要说的话设置悬念。出于好奇,多数人会迫不及待想要继续听下去,这就在建言过程中很好地把握了说话的主动性。

2. 打破常规

人们在一定的环境中工作和生活久了,就会形成一种固定的思维模式,我们称之为思维定式或者惯性思维。人人都有惯性思维,爱用常用的方式去思考问题,用常用的方式去处理事情,久而久之就养成了根深蒂固的思维定式。说话者想要建言成功,有时候就要打破人们的这种惯性思维,换一种出其不意的方式,收到出其不意的效果。

3. 善抓弱点

哈雷教授说:"任何行动都是由基本欲望产生的,对于想要说服他人的人,最好的建议是无论在商业中、家庭中、学校中、政治中都要先激起对方某种迫切的需要,如果能做到这一点,就可以左右逢源,否则就有可能到处碰壁。"在建言中,我们要抓住对方的需求,对方最想要什么,最想解决什么问题,最想达到什么目标。这些是对方的迫切需要,也是对方的弱点,抓住了这个,建言就能比较顺利地为对方接受。

4. 妙用暗示

心理学家弗洛伊德认为:"人类的自我意识是一种幻觉,我们的每一个行为都是由潜意识决定的。自我甚至左右不了自己,只能依赖潜意识活动中微不足道的信息。"意识是可以控制的,但潜意识却不能。在建言过程中,我们可以用暗示的方式来激起对方的潜意识,引导对方思考,从而获得良好的沟通效果。

建言训练实录

赤壁之战的前夕，诸葛亮对孙权说："将军，如果您认为吴、越之众能与曹操相抗衡，就应该和他断绝一切联系，下定决心抗击曹军；如果您认为无力和曹军对抗，那就不如放下武器，解甲投降，向他称臣。现在将军您表面上假装服从他，向他投降，而内心又迟疑不定。事情已经如此紧迫，但您还不做出决定，这样祸患马上就要来临了！"

孙权反问："如果像你所说的那样，兵微将寡的刘备为何不向曹操北面称臣呢？"

诸葛亮说："从前有个田横，他只是齐国的一个壮士，尚且不肯对汉高祖称臣；何况刘皇叔是汉室后裔，英才盖世，天下仰慕，怎么会向曹操称臣呢？"

这段话中，诸葛亮运用了哪些技巧来进行建言呢？

解析：

换位思考，转变立场：孙权一向以英雄自居，而今若投降曹操，还算什么英雄？连势力不如他的刘备都不投降，保持英雄本色，叫他投降是万万不能接受的。

妙用暗示：刘皇叔是汉室后裔，不会向曹操称臣。

用权威效应为自己造势：借用齐国壮士田横誓死不肯降汉的典故。

◎资料卡

建言的技巧

动之以情，晓之以理

换位思考，转变立场

投其所好，构建和谐

用权威效应为自己造势

劝谏在巧，妙用暗示

任务实施

拾趣

1. 说一说

(1) 比较下面两种说法，看看哪一种效果更好？

A："假如各位接纳我的提议，则公司每个月至少能节省 67 453 750 元的开支！"

B："假如各位接纳我的提议，则公司每个月至少能节省 67 453 750 元的开支！从另一个角度来说，倘若这项节省下来的开支，能以加薪的方式平均分配给公司的每一位成员，则每一个人每一个月的工资将增加 3 500 元!”

(2) 假设你是一位记者,要去拜访一位环保权威人士,打算请他就雾霾问题做 15 分钟的采访。这位权威人士非常忙,曾经拒绝过很多记者的要求,如果直接提出占用他 15 分钟时间,他可能会拒绝。此外,你得知他日常安排极有规律,每天下午四点都走出工作室,到户外散步一小时。想一想,你能从哪里找到突破口,劝说他接受你的采访呢?

入境

2. 演一演

张明劝爷爷戒烟,以下是祖孙二人的一段对话:

张明:爷爷 5 月 31 日是世界无烟日,这天全世界的人都不抽烟的,您就别抽了。

爷爷:联合国管不了咱们中国老百姓的事,我偷偷地抽一支,他们看不见。

张明:爷爷,吸烟害处大着呢,会减少寿命的。

爷爷:减少就减少吧,反正爷爷也活了好几十年了。再说抽了几十年烟,身体仍好好的,只是有点小咳嗽。

张明:爷爷,您吸烟时,我们也被动吸烟了,吸二手烟危害更大。您看您吸烟不仅会损害您的身体,还会损害我们全家的。您还是别抽了!

爷爷:哦,这样啊?那以后我吸烟的时候就到屋子外面吸吧,不影响你们了,好吧?

张明:爷爷,您到外面吸会污染环境的。

爷爷:工厂排出的废气也污染环境啊,我抽支烟能有多大污染?

(1) 张明始终未能说服爷爷,请你想一想,有什么好方法能说服他呢?

(2) 请一位同学扮演爷爷,一位同学扮演张明,再设计一段祖孙二人的对话。

下水

3. 练一练

(1) 小张在大商场某品牌服装专柜购买了一件特价服装,购买时营业员说过没有质量问题特价服装是不退换的。小张回家后将服装过了下水,第二天穿之前发现衣服上有个破洞,想想这件衣服虽然打了折但也要五百多,小张不甘心,便去商场要求退货。营业员一再强调特价服装不退换,只能帮她修补。如果你是小张该怎样来劝说营业员为自己退货呢?

(2) 请两位同学表演应聘时的情景,应聘者介绍自己的情况,招聘者提出拒绝,应聘者说服招聘者聘用他。

任务四　合　　作

情境导入

李乐和马林是好朋友,他们都是学生会宣传部的成员,两人互相支持,互相帮助,成功地策划了很多校级活动。临近毕业了，学校要求宣传部策划一次应届毕业生的招生宣传活动，届时会有很多用人单位到学校招聘，所有的应届毕业生都可以参加。他们面临场地选择、接待方案、服务细则、安全策划等很多难题，如何才能和各部门通力合作完成这次任务呢？

任务要求

了解合作的意义和基础。

能够提高合作能力的方法。

掌握合作中有效沟通的方法。

知识准备

一、合作的意义

合作就是个人与个人、群体与群体之间为达到共同目的，彼此相互配合的一种联合行动方式。在工作和生活中，合作发挥着越来越重要的作用。合作并不是合作者之间的简单组合，而是需要个体或群体之间相互配合，相互支持，形成团队的力量。林格伦指出："必须考虑的是，合作的技巧在今日的世界比起竞争的技巧来，对大局更是具有举足轻重的意义。在文明世界中的人们，真正需要学会的是有成效的合作本领，以及教会别人也这样做的本领。"

合作是广泛的，既有面对面的合作，也有不必见面的合作。随着合作广度和深度的不断扩大，合作者之间沟通需要更顺畅，交流无障碍。

现代社会是一个充满竞争的社会，更是一个需要合作的社会。不公平的合作会影响工作成效，破坏工作环境的和谐，进而阻碍社会的进步和发展。

二、合作的基础

（一）互相信任

自然界有一个很有趣的现象：一只小鸟在凶残的鳄鱼背上跳来跳去，如同在一根圆木上跳动一样，它还心安理得地跳进鳄鱼的嘴里，啄食鳄鱼牙缝中残留的食物，鳄鱼则温顺地张着大嘴，任其在嘴里跳来跳去。这就是共生现象，强弱不一、大小各异的动物之间，相互依存、相互信任。

（二）互相鼓励

合作成员们为完成任务而相互鼓舞，彼此可以用"我们风雨同舟""我们共命运""加油""我们能行""挺住""坚持就是胜利"等语言互相鼓励。也可以用身体语言表示鼓励，例如，排球队员、足球队员进球时拥抱在一起；篮球队员进球成功时，其他队员打手支持等。这样凝聚力量，能战胜千难万险。

（三）互相帮助和支持

如果一个成员无法完成自己的任务，从而阻碍总体任务完成时，其他成员应帮助他克服困难，完成任务。合作成员通过多种方式支持对方的工作也会有助于合作。

(四) 沟通顺畅

沟通顺畅能增加成员之间面对面沟通的机会，减少误解与摩擦的产生，使决策得到落实，建议与意见得到及时反馈。

(五) 贡献可以衡量

每位合作成员的贡献可以衡量。即每个人都可以看清楚别人做了什么，而且每位成员都对自己的行为负责。

三、提高合作能力的方法

(一) 理解合作目标

毛泽东说过："我们都是来自五湖四海，为了一个共同的革命目标，走到一起来了。"正是无数的革命先烈围绕共同的革命目标战斗不止、奋斗不息，才有了新中国的成立。与人合作要任务明确，目标清晰。在共同的目标下，每个人有自己的目标和任务。小溪汇成江海，个人融入团体。拧成一股绳，心往一处想，劲往一处使，才能围绕目标形成团队合力。

(二) 明确角色

在合作过程中，你可能会感觉自己的才华被压抑，大材小用了。例如，你是有指挥能力的班干部，在合作中却被安排做端茶倒水的服务工作，但是为了共同的合作目标，你必须接受这样的安排并认同你要扮演的角色。因此，在合作过程中，要摆正自己的位置，避免角色错位。需要扮演配角，你就要接受这样的安排；需要承担主要角色，你就要挺身而出，担负责任。

(三) 明确分工任务

合作计划最好以适宜的沟通方式，征求合作者的意见和建议，经过多次磨合，大家才会明确自己的分工任务。分工任务要具体可行，如果是一项很庞大的工作，应做好任务分解，制定任务要求和责任。这样有利于确定每个合作者的任务与责任，便于合作的完成。

(四) 激发工作热情

要学会激发自己与合作者的工作热情。工作时要激情澎湃，满腔热情，自我鼓励。如果你是合作的主导者，要以正面激励的方式来控制合作场面，激发合作伙伴的热情；要多发现合作者的优点，用赞美的语句或非语言形式，激励合作者。如果你只是合作成员，也要保持自己的工作热情，保证自己的分工任务能顺利完成，不影响整体任务的工作效果。

(五) 培养合作的信任感

合作成员之间要有信任感。合作成员应互相了解，沟通时要开诚布公，对于现存问题应坦诚相告，并充分展示与之相关的信息。合作时要了解成员对客观性和公平性的看法，特别是绩效评估时，应该客观公正、不偏不倚。作为合作团队中的一员，要用言语和行动来支持团队，维护团队和队员的利益，既要为自己的利益工作，也要为别人的利益和团队的利益工作。在合作过程的沟通交流中，要坦诚说出自己的看法，展示自己的可信度。只有一个互相信任的团队才能完美地完成合作任务。

（六）抑制消极因素

在合作过程中，有时不可避免地会出现“害群之马”。此时，要果断地从大局出发，约束影响合作成效的个人行为，甚至可以将其清除。

（七）遵守合作承诺

接受合作分工任务之后，就要积极行动，按照预定的时间表做事情，按时完成任务。工作要认真仔细，按照质量目标去完成任务，遵守合作的承诺。遇到工作困难时，不轻言放弃，而是想方设法去克服困难，必要时可以牺牲自己个人的利益去兑现自己的合作承诺。

（八）分享合作成果

合作中要能够节制个人的欲望，在利益冲突面前适当放弃自己的某些利益。在合作成果的分享中，避免平均主义的影响，考虑到合作的长远发展，要使那些起关键作用的人得到激励，尽量实行“多劳多得，少劳少得”的分配制度。分享合作成果的关键是大家要控制欲望、按劳分配、不争功不抢功、互相谦让、知足常乐。

四、合作时的有效沟通

（一）明确沟通目的

合作时，团队领导和团队成员要经常沟通和交流。如果沟通目标不明确，就意味着你自己不知道要说什么，对方也就不可能明白你的意思。所以，目标管理是进行有效沟通的一种解决办法。在目标管理中，团队成员之间讨论目标、计划、对象、问题和解决方案。由于整个团队都是着眼于完成目标，这就使沟通有了一个共同的基础，彼此能够更好地了解对方。

（二）掌握好沟通时间

在合作时，沟通的时间和地点也很重要。在没有任何预约的情况下，打断队员的工作进行沟通是不恰当的。要想达到较好的沟通效果，必须掌握好沟通的时间，把握好沟通的火候。

（三）明确沟通的对象

合作过程中，我们总是会遇到这样或那样的问题，这些问题的解决很多时候要依靠成员之间的沟通交流。那么，什么问题、和谁交流就很关键。有些涉及大局的问题，我们需要和团队领导去沟通；而具体的分工任务的实施，可能需要和队员去沟通。选错了沟通对象，自然也就达不到沟通的目的。

（四）掌握沟通的方法

沟通的方式多种多样，我们要根据沟通对象的不同，采用不同的沟通方式。在沟通时，要充分利用语言沟通和非语言沟通，达到沟通目的。

合作训练实录

一位学生问老师：人们总说天堂和地狱，那么，天堂和地狱到底是什么样子的呢？

老师就回答说：走吧，我带你去看看。

于是，老师带着学生走到一栋楼房前，他们来到一楼的一个房间。看到房间里放着一大桌的美味佳肴，围在旁边的那些人都拿着长长的钢叉，夹菜时你争我夺，只见一根根钢叉在空中交错碰撞，可口的菜肴掉了满桌，咒骂声此起彼伏，没有人能真正吃上几口美味可口的菜，每人都面色憔悴、骨瘦如柴。

随后，老师又带着学生来到另一个房间。同样，房间里也有一大桌美味佳肴，房间里的人每人手中也都拿着长长的钢叉。只是这里的人个个脸色红润、白白胖胖，他们每个人都在忙着用叉把菜送到别人口中，虽然夹着有些吃力，但将菜送入别人口中却一点也不难，在彼此相互的道谢之余，大家纷纷对菜的美味赞不绝口。

老师对学生说：这回你明白了吧！

这个故事中，有两个不同的团队，合作的结果却完全不同，请分析一下原因。

解析：两个团队面对同样的问题，分别采取了各自为政和团队合作两种方法。这里分析一下第二个团队成功的原因。

理解合作目标：享用美味佳肴。

明确角色：服务他人。

明确分工任务：喂他人美味佳肴。

激发工作热情：以能够成功喂他人美味佳肴为荣。

合作信任感：相信他人会喂美味佳肴给自己。

分享合作成果：纷纷对美味赞不绝口。

◎**资料卡**

合作八大法

理解合作目标	培养合作的信任感
明确角色	抑制消极因素
明确分工任务	遵守合作承诺
激发工作热情	分享合作成果

任务实施

拾趣

1. 说一说

说说你从这个例子中,可以学到哪些合作方法。

雁群一字排开成V字形飞翔时,由于每只雁会鼓动双翼,所以鼓“翼”尾随的同伴会比孤雁单飞缩减71%的飞行距离。

雁群中后面的雁会不断地发出声音,以叫声鼓励前面的伙伴继续往迁徙地前进。有时会有只雁脱离队伍,但是由于有前一只伙伴的“支撑力”,他很快便能回到队伍。

雁群集体飞行时,一定有一只雁在前面领路,后面的雁群跟着。当带头的雁疲倦了,它会退回队伍中,由另一只雁取代它的位置。

入境

2. 演一演

(1) 站报纸。将一张或几张大小相同的报纸展开铺在地上,根据情况分为不同的几个组,每组最多可有20名队员。组与组之间展开竞赛,组内各人相互搀扶,争取全部站到自己组的报纸上。可以放一只脚,也可以放两只脚,身体的其他部分必须悬空,不得接触地面与其他物体。

(2) 相互赞扬。以小队为活动单位。大家围成一圈,最好异性相邻。从一个人开始,对右边的伙伴大声说一句赞扬的话,依次转过去。到了第一个人那里,再转回来,向左边的伙伴说一句赞扬的话。

赞扬的内容不做限制,包括相貌、气质、服饰、人品、能力、才干等,也可以赞扬与被赞扬者有关的事物,如家乡、工作、曾就读的学校等。

不得重复别人已经说过的词句。这个要求必须严格遵守,一旦有人违反,则活动要重新再来一次。

下水

3. 练一练

相信大家都听过三只小猪盖房子的故事,在故事中,三只小猪互相合作建成了一个漂亮坚固的房子,并最终抵挡了大灰狼的袭击。现在,我们也来扮演一次小猪,看看自己拿绳子是否能建出满意的房子。

游戏规则:

(1) 将同学分成三组,每组5人左右。

(2) 发给第一组一条20米长的绳子,第二组一条18米的绳子,第三组一条12米的绳子。

(3) 用眼罩把所有人的眼睛蒙上,然后规定第一组圈出一个正方形,第二组圈出一个三角形，第三组圈出一个圆形。

(4) 让大家联合起来用绳子建立一个房子，房子的形状要有上述三个图形组成，并且一定要看上去比较漂亮。

(5) 游戏时间限定20分钟。

综合自测　职来职往

活动导入

临近毕业，同学们都会为各自的工作奔忙：制作简历、练习技巧、了解企业……求职的过程或顺利或坎坷，不管怎样，我们总要走在求职路上。在这一天到来前，让我们先通过游戏为未来的职场生活做准备吧。

活动要求

1. 活动从求职、会面、建言、合作四个方面来进行考核。

2. 活动采用全口试形式，除需要抽签的题目外不提供文字稿，参赛者需仔细聆听题目要求。

3. 参赛者自备纸笔，在听到题目后可列写发言提纲。

活动描述

一、活动目标

1. 聆听目标：听懂题目要求，听清题目内容，理解题目含义。

2. 表达目标：能够根据题目要求作出相应的表达，内容充实、思路清晰、口齿清楚、富有表现力。

二、活动过程

1. 沟通达人

要求：以下问题先写于纸上，学生抽取一题后稍作准备，用三至五句话来完成答题，每题为20分。

(1) 大年三十，你从外地回家，妈妈准备了丰盛的年夜饭，你看着一大桌的饭菜，准备对妈妈说什么？

(2) 你应一位画家的邀请，去他家丈量画幅尺寸，并为他的画定制一个画框，他家有一整面墙都贴着他5岁孩子的画，你想如何顺利地完成此次会面呢？

(3) 一位平时学习成绩不理想，行为习惯方面也让老师们很头疼的学生，有一次却主动留下来把教室打扫干净了，你作为劳动委员，如何在班会上汇报此事？

(4) 临近毕业，家人想让你继续读书拿到本科学历，而你觉得要先找份工作缓解家庭经济压力，你将怎样建言，让家人同意你的决定呢？

(5) 应聘面试时，面试官对你的表现十分满意，只是觉得你没有工作经验，你怎样巧妙地来化解这个问题？

(6) 学校举行手工制作大赛，每组同学合作交一件手工作品。你是一位手工制作能手，你的同学是一位画画高手，但你们之前有些误会，你将怎么达成你们之间的合作呢？

(7) 假如你是一家公司的接待处主任，总经理让你接待来公司参观学习的某职业学校的师生们，你将怎样安排整个接待过程呢？

2. 情景演绎

要求：抽到题目的同学自行邀请一位同学和你配合，完成对话，时间不超过 5 分钟，老师根据两位同学的表现，分别评分。

(1) 公司突然接到一个紧急任务，领导希望小林周末加班。而小林以周末家中有事为由拒绝了领导要求，作为小林的好友，你将怎样建言，让小林回公司加班呢？

(2) 你作为学校的校企合作联络员去某合作单位联系校园招聘会的事。当你到了该公司后，受到公司人事秘书的热情接待，请设计一段两人的对话。(请针对自己的专业来设计)

(3) 在公司年终表彰大会上，你代表所在的团队发言，陈述这一年来团队的业绩，可以从合作精神、典型事例和取得的成就三个方面来给予团队成员一定的赞美。

3. 面试现场

(1) 求职简历(时间不超过 15 分钟)：

准备一份求职简历，通过口头陈述来讲解简历的大致内容。

开头：你好！这是我的求职简历，请过目，第一页是________________________

(2) 自我介绍(时间不超过 15 分钟)：

以求职为目的进行自我介绍

开头：你好，我叫____

(3) 模拟面试(时间不超过 20 分钟)：

三位同学扮演面试官，设计 6～8 个问题并对这位同学进行面试。

三、活动评价估量表

活动评价估量表(五)如表 6-1 所示。

表 6-1 活动评价估量表(五)

项目分类	测评项目	得 分
沟通达人	1. 讲出完整的三至五句话	4 分
	2. 口齿清楚，普通话标准，语气自然	8 分
	3. 内容充实，达到目的	8 分
情景演绎	1. 口齿清楚，普通话标准，语气自然	5 分
	2. 体态得体，手势自然	5 分
	3. 内容充实，达到目的	10 分
	4. 反应敏捷，对话流畅	10 分

(续表)

项目分类	测评项目		得　分
面试现场	求职简历	语言：口齿清楚，普通话标准，语气自然、流畅	7分
		内容：个人简介、求职信、成绩表、各项荣誉及专业证书	8分
	自我介绍	语言：口齿清楚，普通话标准，语气自然，流畅	7分
		内容：个人简介，应聘优势（专业技能和工作能力等）	8分
	模拟面试	语言：口齿清楚，普通话标准，语气自然、流畅	8分
		体态：体态得体，手势自然	5分
		内容：合理设计，目标明确	7分
总分			
评价			

使用要则：低于60分，表示不能很好地展示自己，对于自己的特长无法确认，并且不够自信；60～80分，表示能够较好地展示自己，并且能根据对方需求提供自己的介绍；高于80分，表示能够表现出自己最佳的一面，且让对方留下深刻印象。

模块七　职场经纬

项目引领

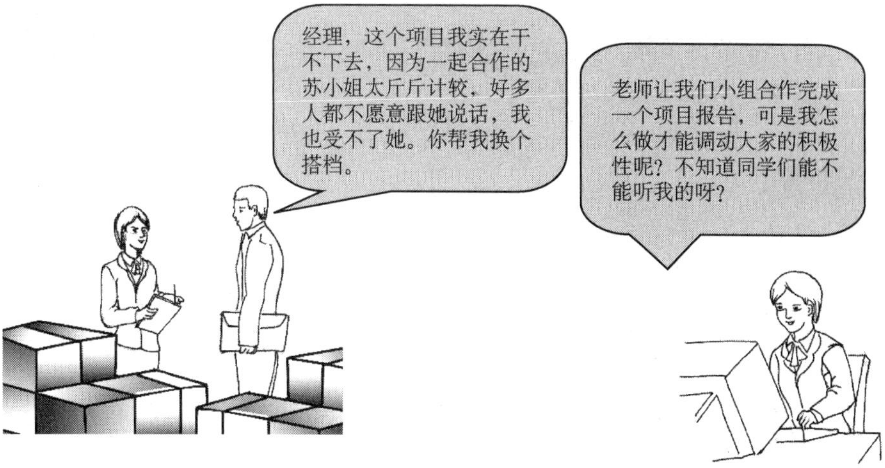

工作中，只有实现组织内部的沟通、配合和协调，才能完成各项任务。沟通是组织管理的基础，其成效决定一个团体、一个部门、一个单位的运作效率，也影响着部门职能和个人才能的发挥。不同的组织其工作状态千差万别。对纷繁复杂的管理事务和部门业务而言，在新的时代、新的背景之下，做好必要的管理沟通将让你的职场状态更为高效。

项目目标

1. 掌握组织与管理的技巧。
2. 掌握谈判与协调的技巧。
3. 掌握危机识别与预控的技巧。

任务一　组织与管理

情境导入

在《三国演义》中，刘备自“三顾茅庐”后便给予诸葛亮至高的地位，并要求下属们都要听从诸葛亮的安排，自己更是对诸葛亮言听计从。而这样的信任也得到了诸葛亮的回报，诸葛亮对刘备从无二心，并且一路追随。同学们，刘备作为一个团队领导，他的管理特色是什么？

任务要求

了解组织内部的沟通策略。

能够在管理中运用相应的沟通策略。

知识准备

一、组织内部沟通的含义

组织沟通是在组织结构环境下的知识、信息和情感的交流过程，它涉及战略控制以及如何在创造力和约束力间达到平衡的状态。组织沟通和一般沟通的区别在于，组织沟通是在特定情境下发生的。因此，它既具有一般沟通的特点，但又限制于工作任务和要求。组织沟通按照预先设定的方式，沿着既定的轨道、方向、顺序进行，作为管理的日常活动而发生。

二、组织沟通的对象及策略

（一）组织沟通的对象

组织内部沟通，依据信息在组织结构中的传递方向，可以分为纵向沟通、水平沟通和斜向沟通。其具体流程如图7-1所示。

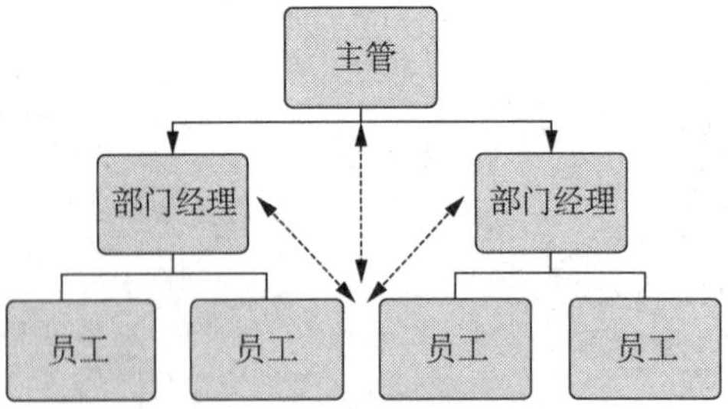

图7-1　内部沟通流程图

上图中垂直的虚线表示纵向沟通。纵向沟通由下行沟通和上行沟通组成：下行沟通是纵向沟通的主体,上行沟通是纵向沟通的关键。上下沟通顺畅,才能保证组织沟通有效。横向实线是水平沟通。斜向虚线是不同部门、不同管理者和员工之间的沟通。

(二) 组织沟通的策略

1. 下行沟通的障碍和策略

下行沟通的障碍有以下几种。

管理沟通风格差异。管理沟通风格主要分为命令式、指导式、支持式和授权式四类。沟通风格的性质因为时间要求、复杂程度而不尽相同,如果对于一个紧急的任务采用委托式的沟通,那就不能准确传递信息,可能会导致任务无法完成。

开放心态的缺失。开放心态的缺失主要体现在:忽视沟通;很少通过沟通去传达或者修订目标;管理层与员工间存在不信任情绪,尤其在非参与式的管理模式中,会出现员工想要的信息和上级给予的信息不符合的现象;上级把信息当成权力和工具,有意隐瞒,不愿意沟通。

传递信息的遗漏和曲解。组织结构层级越多,信息传递中的遗漏和扭曲就越多,如图7-2所示,100%的原始信息,经过5个层次后只剩下20%左右。

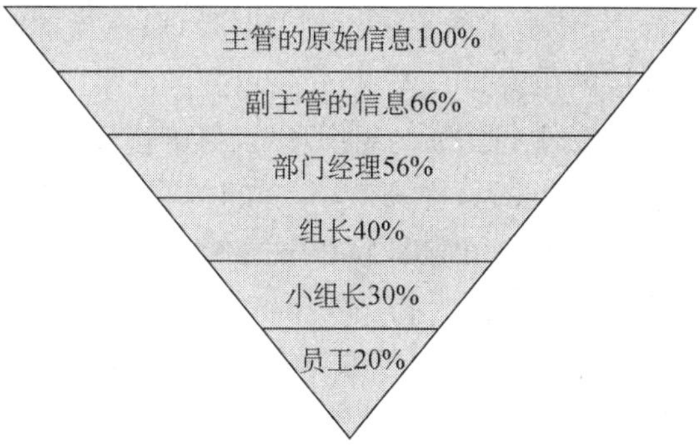

图 7-2 传递信息层级图

下行沟通的策略有以下几种。

管理者树立正确的向下沟通的心态。向下沟通应该是"心态"的问题,两者之间的关系不能简单理解为支配和被支配、领导和被领导的关系。管理者应当以礼貌的语言、关心的态度和开阔的心胸来对待下属。

采取开放式管理。员工参与决策,能够激励员工的参与积极性,取得员工的支持。管理者如果能够接受意见并共谋对策,引导下属意识到决定的重要性,及时肯定下属的想法,有心向下沟通,下行沟通就会行之有效。

建立有效的反馈机制。虽然下行沟通的主要任务是传达指示、布置任务,但为了保证信息能够被正确地理解和接受,管理者必须利用各种反馈渠道,倾听下属意见和建议。这样,不仅能帮助管理者判断沟通效果,而且能够在错误执行之前发现问题并采取补救措施,从而保证执行工作的正确实施。

精简沟通环节。为了提高组织沟通效果,上级应当"精兵简政",减少沟通环节,用简单的结构和精炼的系统来保证沟通的顺利进行。同时要对下属合理授权,变冷冰的气氛为及时肯定的鼓励,以改善沟通低效的状态。

2. 上行沟通的障碍及策略

上行沟通的障碍有以下几种。

封闭的管理文化。员工没有机会表达自己的观点，也无法交流自己的信息。上层管理者认为自己了解下属的需要，也坚信自己的决策正确，既不设置上行沟通的渠道，也不重视上行沟通的信息。

信息失真。只要是沟通就会有信息不对等的情况，尤其当信息对自己不利时，信息过滤就更为严重。上行沟通中的一部分信息是反映问题的，各级管理者都会认真对待，但也往往会有意无意拖延了信息流动；还有一部分是报喜不报忧，各级管理者会迅速回应主管感兴趣的事，而使那些过滤的信息不向上流动。

上下关系不良。上下级缺乏信任，双方不愿意花时间去了解，导致下属不愿意与上级沟通。上行沟通中的障碍也会让下层员工认为上行沟通无意义，从而缺乏沟通动机。

上行沟通的策略有如下几种。

建立适当的渠道和制度。如建立意见反馈系统、员工座谈会和巡视员制度；定期实施员工调查，了解员工对组织和工作的感受；设立员工意见箱，允许员工提出问题和看法，高层管理者进行解答；开发申诉程序，使员工的不满得到及时处理；在指挥链系统外，设置专门的上行通道，让高层可以听到底层的声音。

培育有效沟通文化。有效的上行沟通与组织环境、氛围直接相关。良好的组织氛围，有利于打开员工的心扉，促进上下级的关系，提高效率。同时，要注意沟通时的时间、地点、事实数据。一般而言，上行沟通要选择合适的时机，应在事发 48 小时内与直接领导进行沟通。提出的建议要有说服力，切忌夸夸其谈，言之无物。要用事实和数据说话，简明扼要地说清楚重点。

鼓励非正式的沟通。管理者要用非正式沟通方式弥补正式沟通的不足。走动管理相比其他渠道更有益于组织文化的建设，有利于传送企业的价值观。各层级的管理者应积极行动，与员工经常交流，提高员工对管理者的信赖度，如共同进餐、四下走动、深入现场、参加员工的娱乐活动。

3. 横向沟通的障碍及策略

横向沟通的障碍有如下几种。

部门本位主义。一些部门为了达到自己的目标或维持自己的利益，不从整体出发，更不愿意去了解其他部门的诉求，忽视其他部门的贡献。这种一味追求自己部门的利益，必然影响横向沟通。

职责交叉产生分歧。分工是管理的基础，但如果未能科学分工、分工不够明确，或者一些任务难以清楚分工，导致部门间权限不明、责任不清。后则演变为各个部门都把利益归向自己，把责任推向别人，出了问题后互相推诿，甚至责怪别人。这样的情况下，各个部门难以形成有机整体。

对有限资源的争夺。员工间、部门间为工作资源、职位和认可而竞争和冲突，也会造成横向沟通不顺。若员工或部门拥有的资源越是稀缺和不可替代的，其在组织中的影响力就越大。为了保持这种影响力，人们甚至会采取不合逻辑的行为，如不愿意透露工作技巧或者故意诋毁其他横向部门或个人。这些都会影响横向沟通的顺畅。

横向沟通的策略有如下几种。

调整组织机构。完善部门职责、岗位职责。组织不断发展，部门职责容易交叉，必要时调整组织结构，改善平行部门沟通。建立真实组织结构，表明职权关系；准确制定个人工作说明，让员工知道工作内容、方法和工作关系，创造条件促进沟通。必要时建立横向协调部门，让不同部门了解彼此进行的活动。

注意换位思考。试着站在他人的角度设身处地地为他人着想，并体会他人的看法，跳出自己的模式。横向沟通中，要主动、体谅，运用自己的资源帮助他人。这样，才能得到他人的帮助，并且获得双赢，吸引其他部门对自己提议的兴趣。

友好倾听他人。面带微笑，保持尊重对方的态度，不做出无视对方的言行举止，求大同存小异，努力寻找共同点，多听别人的难处，获得其他部门的好感。

三、团队管理技巧

比尔·盖茨说过："团队合作是一家企业成功的保证，不重视团队合作的企业无法取得成功。"那么，在一个团队中应如何进行有效的沟通呢？

（一）营造良好的氛围

任何人只有在宽松的氛围中，才能感到愉快和自在。因此，善意、宽容、信任、平等、坦率、公开和分享这七个组织文化因素构成了团队沟通的氛围。只有在善意和宽容的团队中，人们才会信任，从而拥有平等对话的人格。每个成员都应有发言权，做到坦率地表达观点，实现信息的公开和共享。

（二）积极倾听

积极倾听指的是在思维上参与会话，给予非语言反馈，同时在大脑中进行信息分析，提出疑问。沟通是否有效，很大程度取决于倾听能否有效，具备良好倾听技能的人往往可以在工作中与他人自如地沟通。

（三）有效诉说

沟通是双向的，除了积极倾听之外，诉说也必不可少。诉说就是陈述和说服，陈述事实和观点，影响听者，是诉说的主要目的。有效诉说应当满足以下条件：

（1）符合倾听者的特点。

（2）符合沟通的环境。

（3）符合沟通的目的。

（4）符合所在的立场和观点。

（四）沟通管理

当团队出现不和谐的声音时，团队的沟通管理应如何进行呢？通常我们可以采取以下做法：

（1）找共同的希望目标：问"你的希望是什么"。

（2）发现真正的问题：问"你听到的事实是什么"。

（3）收集正确的信息：问"你的信息渠道哪里来的"。

（4）把问题放在桌面：问"你的方案的优势在哪里"。

（5）列出选择方案：问"你的方案和希望一致吗"。

（6）找出解决办法：问"请评价听到的各种方案"。

组织内部沟通训练实录

传说人类的祖先最初讲的都是同一种语言，没有像今天这样有这么多的语种。当时，人们在底格里斯河和幼发拉底河之间，发现了一块异常肥沃的土地，于是就在那里定居下来，建造起了繁华的巴比伦城。后来，人们的日子越来越好，人们为自己的成就感到无比的骄傲，于是，大家决定在巴比伦修一座通天的高塔，以传颂自己的光荣事迹，并集合全天下人来共同修建，以集中力量。

因为大家语言相通，沟通起来没有阻隔，因此干起活来也能同心协力，阶梯式的通天塔进展得异常顺利，眼看就要直插云霄了。这事被上帝得知了，他立即从天国下凡视察。上帝一看，即为人类的力量感到惊奇，也为自己的地位受到威胁而感到恼怒，因为在上帝看来，凡人是不能和他等高的。他看到人们这样同心协力、力量无穷，心想，这都是语言没有差异引起的祸害，在同一语言环境下，人们高效地进行着沟通。于是，上帝想到了一个主意，决定让人们的语言发生混乱，使人们互相言语不通。人们各自讲不同的语言，感情无法交流，思想很难统一，导致沟通不畅，最终就难免出现互相猜疑，各执己见，争吵斗殴。这就是人类之间误解的开始。

最终，通天巨塔的修造工程因语言纷争导致沟通不畅而停止，人类的巨大力量消失了，通天塔终于半途而废。

为什么通天塔失败了？

解析：要想干成一件大事，必须懂得沟通，善于沟通。沟通成，事则成；沟通败，事则败。管理活动中如果没有交流沟通，企业上下就不能达成共识。所以，作为管理人员，要能善用任何沟通的机会，甚至创造更多的沟通途径，与其他人多沟通交流。

◎**资料卡**

组织与管理的沟通对象

下行沟通　　上行沟通　　横向沟通

任务实施

拾趣

1. 看天下

(1) 有一次，鲍洛奇决定兴建一个新厂，由于时间紧迫，任务繁重，所以他派了一批得力干将去。在预定开工前的三个星期，他前去检查工作。在那里，他看到了一番令他觉得凄惨的景象：员工们满身是泥，满脸是灰，还带着疲惫，一个个十分狼狈，甚至连电灯都没有装好，只用一个临时的电灯泡替用。看到这些，鲍洛奇觉得心疼，又感到着急，他会怎么说呢？

(2) 为了培养员工的合作意识，日本有“经营之圣”之称的稻盛和夫几乎每天晚上都要和年轻员工一起吃饭聊天；他不给中层领导单设办公室，让他们和下属一起办公；夏天来临的时候，首先给车间装上空调，而不是给管理者的办公室；每当公司遇到危机时，总是从上层领导开始削减工资，不会轻易解雇员工。你觉得他为什么要这么做？

入境

2. 找症结

盖莫里公司是法国一家拥有300人的中小型私人企业，这一企业生产的电器有许多厂家和它竞争市场。该企业的销售负责人参加了一个关于发挥员工创造力的会议后大有启发，开始在自己公司谋划成立了一个创造小组。

在冲破了来自公司内部的层层阻挠后，他把整个小组(约10人)安排到了农村议价小旅馆里，在以后的三天中，每人都采取了一些措施，以避免外部的电话或其他干扰。

第一天全部用来训练，通过各种训练，组内人员开始相互认识，他们相互之间的关系逐渐融洽，开始还有人感到惊讶，但很快他们都进入了角色。

第二天，他们开始训练技能，开始涉及智力激励法以及其它方法。他们要解决的问题有两个，第一个问题是发明一种拥有其它产品所没有的新功能电器，第二个问题是为此新产品命名。

第一、第二两个问题的解决过程，都用到了智力激励法。但在为新产品命名这一问题的解决过程中，经过两个多小时的热烈讨论后，共为它取了300多名字，主管则暂时将这些名字保存起来。

第三天一开始，主管便让大家根据记忆，默写出昨天大家提出的名字。在300多个名字中，大家记住20多个。然后主管又在这20多个名字中筛选出了三个大家认为比较可行的名字。再将这些名字征求顾客意见，最终确定了一个。

结果，新产品一上市，便因为其新颖的功能和琅琅上口、让人回味的名字，受到了顾客热烈的欢迎，迅速占领了大部分市场，在竞争中击败了对手。

盖莫里成功的根本是什么？

下水

3. 用策略

请根据下列提供的信息思考，作为班长，在就运动会事宜进行沟通时，应当注意哪些策略：

(1) 需要其他班干部配合你做好比赛的报名推荐工作。

(2) 需要和班主任汇报，班级有5位同学不愿意参加任何比赛的事情。

(3) 5人中有2个是你的好朋友。

(4) 隔壁班级的班长希望你透露你们团体田径赛的比赛组合人员。

任务二　谈判与协调

情境导入

某商场休息室经营咖啡和牛奶，开始时，服务员问顾客："先生，喝咖啡吗？"或者是"先生，喝牛奶吗？"其销售平平。后来，老板要求服务员换一种问法，"先生，喝咖啡还是牛奶？"结果其销售大增。原因在于，第一种是"封闭式"提问，容易得到否定回答，第二种是"选择式"提问，大多数情况下，顾客会选择一种。

任务要求

了解谈判协调时的沟通策略。

能够在生活中运用相应的谈判策略。

知识准备

一、谈判的含义

谈判是指一个利益相关的双方为了取得自己有利的结果而进行协商的过程。这当中包含以下条件：

(1) 双方有相关的利益，有共同的目标。

(2) 在需要合作的同时，双方有利益的冲突。

(3) 假设有利益最大化的追求。

二、谈判的分类

(一) 对抗式谈判

对抗式谈判，指的是就一份固定数量的资源如何分配协商，是一种"赢—输"的谈判。在对抗式谈判中，每一方都有自己的目标点，也都有自己可以接受的最低限度。目标点和最低接受点之间，就是商谈的空间。双方谈判的目的都是让对方同意并接受自己的具体目标点或者尽可能接近它。一般有以下四个特点：

(1) 只关注自身利益：让步幅度较小。

(2) 操纵时间：所有提议只在有效时间内有效，强迫对方接受最短限期。

(3) 运用情绪：对抗式谈判者通常利用发脾气、吵架、离开等迫使对方接受。

(4) 最后限期：用一些手段逼迫对方接受自己条件。

(二) 合作式谈判

合作式谈判是双方寻求一种或多种解决方案，以达到"赢—赢"目标的谈判。这种谈判将双方团结在一起，使每一方都觉得自己获得胜利。因此，它需要长期的关系来推进共同的合作。其特点体现在以下方面：

（1）分清人际关系与要解决的问题：集中精力解决问题，而不是进行人身攻击。

（2）注重利益但不盲从立场：承认对方的利益，寻求最佳途径。

（3）谋求互惠的方案：在谈判中尽量多设计方案。

（4）使用客观的评判标准：以公正的标准作为谈判的基础，如法律、效率、市场价值等。

三、谈判协商的过程与技巧

（一）开局

谈判开局对整个谈判起着至关重要的作用，它不仅决定了双方在谈判中的力量对比，还决定了双方在谈判中的态度和方式。

1. 了解对手

开局时通过接触，可以对对手有初次印象，如言谈举止、着装风格、精神风貌、礼仪礼节等，从这些信息推断对方的个性，选择自己的策略。具体方法有：

（1）挑选有良好合作关系的双方。

（2）利用传播媒介制造气氛。

（3）在谈判前可以有一些非正式接触。

（4）交流时以中性话题切入。

2. 营造氛围

每一次谈判都因为谈判内容、形式或者地点的不同，而有它独特的氛围，这种氛围可以在不知不觉中将谈判朝着某个方向推进。例如，在谈判时，首席代表说“告诉大家一个好消息，我昨天刚和我相恋多年的女友领证了”，对方代表也会向他道贺，那么谈判气氛就会十分和谐，谈判就能顺利进行。具体方法有：

（1）感情共鸣法。

（2）称赞法。

（3）幽默法。

（4）沉默法。

（5）疲劳战术。

3. 阐明关键目的

在良好的气氛下，说明各自诉求，双方都必须清楚对方的利益点和期望，这样才能为一致协定奠定良好的基础。具体方法有：

（1）开门见山。

（2）步步为营。

（3）保留底线。

（二）阐述和说服

谈判双方表明各自对相关问题和利益的看法，包括对问题的理解、双方的利益、双方的首要利益、双方的谈判态度等。这一阶段不一定是对抗性的，更多是一个交流的过程，是为了达到利益最大化而进行的协商。

1. 合情合理

任何阐述都应当有理有据，不能靠无理和吓唬去沟通，应当为双方的谈判保留余地，从对方关心的问题切入，并且进行阐明。具体需要注意以下几点：

（1）注意时机。

（2）精确表达。

（3）陈述对比。

（4）细化要求。

2. 有商有量

磋商阶段是双方在最低接受点的基础上进行退步或进攻的行为过程。一般而言，这是必经阶段，也是核心阶段，这一过程将直接关系双方所获利益的大小，决定着双方各自需要的满足程度。具体需要注意以下几点：

（1）注意轻重缓急。

（2）控制次数和幅度。

（3）不要操之过急。

（三）结束

结束的主要标志就是出现成交信号。成交信号指的是谈判双方在洽谈过程中所表现出的成交意向。作为己方谈判者，可以主动发出成交信号，或者从对方的成交信号中捕捉到信息，促成缔约。

1. 常用的信号

谈判中常用的成交信号有以下几种：

（1）在向对方发出信号时，用极少的言辞表明立场，比如“这是我最后的主张”。

（2）回答对方的问题很简洁，表情坚定，态度坚决。

（3）明确告诉对方，现在结束可以获得最有利的选择。

2. 常用的策略

谈判中常用的成交策略有以下几种：

（1）期限策略。

（2）优惠劝导策略。

（3）最终利益策略。

谈判训练实录

美国一公司的商务代表迈克到法国去进行一场贸易谈判，受到法国人的热烈欢迎。法国人开着小车到机场迎接，然后，又把他安排在一家豪华宾馆。迈克有一种宾至如归的感觉，觉得法国人的服务水平很棒。安排好之后，法国人看似无意地问：“您是不是要准时搭飞机回国去啊？到时候我们仍然安排这辆车来送您去飞机场。”迈克点了点头，并告诉对方自己回程的日期，以便对方尽早安排。法国人因此掌握了迈克谈判的最后期限，只有10天的时间。

接下来，法方安排迈克游览法国的风景区，丝毫不提谈判的事，直到第7天，才安排谈判，但也只是泛泛地谈了些无关紧要的问题。第8和第9天也只是草草收场。第10天，双方正谈到关键问题上，来接迈克的车来了，法方建议剩下的问题车上谈。

迈克进退两难，如果不尽快作出决定，那就要白跑这一趟；如果不讨价还价，似乎又不甘心。权衡利弊，为了不至于一无所获，只好答应了法方一切条件。

该案例中，法方用了什么策略？

解析：法方利用期限策略给对方施加心理压力，期限策略是设置了不可逾越的时间期限，让对方觉得没有办法，只好妥协。

任务实施

拾趣

1. 看天下

(1) 有一个妈妈把一个橙子给了邻居的两个孩子。这两个孩子便讨论起来如何分这个橙子。两个人吵来吵去，最终达成了一致意见，由一个孩子负责切橙子，而另一个孩子选橙子。结果，这两个孩子按照商定的办法各自取得了一半橙子，高高兴兴地拿回家去了。请问这两个孩子的利益都得到最大化了吗？如果没有，两个孩子应该怎么做？

(2) 兄妹俩为分一张吃剩的馅饼而争吵，两人都坚持自己要一块大的，又都害怕被对方欺骗了。正当男孩子持刀准备给自己切一大块时，父亲来了。按照所罗门国王的传统，父亲说道，“等一等，我不管你们由谁来切，但是切的人必须把选择权让给对方。”当然，小男孩为了保护自己的利益，会把馅饼切成同样大小的两块。这个故事给我们什么启示呢？

入境

2. 找症结

孔子有天外出，天要下雨，可是他没有雨伞，有人建议说：子夏有，跟子夏借。

孔子一听就说：不可以。子夏这个人比较吝啬，我借的话，他不给我，别人会觉得他不尊重师长；给我，他肯定要心疼。

这个故事体现了谈判中哪个阶段的重要性？请仔细分析。

下水

3. 用策略

请根据下列提供的信息思考，作为电器销售人员，与客户进行沟通时可以运用的谈判协商策略。

(1) 客户赶着要年内结婚，需要置办家用电器。

(2) 客户是你的亲戚，同时喜欢货比三家。

(3) 有客户投诉你销售的是质量有问题的产品。

(4) 客户希望整套产品享受到最低的优惠。

任务三　危机识别与预控

情境导入

唐朝宰相陆贽当宰相时，听人们议论太常博士李吉甫和一些人拉拉扯扯谋私利，陆贽没做调查就不分青红皂白的把李吉甫贬到明州去做长史。李吉甫当然心里很不痛快，一些人也为这件事抱不平。

后来皇帝听了谗言，把陆贽贬到长江三峡附近的忠洲当别驾。

后上任的宰相知道陆贽与李吉甫之间的过节，就把李吉甫提升为忠洲刺使，目的是想利用他和陆贽的矛盾，压制陆贽永远不能回京城。

可是李吉甫是个心地宽厚又聪明的人。他主动请陆贽吃饭，诚恳地和他交谈，陆贽很感动，坦白了过去的事，向李吉甫表示歉意，从此两人共同商议工作，相处得很和谐。

任务要求

学习如何处理和化解沟通危机。

学习如何识别和预控沟通危机。

知识准备

一、公共关系

组织外部的沟通即所谓的公共关系，是指组织机构用传播手段使自己与利益相关者之间形成双向交流，使双方达到相互了解和相互适应的管理活动。其目的是改善与利益相关者的关系，促进公众对组织机构的认识、了解和支持，树立良好的形象。

公共关系是一种状态，任何单位或个人都在这种状态中；它又是一种活动，当组织或个人有意识地去改善和维护关系时，就是从事外部的沟通活动。

公共关系是社会关系的一种表现形态，有其独特的性质。

(1) 情感性。外部沟通追求的是“人和”，为组织或者个人的发展提供最佳的环境。

(2) 双向性。组织一方面要吸取民意以调整决策，改善自身竞争力；另一方面又要对外传播，使外界了解自己，达成有效的双向意见沟通。

(3) 广泛性。外部沟通无处不在，贯穿于主体的整个生存和发展中。另外，任何个人、群体和组织，都可以是与主体发生关系的对象，也可以是有可能发生关系的对象。

(4) 整体性。公共关系的宗旨是使别人全面了解自己，从而建立起声誉和知名度。它侧重于一个组织机构或个人在社会中的地位和形象，不是单纯地传递信息，宣扬自己的地位和威望。

(5) 长期性。不要把公共关系当作临时性的维护，而是要结合经常性和计划性去考虑。

每个人都希望自己拥有良好的人际关系，尽管每个人的动机可能不同，对朋友的要求与期望也不尽相同。但是无论怎样，人们渴望赢得朋友、保持友谊、避免人际关系破裂的心理需求是一致的。所谓沟通原则就是双方在交流时需要遵守的基本准则或规范。

二、组织外部沟通的对象

(一) 主管部门

在与主管部门打交道的过程中，应当注意通过增进彼此的了解，使影响生存空间的法规与政策制度对组织机构更加有利；充分利用主管部门的服务功能与资源提高自身的竞争力。

(二) 新闻媒体

媒体公关要注意长期性和必要性，当危机出现时，新闻媒体会成为处理环节中至关重要的一环。

(三) 服务对象

与服务对象的沟通能为组织机构提供全方位的管理视角，良好的、广阔的管理视角赋予组织机构更强大的交流能力，从而获得双方利益的最大化。在为对象提供优质服务的基础上，提高风险意识，在任何谈判中都要引入专业法律顾问，防止无谓的争执。

(四) 合作伙伴

由于专业分工的细化，各种不同的协作者会为企业提供各种类型的服务。这些合作伙伴在沟通中需要保证双方的利益，同时要明确彼此的权利和义务。

(五) 员工、下属

员工和下属作为组织机构最有直接联系的利益获得者，是企业的内部客户。沟通时必须保证一定的频率，同时要保证信息的对称。

三、危机的预警信号

(一) 对手日益强大

市场的激烈竞争，会让竞争双方抢夺资源和市场占有率。一旦出现一方的占有率升高，危机信号就已经出现。

(二) 服务对象的投诉

收到投诉的次数从侧面反映了服务质量，服务对象如果频繁投诉，也会给组织机构带来危机。

(三) 发展速度过快

组织机构有时会在势头发展良好时，过于求快速发展，进行所谓的扩张、多元化等策略。组织机构的发展必须在确立无可动摇的地位后才能实施战略发展。

四、危机管理沟通的预控

(一) 尊重事实，坦诚面对

在危机管理过程中，任何一个危机管理者都要有尊重事实、坦诚面对的态度，这是根本原则。只有实事求是，不回避问题，勇于承担责任，才能获得理解和支持；如果采取"无可奉告"的态度，结果反而会雪上加霜。

(二) 快速反应，及早处理

好事不出门，坏事传千里。消息如同病毒一样，会以裂变的方式传播。危机造成的损失与速度成反比，速度越快，损失越小，因此必须要迅速处理问题。

(三) 内部协调，共同应对

内部如果不协调，缺乏处理危机事件的能力，最直接的后果便是管理成本增加或者声誉受到重创。现在很多组织机构都需要员工独立承担责任，没有独挡一面的协调能力，就没有在关键时刻化险为夷的能力。

(四) 积极负责，勇于担当

组织机构要站在受害者的立场上思考问题，一般应关注利益和感情两个问题。不论谁是谁非，组织机构都要承担一定责任。另外，要解决对方的心理疑惑，赢得信任，通过安慰、道歉等方式建立彼此的联系。

(五) 坚持立场，统一口径

为避免信息混乱，在危机处理时，需要注意：

(1) 由高层统一表态，形成有效的对外沟通渠道。

(2) 表态前后要一致，不能反复，不然很难自圆其说。

(3) 拟定统一的口径，保证在过程中的态度一致。

(六) 灵活处理，见机行事

由于事件本身是不确定的，因此会出现各种情况。组织机构应当时刻关注事态的变化，灵活处理，见机行事。

◎资料卡

"特里法则"

"特里法则"指的一是"承认错误是一个人的最大力量源泉"；二是"正视错误的人将得到错误以外的东西"。核心意义就是敢于认错本身是具有很大价值的。

主要从以下几方面来理解：

第一，以端正的态度来面对错误并努力改正，这是人类不断进步的力量源泉和基石。人的进步就是在不断地克服困难、改正错误中获得的，前进的动力也是在不断地改正一个又一个错误的基础上获得的。所以，只有态度端正的人才有可能总结经验教训，才有可能改正错误，重新迈向成功之路。

第二，努力克服人性的弱点，正确认识承认错误与“丢面子”之间的辩证关系。在实际工作上碍于人性的弱点，大多数领导者不愿意表现出自己薄弱的一面。因为领导者承认错误，自己没有面子，担心失去威信；领导者要是不承认错误，就会让那些认识到错误的人没面子，这也会降低对他的支持。此时，是要面子还是要真正的支持呢？

第三，敢于承认错误是避免再次犯错的重要前提。不敢于认错的结果就是会想方设法地掩饰错误。以后遇到同样的问题，不是回避、就是还像以前一样犯错，进而很容易导致重复原来的错误。因此，对于不愿意承认自己错误的职业经理人，这些错误在其个人发展过程中，历来都是致命的。

第四，好好把握每一次犯错误的机会，认真总结，力争不再犯重复性错误。犯错误也是学习的机会，只不过是反面教材而已。所谓的天才并不是不犯错误，而是错误从不犯第二次，古人讲的“不二过”即是如此。我们大多是普通人，之所以普通，也是遇到错误就经常一犯再犯，又何止“二过”能止。摔倒了一次，就爬起来；再摔倒了，就再爬起来，百炼方能成钢！领导者因为犯错而被降职或解聘，跟是否承认错误完全是两码事。不承认错误也许不会降职，但不敢于认错就意味着犯了一个更大的错误，后果可想而知。

危机处理训练实录(一)

新墨西哥州阿布库克市的布鲁士·哈威，错误地核准付给一位请病假的员工全薪。在他发现这项错误之后，就告诉了这位员工并且解释说必须纠正这项错误，他要在下次薪水支票中减去多付的薪水金额。这位员工说这样做会给他带来严重的财务问题，因此请求分期扣回多领的薪水。但这样哈威必须先获得他上级的核准。“我知道这样做”哈威说，“一定会使老板大为不满。在我考虑如何以更好的方式来处理这种状况的时候，我了解到这一切的混乱都是我的错误，我必须在老板面前承认。”于是，哈威找到老板，说了详情并承认了错误。老板听后大发脾气，先是指责人事部门和会计部门的疏忽，后又责怪办公室的另外两个同事。这期间，哈威则反复解释说这是他的错误，不干别人的事。最后老板看着他说：“好吧，这是你的错误。现在把这个问题解决吧。”这项错误改正过来，没有给任何人带来麻烦。自那以后，老板就更加看重哈威了。

请问这个案例是危机处理的哪一种？试简要分析。

解析：勇于承认错误，为哈威带来了老板的信任。其实，一个人有勇气承认自己的错误，也可以获得某种程度的满足感，并有助于解决这项错误所制造的问题。勇于承认错误和失败也是企业生存的法则。市场不是两军对垒的战场，企业不是军队。承认失败，企业可以避免更大的市场损失，可以重新调整自己的市场策略，也就可以重新取得市场机会。

危机处理训练实录(二)

2015年3月15日，CCTV新闻频道《共同关注》栏目重磅报道北京鸭血九成是假的。据央视报道，有观众举报，北京市场九成的鸭血都是假鸭血，甚至是含有甲醛的有毒鸭血。街边麻辣烫的老板直接告诉记者，他这里的鸭血是猪血做的。记者到呷哺呷哺和小肥羊，分别打包了一份鸭血，随后，到附近的一个连锁餐馆打包了一份风味鸭血。检测报告显现，三份鸭血样品均检出猪源性成分。此外，麻辣烫所用的猪血检出了高浓度甲醛。

3月15日20点40分，呷哺呷哺微博发布第一篇回应："各位好，就今晚央视《共同关注栏目》播出的"北京鸭血九成是假的"的新闻中提到，取自呷哺呷哺一家门店所售卖的鸭血含有猪源性成分，我公司对此事件高度重视。坚持品质、对消费者负责是呷哺呷哺经营的根本。我们将联合新闻媒体、政府部门和第三方检测机构立刻展开调查。有进一步消息我们会及时发布。谢谢！"

该案例中企业用了什么策略？

解析：这是一个成功沟通的案例，一场声势浩大的公关危机最终得到圆满的解决。客观讲，呷哺呷哺鸭血事件能圆满解决，确有很大因素在于其本身是一个"乌龙事件"，呷哺呷哺的鸭血没有问题。但我们也能看到呷哺呷哺面对突如其来的危机时，能自始至终地从容应对，没有自乱阵脚。

任务实施

拾趣

1. 看天下

2017年8月，法制晚报的媒体记者卧底海底捞暗访，通过拍摄老鼠钻食品柜、火锅漏勺掏下水道、扫帚簸箕与餐具一起洗等照片，揭露了餐饮行业的标杆企业——海底捞的卫生状况堪忧的问题。在事件爆发三个小时左右，海底捞给出了一个堪称企业危机公关范本的回应。业内人士将海底捞的危机公关策略概括为：锅我背、错我改、员工我养。具体处理方法见下图。

关于海底捞火锅北京劲松店、北京太阳宫店事件处理通报

海底捞各门店：

今天有媒体报道我公司北京劲松店、北京太阳宫店后厨出现老鼠、餐具清洗、使用及下水道疏通等存在卫生隐患等问题。经公司调查，认为媒体报道中披露的问题属实。

公司决定采取以下措施：

1. 北京劲松店、北京太阳宫店主动停业整改、全面彻查；并聘请第三方公司，对下水道、屋顶等各个卫生死角排查除鼠；责任人：公司副总经理谢英；

2. 组织所有门店立即排查，避免类似情况发生；主动向政府主管部门汇报事情调查经过及处理建议；积极配合政府部门监管要求，开展阳光餐饮工作，做到明厨亮灶，信息化、可视化，对现有监控设备进行硬件升级，实现网络化监控；责任人：公司总经理杨小丽；

3. 欢迎顾客、媒体朋友和管理部门前往海底捞门店检查监督，并对我们的工作提出修改意见；责任人：公司副总经理杨斌；联系电话：4009107107；

4. 迅速与我们合作的第三方虫害治理公司从新技术的运用，以及门店设计等方向研究整改措施；责任人：公司董事施永宏；

5. 海外门店依据当地法律法规，同步进行严查整改；责任人：公司董事苟轶群、袁华强；

6. 涉事停业的两家门店的干部和职工无需恐慌，你们只需按照制度要求进行整改并承担相应的责任。该类事件的发生，更多的是公司深层次的管理问题，主要责任由公司董事会承担；

7. 各门店在此次整改活动中，应依据所在国家、地区的法律法规，以及公司相关规定进行整改。

四川海底捞餐饮股份有限公司

2017年8月25日

请评价海底捞危机沟通的策略？

入境

2. 找症结

请分析“卫龙辣条”这则声明体现了怎样的沟通态度。

郑重声明

尊敬的消费者和媒体朋友们：

关于我公司产品含有山梨酸及其钾盐、脱氢乙酸及其钠盐，致使辣条“抽检不合格”的情况。我公司郑重声明，我公司产品完全合法合规，具体说明如下：

一、自2007年开始，调味面制品(辣条)一直执行各地方标准(其中以河南省执行的《调味面制食品地方标准 DB41/T 515—2007》及湖南省执行的《挤压糕点地方标准 DBS43/002—2017》为代表)。

二、我公司严格按照河南省地方标准及食品生产许可依法依规组织生产，现河南省地方标准现行有效，市场上执行河南省地方标准及执行企业标准的产品均符合相关法律法规要求。

三、2018年5月14日国家卫生健康委员会发函“关于征求《食品安全国家标准 调味面制品》等4项食品安全国家标准(征求意见稿)意见的函”，国家标准进入征求意见阶段，现仍在制订中，在国家标准未正式发布之前，我公司严格按照河南省地方标准执行，我公司可提供合格证明文件。

感谢各级政府监管部门和媒体朋友对辣条行业的监督，我们诚恳接受社会各界的指导和意见，并认真对待每一个关于食品质量安全的反馈和建议，我公司郑重承诺，会一如既往地遵守国家和地方相关法律法规，向消费者提供安全放心的产品。

漯河市平平食品有限责任公司

2018年9月4日

下水

3. 用方法

西安“哭诉维权”事件

事件简介：2019年2月25日，奔驰女车主在西安利之星奔驰4S店首付20多万购买了一辆奔驰车，还没开出4S店就发现车辆发动机存在漏油，和4S店沟通无果。4S店既不能退款也不能换车，只能更换发动机，车主被逼无奈开始维权之路。最终4S店被西安高新区市场监管部门依法处以100万元罚款，奔驰女车主也和西安利之星汽车有限公司达成换车补偿等和解协议。

如果你是奔驰销售，你会在第一时间如何处理事件？

综合自测　职场精英

测试题目

1. 如果你刚到一个新单位，有一个职位很适合你，但是领导和同事不了解你，你会如何表现自己？

2. 智慧、金钱、权利、真理，你认为哪个更重要？为什么？

3. 你获得晋升机会，上任后公司想出台具体规章制度，需要提供一些相关资料。你将此事安排给下属，但他提供的资料不够准确，领导那里又催得急，你会怎么做？

4. 你学习到一种好的方法，想应用到工作中去，你会如何跟同事沟通？

5. 领导交代你送个急件给甲，第二天领导就责骂你将送给乙的东西给了甲，你会如何处理？

6. 当你负责的工作需要其他部门协调时，你会如何沟通安排？

7. 如果你的下属诬告你，你会怎么应对？

8. 有人经常跳槽或者更换岗位，对此你怎么看？

9. 如果你的工作获得上级领导表扬，但是你的主管领导却说是他做的，你会怎么办？

10. 你工作一段时间后，领导和同事都觉得你不适合这个岗位，暗示你可以换岗，你会怎么处理？

11. 你想去一个进修班，此时你会如何说服领导？

12. 你工作认真，可是领导和同事不了解，还经常奚落你，此时你会如何处理？

13. 你起草了一份文件给领导审批，但是他没看就要你发文。第二天，他发现有重大错误，对你大发雷霆，丝毫未提及他没有审核的事情。你很委屈，你会如何办？

14. 领导让你负责一项工作，并安排老同志协助你，但是工作中大家只听老同志的安排，你会怎么处理？

15. 在竞选中，你取代了原来的领导，变成了他的上级，你会如何与他共处？

模块八　5G 时　代

项目引领

随着网络技术的发展，5G 时代即将到来。在全新的网络时代，网络在工作、生活中的作用将愈发凸显。个人也需充分融入网络、利用网络，才能获得更好的发展。如何在网络世界中保持与他人的良好协作与沟通，本篇章将为你带来一定的启发。

项目目标

1. 了解虚拟组织的特性，掌握基本的虚拟组织管理沟通技巧。
2. 了解自媒体的特性，掌握基本的自媒体运营沟通技巧。
3. 了解网络沟通存在的伦理问题，了解网络沟通的基本伦理规范。

任务一 虚拟组织的管理沟通

情境导入

林静接到公司委派，将要主持一个大项目。但该项目组的成员并不只有林静的公司同事，还有很多成员是其他公司的员工。这些成员分属不同公司、不同专业，很多人的工作地点在外地甚至是国外，根本不可能将他们聚在一地工作。林静该如何管理这个团队，顺利完成项目呢？

任务要求

了解虚拟组织的性质、特点，及其与传统组织的区别。

理解虚拟组织管理者在沟通上所需要注意的技巧。

知识准备

一、虚拟组织的性质及其特点

随着数字媒介与社交网络的飞速发展，人类拥有了前所未有的远距离协作能力。越来越多的个人或组织依托这种传播技术，通过随机招募人员、灵捷的组织形式和现代管理技术三方面的创新性组合，实现其工作目标。虚拟组织这一全新的组织形式应运而生，并在近年来不断发展壮大。

所谓虚拟组织，是一种与传统组织相对应的全新组织形式。它是建立在网络传播技术的基础上，通过密集的信息、平等的交流，整合利用不同人员的智慧，以实现组织核心特定目标的各种人才的集合。

一个典型的虚拟组织通常具有以下三大特征：①成员拥有共同的目标，从事着相互依赖的工作；②网络沟通多于面对面沟通；③成员在地理或组织上彼此分散。

按上述概念的界定，一切为达成某一特定目的而结成的网络组织，如网络游戏中的玩家公会，讨论某类特定话题或为举办某类活动而组成的QQ群、微信群等群众组织，都可算作是虚拟组织。

但就目前而言，虚拟组织发挥最大效用的领域依旧是经济生产领域。因此，本课程内容所涉及的虚拟组织，主要指在经济生产领域利用现代互联网技术跨地域、组织进行协作的团队，故也可称之为“虚拟团队”。

二、虚拟组织与传统组织的区别

作为一种全新的组织形式，虚拟组织与传统组织主要有以下几点区别：①传统组织在项目开始便组成，并且一直延续到项目结束为止。而虚拟组织的成员在项目需要的时候才组成，不需要时可随时离去。②传统组织的成员属于同一个组织或群体；而虚拟组织的成员来自于不同的组织或群体。③传统组织的成员在该组织是全职的；而虚拟组织的成员大多同时为几个不同的组织或群体工作。④传统组织的成员都在同一个地点工作；而虚拟组织的成员在不同的地点工作，甚至在不同的城市工作。⑤传统组织的成员都向同一个领导报告；而虚拟组织的成员向不同组织或群体的领导报告。

需要注意的是，虚拟组织虽然是一种与传统组织对应的全新组织形式，但两者并不是对立关系。随着社会组织形态的不断发展，一些传统组织也开始呈现出越来越多的虚拟组织的特性。

越来越多的工作单位不再要求员工在指定的场地工作，而允许员工自由选择工作场地，仅通过互联网实现工作任务的传递与沟通。随着互联网技术的发展而诞生的“SOHO”(即Small Office，Home Office的简称，意思是居家办公)一族，便是这一趋势的具体体现。

此外，越来越多的传统组织发现原有的组织形式已经难以适应瞬息万变的现实需求，开始在组织内部建立虚拟组织，利用虚拟组织的天然的灵活性，为本组织服务。例如，IBM公司就有一个高级虚拟组织，负责在整个公司内推行工作任务和策略。这个组织包含28个成员，他们来自所有的部门，可以为了任何目的马上形成。多年来，该虚拟组织为IBM的发展壮大立下了汗马功劳。

三、虚拟组织管理者的沟通技巧

因虚拟组织的特性，组织的管理者在与组织其他成员沟通时，需要注意一些特别的沟通技巧。

(一) 建立达成共识的组织准则

虚拟组织面对面沟通的机会非常少，不像面对面沟通那样，能获得足够多的信息和及时的反馈。因此，在组织建立之初就必须与所有成员一起讨论并制定组织的准则。这套准则包括了组织的工作目标、职责与分工、沟通机制、沟通渠道、信息共享机制、反馈机制，等等。

总之，虚拟组织需要这样一套行为规范来指导所有成员的日常行动。否则，虚拟组织的特性会极大增强管理难度，造成“各自为政“的局面。

(二) 利用认可的沟通技术与渠道

对于虚拟组织来说，由于缺少面对面这一最有效率的沟通方式，大家就需要利用技术手段或其他沟通工具进行相互交流。

对于国内组织来说，邮件、微信还有QQ等都是最常用的沟通工具，大家就需要选择沟通工具的优先顺序，在组织中形成共识。

对于跨国性质的虚拟组织，往往会出现别国的成员不会用微信和QQ，国内成员也不会使用他们的沟通工具的情况。在这种情况下，组织管理者就需要与所有成员一同讨论应该使用哪些工具以及它们的优先顺序。其实这也是“组织准则”的一个重要方面，就是为了让所有成员在同样的标准下进行沟通。

（三）建立信息共享机制

“共享机制”的建立是要消除虚拟组织的地域阻隔，实现更及时的沟通。“信息共享”能够提升整个虚拟团队的工作效率，全员能够通过对工作整体方向以及实时动向的把握来了解工作的进度，并且知道自己应该做些什么。

（四）打造工作的“追踪”机制

在传统组织中，存在一个极为普遍但对工作效率有着极大不良影响的现象——组织成员将自己的责任“丢”给管理者。而这种现象如果出现在虚拟团队中将会更为可怕。

为了规避这样的管理风险，虚拟组织的管理者就需要建立相关机制来把控各成员的工作进展与质量。其普遍采用的方法是定期举行会议，让所有成员汇报并交流工作的进展以及遇到的问题等。更好的方法则是利用“可视化”的表格或工具来展现大家的工作进程并将其分享给所有的组织成员。

但要注意的是，打造工作的“追踪”机制并不是让管理者时刻监督自己的成员，而是让组织成员担负起自身的责任。

（五）不能忽视“一对一”沟通

管理者与其成员进行“一对一”的沟通是所有管理者都需要做到的事情。对于虚拟组织来说，虽然无法做到面对面，但通过电话或视频等形式进行单独沟通还是很容易做到的。这样的“一对一”沟通不仅是跟进身在异地的成员的工作进展，更是了解他们当下的状态以及对组织工作的想法与建议。同时，这也是管理者了解成员的机会。如果员工需要帮助，管理者也能更及时地进行响应。

虚拟组织的管理沟通实录（一）

小张想到了一个很好的创业项目，并在网上找到了好些志同道合的伙伴。作为项目的发起人，他很想把这个项目做好，带领大家一起走向成功。

但在项目推进过程中，小张惊讶地发现团队成员总是自行其是，甚至有些成员因为对项目有不同意见经常吵架。小张居中调节，但效果不显。

很快，这个项目就变得举步维艰。坚持了一阵之后，小张只好宣布项目失败，解散了团队。

解析：小张的失败，在于他身为虚拟组织的管理者，没有在组织建立之初建立一套可靠、牢固的组织准则。

虚拟组织的准则要可靠、牢固，需从两方面着手。

其一，是广泛争取组织所有成员的意见，在准则内容上达成一致。只有达成共识的组织准则，才具有生命力，才会被成员自愿遵守。

其二，是保证准则的执行力。组织的管理者在准则订立之后，必须毫不留情地遵照准则执行，绝不能因为在达成共识后出现的些许异议而动摇、退缩。否则的话，好不容易订立的准则就会成为一纸空文，整个组织就无法凝聚起来，会成为一盘散沙。

虚拟组织的管理沟通实录(二)

小林是一个虚拟团队的成员,按照团队准则,他在完成自己每一项工作后,都要把工作内容、进度等情况及时通报给团队其他成员。小林的习惯是用电子邮件,将同一内容抄送给全体成员,然后就彻底撒手不管。

这一天,团队群内炸开了锅。有成员指责他没有及时通报工作情况,导致其他人的工作进度变得一团糟。

小林觉得很委屈,他认为自己已经把邮件抄送给他们了,是他们自己没有及时查看,责任不在他。

但团队内的其他成员中很多人并不支持他的观点。

解析:在虚拟团队的日常工作中,一定会有大量沟通是通过邮件来进行的,很多邮件的发送者其实并非是自己(因为自己只是被抄送的那个),这样就代表了"信息共享"吗?它只代表了一部分。"信息共享"并不是将邮件抄送给其他人就行了,还需要确保其他人收到了邮件,并且理解了你所要传达的信息,否则就不是"共享"。

任务实施

拾趣

1. 想一想

想一想,在自己的生活中,存在哪些虚拟组织?

入境

2. 找茬儿

想一想自己玩过的网络游戏,游戏中同一团队的队员在沟通上是否存在问题?这些问题是什么原因造成的?

下水

3. 用方法

根据本课所学内容,假设自己是某一个虚拟组织的管理者(比如,某个网络游戏的玩家公会),给自己制订一份管理守则。

任务二 自媒体的运营沟通

情境导入

工作多年，林静积累了丰富的工作经验。近年来，她发现身边有越来越多的人通过知识变现实现了财务自由。她决定在业余时间建立自己的微信公众号，通过公众号分享自己的工作经验，从而实现更大的个人价值。但在公众号建立以后，林静发现自己的订阅用户寥寥无几，她该怎么办呢？

任务要求

了解自媒体的性质及其特点。

理解自媒体运营者在与用户沟通时所需要注意的技巧。

知识准备

一、自媒体的性质

2003年7月，美国学者谢因·波曼与克里斯·威斯理率先对自媒体做出定义。他们在美国新闻学会媒体中心出版的自媒体研究报告中将自媒体定义为"普通大众经由数字科技与全球知识体系相连之后，一种提供与分享他们本身的事实或新闻的途径"。自媒体（We Media）又称"公民媒体"或"个人媒体"，是指由独立的传播者借助互联网平台向其他任何单个人或多个人传递规范或不规范信息的新媒体的总称。

二、自媒体的类型

经过多年的发展，自媒体已呈现百花齐放、千姿百态的态势，其分类标准不一。

(1) 按照自媒体平台对于熟人社交关系的依赖程度以及维持人际关系的重视度，我们可将不同的自媒体分为强社交型和弱社交型两类。

强社交型自媒体，主打的是社交属性，产品功能更加注重与朋友、熟人一对一的交流，比较关注隐私的保护。整款产品全力营造熟人社交的氛围，让用户能够更加畅所欲言，此可谓是对线下人际交往的延续和维护。此类自媒体在国内的典型代表有微信、QQ空间等。

弱社交型自媒体，更多的是注重信息的交流和沟通。换言之，它们在媒体属性的表现上会更加强烈。与强社交型自媒体不同，在弱社交型的自媒体中，人们往往与陌生人的交往更频繁，而且这种交往往往是一对多、多对多。另外，它们偏重的既不是双方一对一平等的交流，也不是与熟人、朋友的私密社交，而是更注重"分享"，例如，心得、体验、经验等，以及提供后续与别人交流看法的平台。它们既是一种对已有人际圈子的拓展，同时也通过"标签效应”将用户以共同兴趣划分，这两者都与弱社交重视媒体属性有着不可分割的关系。此类自媒体在国内的典型代表是博客、微博、百度贴吧、豆瓣、知乎、网易头条号、百家号、哔哩哔哩、喜马拉雅 FM 等。

(2) 按照自媒体平台内容载体的不同，我们可将不同的自媒体分为图文自媒体、音频自媒体、视频自媒体三类。

图文自媒体，即内容以图文为主要载体，如博客、微博、百度贴吧、豆瓣、知乎、网易头条号、百家号等。音频自媒体，即内容以音频为主要载体，如“喜马拉雅 FM”。视频自媒体，即内容以视频为主要载体，如哔哩哔哩、爱奇艺、腾讯视频、抖音、快手、各类直播等。

要注意的是，以上各种自媒体的分类并非绝对的泾渭分明。随着网络技术的发展，越来越多的平台开始呈现多媒体、强弱社交融合的趋势。

以知识分享网站“知乎”为例，其主要版块“想法”“问答”与“文章”以图文为主；但在其“Live”“私家课”版块，则以音频、视频为主。

而以各类直播平台为例，其内容以视频为载体，主播在直播时极为注重与观众的互动以及对粉丝群体的维护，从分类上越发呈现出强社交型自媒体的特征。

三、自媒体的基本特征

自媒体的基本特征主要表现在以下几个方面。

(一) 主体的平民性

传统媒体的运行机制是一项庞大的工程，这个工程要大量的财力与人力资源才得以完成。经过有关部门繁琐的审核机制，传统媒体才能建立，这对建立者的资格要求很高。而自媒体用户不需要过硬的媒体专业技能培养，更不用花费一分钱，只需一个简单的用户注册即可在微信、微博等网络自媒体平台上建立属于自己的私人媒体，并在这些平台提供的特色功能板块上传、转载以及分享自己感兴趣的信息内容。因此，绝大多数自媒体都是由往日与媒体工作无缘的平民所建立。

(二) 方式的多样性

与传统媒体相比，自媒体的表达方式更具有多样性的特点。自媒体的表达方式打破了传统媒体单一的表达局面，将传统媒体的所有表达方式集合在一起。无论你想传播什么信息，你都可以视频、声音、文字、超文本链接以及图片等形式随心所欲地表达自我。

(三) 平台的开放性

自媒体具有平台开放性，对用户没有传统媒体的限制性要求，网民们在这个开放性的平台上，可以尽情地自由表达与展现自我，可以尽情地分享信息资源。网络自媒体的开放性让世界变成“地球村”，它彻底打破了时间与空间的局限，网民们可以畅通无阻地与世界范围内任何人交流互动。这突破了原始的表达自由权，将表达自由的权利发挥到了极致。但同时，自媒体的平台开放性，也加速了世界各国之间不同道德文化的碰撞。

(四) 表达的匿名性

传统媒体发布的信息都要经过记者、编辑的严格把关，并且均采用实名表达方式。因此，在传统媒体中匿名表达的情况几乎是不可能出现的。但由于网络的隐匿性，自媒体的信息发布者通常只以账号、化名等形式出现，信息的接收者通常难以辨认发布者的真实身份。表达的隐匿性有助于发布者吐露心声、尽情展现自我，但也会助长谣言，以及各种违法、违背道德的信息的传播。

（五）交流的互动性

交流的互动性是自媒体的又一重要特征。与传统媒体相比，自媒体平台话题的讨论更具有互动性，突破了传统媒体话题互动的限制性，从而变得更加便捷简单。信息的接收者可任意对信息进行评论、转载、点赞等，与传统媒体相比，自媒体的信息接收者具有了更多的主动权。

（六）信息的即时性

相比于传统媒体，自媒体信息的即时性是它的一大优势。而信息发布与传播的滞后性则是传统媒体的一项弊病。自媒体的信息发布者可以即时地发布与传播信息。在信息传播与发布这方面上，自媒体将传统媒体远远地甩在了后面，因此受到越来越多人的喜爱。但也应看到，自媒体的从业者因为缺少传统媒体的专业技能培养，且信息发布没有严格的审核机制，一味求新、求快，以吸引点击量，自媒体因此成了谣言及谎言等不良信息的重灾区。

四、自媒体运营者的沟通技巧

自媒体运营的核心理念是“内容为王”。所谓“内容为王”，就是要创作信息接收者爱看的内容。只有如此，信息接收者才会自发点赞、转载，使信息快速传播，聚集较大关注，引来较大流量，最终为信息发布者带来现实收益。而创作受欢迎的内容，运营者就必须了解信息接收者的喜好等情况，这离不开有效的沟通。

为将自媒体运营成功，自媒体的运营者需要注意以下几个沟通技巧。

（一）时刻关注目标群体的兴趣走向

自媒体运营的最终目的在于“流量变现”，即通过吸引更多人的关注，为运营者带来经济或其他方面的收益。为了吸引更多流量，运营者绝不能闭门造车，在建立自媒体之初，就要仔细考虑媒体的目标群体，仔细调查目标群体的兴趣，并根据其兴趣制订自媒体内容创作的主题及发展方向。

要注意的是，自媒体运营者在吸引了足够流量之后，不能因此放松对目标群体兴趣的关注。人的兴趣以及关注点会发生改变，为了避免好不容易吸引来的流量散失，自媒体运营者必须与目标群体保持良好的沟通，始终创作目标群体最感兴趣的内容。

（二）坚持自媒体内容的原创性

自媒体的数量每分每秒都在飞速增加，但在数不胜数的各类自媒体中，最能够吸引用户关注、保持流量的，都是那些能够坚持创作原创性内容的自媒体。自媒体运营者应尽可能避免频繁转载其他平台的内容，尽可能多地创作具有吸引力的原创内容。

（三）坚持自媒体内容的真实性与合法性

自媒体的运营虽然极其讲求即时性，需要随时追逐信息接收者感兴趣的热点，但这并不意味着自媒体的运营者能够为此编造虚假内容，甚至传播非法内容。虚假内容与非法内容不仅容易引起信息接收者的反感，还会引来法律制裁。这是自媒体运营时必须坚守的底线、红线。

（四）保持信息发布的高频率性

在信息爆炸的时代，一个信息接收者往往会同时关注多个不同的自媒体。如果自媒体运营者不能够高频率地保持内容的更新，那么，该自媒体将会被其他自媒体所发布的内容淹没，无需多长时间就会被原有的信息接收者遗忘。因此，自媒体运营者最好每日都有全新内容发布。最低的发布频率，也应以三天为限。

（五）及时对信息接收者的动态予以反馈

自媒体的一大特征便是交流的互动性。自媒体主要依靠信息接收者的转发来扩散内容，进而引发更多人的关注。维护信息接收者的好感是自媒体运营者必须做的工作。为此，自媒体运营者要对信息接收者的动态及时予以反馈。如信息接收者在自媒体所发布内容下的留言支持，运营者需及时感谢；如信息接收者在有疑问，运营者需及时解答；如信息接收者提出合理建议，运营者需及时落实建议内容，并对建议提出者表示感谢；如有信息接收者在发布内容下恶意留言毁谤，运营者需及时删除该留言，并禁止该信息接收者再次发言，以免其发言影响其他不明真相的用户。

（六）努力拓展信息发布的渠道

因各类自媒体平台不断涌现，自媒体的数量越来越多，发布渠道较为单一的自媒体已越来越难吸引足够的流量。为了吸引足够的关注，自媒体运营者在创作完成一个全新内容之后，应尽可能将其发布到不同的平台。如一个自媒体运营者可同时在微信公众号、知乎、豆瓣、微博、头条号、百家号等平台拥有账户，一篇全新内容创作完成后，可同时发布到这些平台，使更多人接收到该内容，从而扩大内容的影响力。但要注意的是，自媒体运营者在不同平台所注册的自媒体名称、内容排版风格都应保持一致，以保持自媒体品牌的一致性。

自媒体的运营沟通实录

小马创立了一个微信公众号，专门讨论情感话题。公众号一开始不温不火，无人问津。一次偶然的机会，小马发现婆媳关系、夫妻关系、男女关系等话题在网上特别火，尤其是随着女权运动的兴起，越来越多的女性拥有了独立意识，不愿意受到传统婆媳、男女关系的束缚。为了吸引流量，小马开始编造各种故事，刻意煽动泪点，并将其转发到其他自媒体平台，引发了一场又一场网络负面舆论。

经过这番设计，小马的公众号果然火了起来。因为他聚集的流量巨大，所以他的公众号拥有了极大的商业价值，引来了无数广告商。高峰时期，他的公众号头条刊报价已经达到了人民币 80 万元。

但就在小马春风得意的时候，一些社会舆论开始对他的公众号提出了质疑和指责。最终，因为负面舆论太大，一些内容违反了公序良俗以及法律法规，他的公众号被封禁。

解析：小马所创立的公众号之所以能够大火，在于他准确地找到了自己的目标群体，并根据目标群体的兴趣指向创作了一系列的内容。多平台、多渠道的发布形式，也为扩大其公众号影响力提供了极大的帮助。但因为他的内容不真实、不合法，最终导致他的自媒体被封禁，一场辛苦都化为乌有。

任务实施

拾趣

1. 想一想

想一想，在生活中，你接触过哪些自媒体？它们属于什么类型的自媒体？

入境

2. 找一找

找一个自己最喜欢的自媒体，分析它哪些方面引起了你的兴趣。

下水

3. 试一试

创建一个自媒体，并运营一段时间。

任务三　网络环境下的沟通伦理

情境导入

随着个人工作及业余生活的活动越来越多地在网络上进行，林静发现网络并不如她最开始认为得那么好。有些人在现实生活中文质彬彬，到了网上就整天口出恶言。甚至还有很多人在网上做违法犯罪的事情。林静对此产生了困惑。

任务要求

了解网络沟通伦理的性质。

了解网络沟通中的伦理问题及其成因。

了解网络环境下应遵循的沟通伦理。

知识准备

一、网络沟通伦理的性质

伦理是处理人与人之间关系所依据的准则，是人们对善与恶、正义与非正义等诸多问题较为一致的看法。伦理的产生、发展是社会生产力发展的结果。社会在发展，人们的伦理规范也在不停发展。特别是二十世纪末的计算机技术、网络技术和移动通信技术的发展，使全球范围内人们的活动紧密地联系起来，让人们的交往方式发生了一场暴风骤雨般的革命。而网络沟通伦理是人们进行网络沟通时所表现出来的一种道德关系，它主要探讨人与网络之间的关系，以及在网络社会(虚拟社会)中人与人之间的关系。

二、网络沟通中的伦理问题

近年来，随着网络的发展，人们的合法权益日益受到威胁，各种网络沟通伦理问题层出不穷。

(一) 隐私问题凸显

网络隐私是个人隐私在网络中的一种表现，包括个人姓名、身份和肖像等个人属性，也包括消费习惯、个人工作情况等个人资料。现代社会对个人隐私特别关注，由于人们隐私意识薄弱，网络中涉及的隐私信息极容易泄露。其主要表现在滥用和窃取他人信息方面以及隐私安全与隐私泄漏方面。

(二) 不良信息泛滥

网络不良信息是指互联网上那些容易对人的身体造成损害，给人的精神带来污染，使人的思想产生混乱，让人的心理变得异常的垃圾有害信息。其主要包括色情信息、暴力信息、伪科学与迷信信息、诱赌信息以及虚假信息等。网络中的不良信息对个体和社会都会产生不同程度的危害，它不仅给个体带来名誉的伤害和财产的损失，而且会对网络社会秩序的稳定与和谐造成混乱。

(三) 诚信危机严重

诚信是伦理道德的基础，历代中国先哲都非常重视诚信，诚信在传统文化中也都占有重要的地位。网络诚信要求网络主体在网络中要做到诚实守信，不欺骗他人，不侵犯他人的权利。但目前的网络中，出现了很多诚信问题。最突出的表现是当下网络购物时的种种不诚信现象，以及网络诈骗现象。

(四) 成瘾问题加深

随着网络的普及，很多人开始迷恋网络游戏、手机游戏以及网络购物等，网络成瘾使人的生理和心理产生了一些明显变化并受到严重影响。在生理层面上，网络成瘾者会出现手抖、精神不集中和食欲不振等症状，这种现象被学者称为“网络成瘾综合症”。如果继续恶化将会引发焦虑和抑郁，甚至可能导致自杀等严重后果。

三、造成网络沟通中伦理问题的根源

(一) 对现实伦理道德规范的排斥

现实物理世界的人们有特定的身份、性别、年龄以及详细的个人信息，只要有这些相关的信息便可以很容易确定到个人。总之，现实中的人很容易确定其具体身份。现实人会有伦理道德规范的约束。换言之，现实中的人们曝光于“光天化日下”，他们的生活常常有人监督。如果发生一些有违伦理道德的事情发生，可能立即就会受到周围人的评论。众人的舆论会朝向伦理失范者，这种舆论的压力使得他们不敢做一些事情或者要经过深思熟虑。也就是说，现实中的人们生活在一个有约束条件的环境下，一般都不会越雷池半步。

网络不同于现实。理论上，一个人可以有特定身份，而虚拟交往中的网民身份是多重的，这也是伦理问题产生的关键原因。在网络伦理问题面前，网民在网络沟通中可以随心所欲扮演角色，突破现实生活中的种种束缚。然而，网民终究要回归现实，这样强烈的反差往往导致网民发生错误的判断。尤其是一些缺乏自我认同的青少年，由于他们自我认定机制尚未成熟，再加上网络沟通的虚拟性使得网络主体可以隐藏自己的真实情况，所以他们进行社交时不用显示自己的真实身份就可以发表言论，经常违背伦理。现实交往和虚拟交往的强烈差别，使得网民对现实的伦理道德充满排斥心理，常常违反伦理道德。

（二）从众心理引发伦理问题

网民在网络沟通中容易受到纷繁复杂的消息干扰，并且这些信息鱼目混珠，没有专业经验的网民很难做到正确的甄别和筛选，造成盲目跟从。尤其是在网络水军的鼓动下，很多网民因此而做出失范行为。网络水军是多媒体背景下网络公司雇佣的专职或兼职人员，它是网络公关公司营销的一种策略，运营模式主要表现为通过发帖和回帖对某一现象或问题予以造势。正确的从众导向和价值标准可以形成正向反应，从而让受众接受正确的观念。相反，某些网络公关公司出于对其自身利益的考虑，利用人们的从众心理，对某一事件恶意造势而不计后果。网络水军的主体多是年轻和缺少社会经验的学生，他们中大多数人的思想还不是很成熟，这也意味着他们的思想还处于初级阶段，做出正确的判断还比较困难。同时，大多数人的自控能力不是很强，他们有着很大的好奇心以及容易受到他人的干扰，冲破现实伦理标准，一再做违背伦理的事情。他们经常在网络上谩骂，进行网上欺诈等等，甚至走向犯罪的深渊。

（三）经济利益的诱惑

随着网络技术的发展，不免会有不法分子利用最新技术窃取重要信息来获得不法利益。在利益面前，人们将伦理道德置若罔闻，利用一切可以利用的方式来获得利益。正所谓“天下熙熙，皆为利来；天下攘攘，皆为利往”，经济利益的争夺成为各种网络伦理问题的重要原因。

四、网络环境下的沟通伦理

（一）公正

公正是人类始终追寻的理想目标，也是无数人孜孜追求的结果，网络沟通中尤为如此。社会中的贫富不均现象使得人们厌倦了现实社会，网民强烈要求一个公正的环境。而网络交往可以打破阶级属性，让交往显得公正、公平。公正原则的基本内容是“相同的情况下，人们应当得到相同方式的对待”。公正原则除了公平，还要考虑网络上其他人的感受、国家和地区的平衡发展、资源的分配平衡，以及不同文化差异等。网民也必须懂得换位思考，应认同所有人都享有同等的权利、在网络上不允许有特殊待遇。

(二) 兼容

兼容性是指网民之间存在不同的价值观念,但彼此可以接受。网络使得所有的国家和地区都连接成为一个整体。连接的这个整体内部有着很多持有不同价值观的人,他们各自有着不同的文化差异和风俗。如果要继续保持交流和合作,就需要双方承认对方的差异,而且要对对方的不同文化背景和风俗习惯有所认同。就像在一个班级内,不同的学生会有不同的习惯、不同的价值判断,但是他们必须谅解对方的不同。只有这样,在这个多元环境下的人们才能健康地交往和持续存在。

(三) 自主

自主性是每个个体都追求的理想目标,而网络的开放性和匿名性使得人们有更多的自主选择权来决定自己的行为方式。然而,由于人们价值观念的不同,可能就有沟通原则的不同,正所谓一千个读者就有一千个哈姆雷特。网络沟通中会有很多评头论足的声音和严厉的斥责。这些现象都在影响着网民的自主行为,使得人们变得不敢随意发表言论。虚假信息的泛滥、网络水军的引导,又很容易混淆网民的视线、影响网民的判断,使得网民丧失自我,不自觉地按照他人设定好的节奏起舞。为了避免个人在网络上的言行落入他人的设计,网民在网络沟通中必须时刻保持独立思考的能力,多方面地思考同一问题、不偏听偏信。

(四) 无害

无害是伦理最基本的道德规范,它要求任何社会行为对于自己、他人和人类社会至少是无害的。这体现在网络沟通中,具体要求主要有三条:不进行人身攻击、不欺骗他人、不窥探他人隐私。

无害的本质要求是,网民的网络行为对他人以及整个网络环境都是无害的。人们不应该利用一些网络技术或者一些不良行为对其他网络个体进行直接或间接的伤害。网络沟通中常伴有口语的谩骂,尤其是在和网友进行激辩时,很多"毒舌"网友的话语过于激烈。一些网友难以忍受他们的谩骂,从而精神上受到很大的伤害。这和网络沟通的伦理道德原则严重相违背。只有在沟通过程中遵守无害基本原则,网络交往才能健康有序地发展,才能不引发更多的伤害客体的行为。

(五) 诚信

诚信意味着要诚实守信,它指个人或组织应在立身处世、人际交往或者社会交往活动中做到诚实、不欺骗他人。既要承担起自己应承担的重任,也要做到对自己的行为负责。网络诚信是网络沟通中应当遵循的一条最基本的伦理道德规范。它要求人们在网络沟通中做到诚实守信、表里如一、童叟不欺,不能为了追求个人利益而伤害他人,不能有任何虚伪、欺瞒、隐瞒行为。贯彻网络沟通的诚信原则,才能有效保护所有人的权利。

任务实施

找一个关于违反网络沟通伦理的案例,并分析其危害。

综合自测 职场精英

测试题目

1. 假如你是班干部，经常需要将老师或学生会各部门发来的通知转发到班级群之中。在转发这些通知时，你会将原通知直接转发，还是将原通知加以修改后，再转发？说一说你的选择，并分析其中利弊。

2. 某著名高校男生在食堂排队时，书包蹭到了旁边女生的臀部。女生误以为该男生是用手猥亵，当即叫嚷起来，要求男生出示学生证。男生在辩解的同时，也按照女生要求出示了学生证。双方约定去保卫处调看监控录像。但在看到监控录像之前，女生就已经将该男生的身份信息发在了个人社交网络平台，并指责他性骚扰。请问，在此一事件中，女生的做法有无不妥？为什么？

3. 某网络小说平台调整与作者签订的协议，许多在该平台连载小说的作者认为新协议条款过于苛刻，纷纷在网络上吐槽，顿时引起一阵舆论热潮。如果你是一个公众号的运营者，想要在此次舆论热潮中蹭一点热度、分一杯羹，你会如何做？在此过程中，有哪些事情是你需要注意避免的？

4. 现如今，微信已成为很多人的日常联络工具，很多家庭会有家庭群。一些受教育程度比较低的家庭成员，以及一些上了年纪的家庭成员，常常会在家庭群内转发一些伪科学文章、谣言，乃至具有诈骗性质的文章。为了防止家庭成员上当受骗，你该怎么做？除此之外，此类家庭成员往往有一些不科学的生活习惯与思想倾向，你能够想出哪些方法，利用家庭群引导他们培养科学的生活习惯与良好的思维方式呢？